KB197215

마음이 자라는
그림책 읽기

**마음이 자라는 그림책 읽기**

지은이 이정은
펴낸이 임상진
펴낸곳 (주)넥서스

초판 1쇄 발행 2021년 6월 15일
초판 4쇄 발행 2022년 9월 15일

출판신고 1992년 4월 3일 제311-2002-2호
10880 경기도 파주시 지목로 5
Tel (02)330-5500 Fax (02)330-5555

ISBN 979-11-6683-085-3   03370

www.nexusbook.com

생각의 힘을 키워 주는 그림책 100

# 마음이 자라는
# 그림책 읽기

이정은 지음

넥서스BOOKS

# 추천의글

✿ ✿ ✿

"세상의 모든 그림책은 엄마 아빠를 먼저 감동시키고 행복하게 할 거예요."

제가 출간한 책 《임영주 박사의 그림책 육아》에 쓴 말입니다. 그림책은 아이들만 읽는 책이 아니라, 누구나 읽고 감동받을 수 있는 책입니다.

아이에게 그림책을 읽어 주는 시간은 그저 독서하는 시간이 아닙니다. 아이와 자연스럽게 대화하고 상호 작용하며 교감하기에 가장 좋은 시간입니다.

아동문학가로서 수많은 그림책을 접했고, 부모교육 전문가로서 부모님과 소통하면서 그림책을 추천해 달라는 요청을 꽤 많이 받았습니다. 어떤 그림책이 내 아이에게 유익한지, 유익한 그림책을 발견했다면 어떻게 읽어 주면 좋을지 고민하는 부모님들께 도움이 될 책이 더 많이 나오면 좋겠다는 생각도 했는데요. 그런 의미에서 문학으로서의 그림책을 잘 소개한 동시에, 좋은 질문과 놀이, 육아 팁을 간결하면서도 적재적소에 넣어 부모와 아이가 함께하는 시간을 더 풍요롭고 즐겁게 만들어 줄 책이 나와 기쁜 마음으로 추천합니다.

임영주

임영주 부모교육연구소 대표, 《부모와 아이 중 한 사람은 어른이어야 한다》 저자

＊ ＊ ＊

머리를 맞대고 앉아 함께 공부하고 책 읽던 어린 시절부터, 두 아이의 엄마가 된 지금까지 제 인생에 가장 큰 영향을 미친 존경하고 사랑하는 하나뿐인 언니의 책에 추천사를 쓰게 되어 표현하기 어려울 만큼 마음이 벅차오릅니다. 정신없이 직장을 다니며 아들 둘을 어떻게 키워야 할지 몰라 막막할 때마다 한 번씩 언니네 집에 들렀습니다. 그곳은 정리된 집을 어지럽히는 제 두 아들에게 집은 또 치우면 되니 하고 싶은 대로 다 하며 신나게 놀다 가라고 해 주는 넉넉한 친정이었습니다. 실은 그것만이 아닙니다. 교육학을 전공 후 유치원 교사로 근무한 경력을 뒤로 하고 결혼 후 두 아이의 육아에 온전히 집중하기로 결정한 언니가 얼마나 정성스럽고 지혜롭게 조카들과 시간을 보내는지 훔쳐볼 수 있었기 때문이기도 합니다. 심심하면 책이나 읽으라고 윽박지르는 엄마였던 저와는 달랐습니다. 책 한 권을 앞에 두고도 얼마나 다정하고 다채로운 대화를 주고받으며 아이들의 마음과 생각을 이끌어 내기 위해 노력했는지 한눈에 알 수 있는 여러 가지 흔적들이 눈에 띄었습니다. 돌이켜 보면 저의 육아는 언니가 시도하고 지속하는 여러 활동 중 만만해 보이는 몇 가지를 겨우겨우 따라 하는 것으로 근근이 버텨 온 듯합니다.

그런 언니를 오랜 시간 설득한 끝에 언니가 차곡차곡 쌓아온 그림책 육아의 모든 정보와 지혜, 노하우를 한 권의 책에 담을 수 있게 되었네요. 유아기의 아이와 그림책을 사이에 두고 어떤 대화를 해야 할지 막막하고, 그림책을 읽어 주는 과정이 지루하고, 그림책 한 권 읽어 줄 마음의 여유 없이 매일을 바쁘게 살아가는 저 같은 엄마라면 이 책에서 답을 찾고 숨 쉴 수 있을 것입니다.

이은경
《초등 매일 공부의 힘》《초등 매일 글쓰기의 힘》 저자

# 그림책을 동무 삼아요

10년 전 설거지를 하다 문득 '10년 후 사춘기 아이들과 나눌 이야기가 없어 TV만 괴롭히는 심심한 가족이 되지 말자'는 생각이 들었어요. 그 생각의 답이 뭘까 며칠 고민한 끝에 지금까지 실행하고 있는 것이 있어요. 바로 '가족 책 소개 모임'입니다.

특별한 모임 이름을 지을 생각도 못하고 시작한 것을 지금껏 지속하고 있네요. 남편과 저는 대단한 유전자를 물려받지도 물려주지도 못한 평범한 사람들이랍니다. 그런 사람들이 자녀를 낳아 이룬 평범한 가정에 그나마 평범하지 않은 일상을 만들어 보고 싶었어요. 우선 준비하는 데 시간이 많이 필요하지 않았으면 좋겠고 일상에서 쉽게 접할 수 있는 매체였으면 했어요. 그리고 무엇보다 서로의 생각과 마음을 나눌 수 있는 재료였으면 했지요. 그래서 선택한 것이 '책'이었어요.

그래서 아이들이 좋아하는 그림책부터 시작했어요. 그림책을 싫어하는 아이는 없지요. 아이들에게 책은 장난감 같거든요. 자신이 좋아하는 장난감을 소개하라고 멍석을 깔아 주니 방방 뛰며 자기 차례가 오기만 기다리더군요. 아이들이 좋아하니 중단할 이유가 없지요. 그 주에 재미있게 읽고 함께 놀았던 책을 소개하기 위해 아이들은 책을 보물처럼 소중히 다루기 시작했어요.

약속한 시간이 되면 모두 자신이 읽은 책을 챙겨와 저마다의 방법으로 소개했지요. 한 시간이면 충분하다고 생각했는데 매번 예상보다 긴 시간 책을 소개하는 상황이 벌어졌어요. 매주, 매달, 매년 조금씩 자라는 아이들의 모습을 보고 있으니 흐뭇하고 감사한 마음이 차곡차곡 쌓이더군요. 책 읽는 것이 이렇게 소중하고 아름다운 추억을 만들어 줄 거라곤 미처 예상하지 못했어요. 그러면서 매일 그림책 읽기를 어떻게 해야 좀 더 의미 있는 시간으로 채울 수 있을까 고민하기 시작했답니다.

괴테 엄마의 동화책 읽어 주기 일화는 너무나 유명하지요. 책을 읽어 줄 때 책의 결말을 읽어 주지 않고 괴테에게 상상해 보라고 말했대요. 그러면 괴테는 결말을 생각해 내느라 지루할 틈이 없었다고 하지요. 괴테는 엄마의 이러한 방식이 자신을 세계적인 작가로 만들어 낸 원동력이었다고 회상합니다.

저도 괴테 엄마를 따라 해 보려 했어요. 아이가 반항을 하더군요. 어쩔 수 없이 다른 방법을 찾아야 했지요. 아이가 책 내용을 수동적으로 받아들이기만 하는 것이 아니라 적극적으로 읽고 비판하고 자신만의 생각을 키워 나가게 도와주고 싶었어요. 책 내용을 어떻게 이해하고 어떤 생각을 품고 있는지 알아

내고 싶어서 대화를 이끌어 낼 수 있는 질문들을 고민하기 시작했어요. 뇌를
움직이게 하려면 질문이 필요하다는 연구 결과를 믿고 아이와 시간을 보내기
시작했지요.

저희 큰아들은 쉽게 입을 여는 성격이 아니라 하루에 한 개의 질문도 충분
하다 생각하고 기다려 주었어요. 아이가 스스로 질문할 수 있도록 분위기를
만들어 주었어요. 시간이 쌓이자 아이가 입을 열기 시작하면서 가족 모임에
서 다양한 질문과 생각을 쏟아내기 시작했어요. '주인공 이름이 뭐니?'와 같은
간단한 질문부터 '나라면 위험한 상황에서 어떻게 했을 것 같니?'와 같은 확장
질문까지, 다양한 질문이 아이의 잠자는 두뇌가 열심히 일하도록 도왔어요.
그 작은 시작이 10년이라는 시간과 함께 큰아들을 성장시켰다고 생각해요. 생
각하고 토론하는 것을 즐기는 아이로 말이죠.

아이가 그림책을 동무로 삼을 수 있게 도와주세요. 어렵지 않아요. 아이가
좋아하는 그림책을 읽고 몇 가지 질문을 해결하고, 재밌게 독후 놀이를 하면
돼요. '우리 아이는 내성적인데요.' '아이랑 이런 대화하는 게 어색한데요.' '아
이의 답이 너무 간단해서 답답해요.' 그럴 수 있지요. 타고난 성향과 기질도 많

은 영향을 미치니까요. 하지만 다른 특별한 방법은 없어요. 아이의 성향을 인정하고 아이가 말할 수 있는 편하고 즐거운 분위기를 만들어 주세요. 그리고 아이 입을 열 만한 질문을 안겨 주고 기다려 주세요. 아이 마음속에 생각의 씨앗을 심어 놓았으니 언젠가 탐스러운 열매를 맺을 거예요. 지금 당장 결실이 보이지 않는다고 속단하거나 포기하지 마세요.

하루 30분 책 읽고 질문하기를 꾸준히 해 보세요. 아이의 마음이 가는 책, 부모님 마음에 드는 책 모두 좋아요. 같이 읽고 생각을 나누고 궁금한 것을 물어봐 주세요. 그렇게 쌓인 시간은 모든 아이를 '생각하는 아이' '표현하는 아이'로 만들어 줄 거라 감히 단언합니다. 아직 작지만 어떤 유혹에도 흔들리지 않는 단단한 모습으로 빛나는 그 순간을 걸어가 보길 권합니다. 그 길을 응원하겠습니다.

햇살 환한 도서관에서
이정은 드림

## 이 책의 구성과 특징

가짜 나를 만들다 알게 된, 진짜 나의 이야기

# 001 이게 정말 나일까?

요시타케 신스케 글·그림 | 김소연 옮김 | 주니어김영사

신간도 ★★★

내가 하기 싫은 일을 대신해줄 로봇이 있다면 얼마나 좋을까? 주인공은 이런 상상을 하는 과정에서 자신에 대해 더 잘 알게 되고 나를 대신할 수 있는 것은 '나' 밖에 없다는 것을 알아갑니다.

숙제, 심부름, 방청소… 할 일이 너무 많은 나를 대신해 줄 로봇이 있으면 좋겠다고 생각한 적이 있나요? 주인공은 도우미 로봇 한 대를 구입합니다. 나 대신 귀찮은 일을 몽땅 해 줄 수 있는 로봇이지요. 로봇은 주인공에게 '네가 어떤 사람인지' 설명해 달라고 하자 주인공은 로봇에게 자신을 설명해 주지요. 내가 할 수 있는 일과 할 수 없는 일, 지금 내가 여기까지 어떤 과정을 거쳐 왔는지, 상황에 따라 어떤 다양한 능력을 보여줄 수 있는지와 같은 것들을 설명하는 과정에서 '나'라는 사람은 그 누구도 대신할 수 없음을 깨달아 가요. 자아 개념은 자기 스스로 할 수 있는 일이 많아지는 36개월 전후로 형성됩니다. 자신에 대한 긍정적인 인식과 자신감을 갖도록 도와줄 그림책과 함께 나를 찾아가는 여행을 떠나보기를 바랍니다.

#나 #자아개념 #자존감

22

**1**

### 엄마가 먼저 읽어 보세요

양육자를 위한 페이지입니다. 아이에게 책을 읽어 주기 전에 먼저 줄거리를 파악할 수 있도록 구성했습니다.

### 난이도

글밥의 양에 따라 별 1~3개로 표시했습니다. 쉬운 내용이어도 글밥이 많을 수 있고, 적은 글밥으로 구성한 책이어도 내용이 어려울 수 있습니다. 내용이 기준이 아니라는 점을 참고해 주세요.

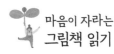

 **2 그림책으로 마음을 들여다보아요**

책을 읽기 전과 읽은 후에 할 수 있는 질문을 3단계로 나누어 제시했습니다. 아이의 수준에 맞춰 선택하여 질문할 수 있고, 또 다른 질문을 만들어 확장 질문도 가능합니다. 자세한 방법은 20쪽 <시작하기 전에>에 설명해 두었습니다.

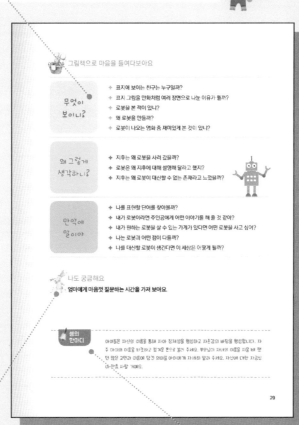

**3 나도 궁금해요**

아이가 마음껏 질문할 수 있도록 하고 그 질문을 적어 보세요. 어떤 질문이라도 호응하고 격려해 주세요. 질문하는 습관이 생각하는 힘을 키웁니다.

**4 쌤의 한마디**

양육자에게 많이 받은 질문을 중심으로 육아에 도움이 될 만한 내용을 짧게 담았습니다. 짧은 한 문장을 오늘 하나 실천하면 그 시간이 쌓여 아이에게 좋은 밑거름이 될 거예요.

**5** 내가 고른 문장은?

책에서 내 마음을 움직인 문장, 재미있는 문장, 기억에 남는 문장을 골라서 읽거나 적어 보세요. 책을 내 것으로 소화하는 좋은 방법입니다.

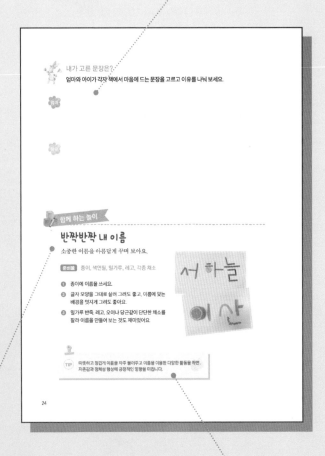

**6**

함께하는 놀이

간단한 재료로 할 수 있는 언어, 예술, 신체 활동 등 다양한 놀이를 소개했습니다. 아이가 주도적으로 놀이를 할 수 있도록 해 주세요. 자세한 내용은 24쪽에 설명해 두었습니다.

TIP

이 놀이가 아이에게 미치는 좋은 영향을 간단히 소개했습니다.

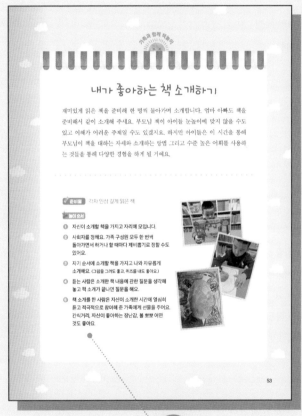

가족과 함께 책놀이

## 내가 좋아하는 책 소개하기

재미있게 읽은 책을 준비해 한 명씩 돌아가며 소개합니다. 엄마 아빠도 책을 준비해서 같이 소개해 주세요. 부모님 책이 아이들 눈높이에 맞지 않을 수도 있고 이해가 어려운 주제일 수도 있겠지요. 하지만 아이들은 이 시간을 통해 부모님이 책을 대하는 자세와 소개하는 방법 그리고 수준 높은 어휘를 사용하는 것들을 통해 다양한 경험을 하게 될 거예요.

**준비물** 각자 인상 깊게 읽은 책

**놀이 안내**
1. 자신이 소개할 책을 가지고 자리에 모입니다.
2. 사회자를 정해요. 가족 구성원이 모두 한 번씩 돌아가면서 하거나 할 때마다 제비뽑기로 정할 수도 있어요.
3. 자기 순서에 소개할 책을 가지고 나와 자유롭게 소개해요. (그림을 그려도 좋고, 퀴즈를 내도 좋아요)
4. 듣는 사람은 소개한 책 내용에 관한 질문을 생각해 놓고 책 소개가 끝나면 질문을 해요.
5. 책 소개를 한 사람은 자신이 소개한 시간에 열심히 듣고 적극적으로 참여해 준 가족에게 선물을 주어요. 간식거리, 자신이 좋아하는 장난감, 볼 뽀뽀 어떤 것도 좋아요.

53

## 7

가족과 함께 책놀이

가족이 함께 좀 더 활동적으로 할 수 있는 놀이를 소개합니다. 가족 구성원이 모두 참여한다면 책 읽고 노는 시간이 더 즐겁고, 기다려질 거예요.

## 차례

**① 나**  내가 누구인지 생각해 볼 수 있는 이야기

**② 용기**  겁 많고 자신감이 부족한 아이에게 꼭 들려주고 싶은 이야기

## ③ 자존감  자신을 사랑하고 존중하는 마음을 갖도록 도와주는 이야기

## ④ 가족  가족의 다양한 감정을 말해 주는 이야기

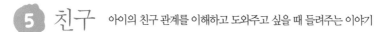

## 8 지혜    지식과 지혜가 자랄 수 있도록 도와주는 이야기

## 9 상상력    끝없는 세계를 경험해 볼 수 있는 이야기

## 10 전통문화  삶의 지혜와 해학이 스며 있는 우리 문화 이야기

## 11 과학  자연에 대한 호기심과 궁금증을 풀어 가는 이야기

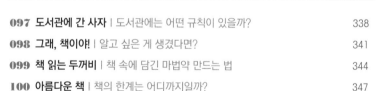

**시작하기 전에**

# 그림책 읽어 주기
# 3단계 질문과 독후 활동

**1단계**    **무엇이 보이니?** _표지로 대화 열기

책 표지로 오감 자극하며 책과 친해져요

그림책을 읽기 전, 먼저 책 표지를 살펴보며 책 내용에 대한 궁금증과 호기심을 갖게 하는 대화를 나누어 보아요. 이때 시각적으로 가장 두드러지는 것부터 자연스럽게 이야기를 시도해 보세요. 그리고 오감을 자극할 수 있는 질문 즉, 그림에서 어떤 냄새가 나는 것 같은지, 무슨 소리가 들리는 것 같은지, 촉감이 다른 책이 있다면 질감은 어떤지 등을 질문하면 책을 읽기 전 몰입도와 책에 대한 친밀감을 한층 높일 수 있답니다.

"이 그림책 앞뒤 표지에 누가 나오지?"
"어떤 색을 많이 사용했니? 왜 이 색을 많이 사용했을 것 같아?"
"크게 또는 작게 그린 그림이 있다면 왜 그렇게 그렸을까?"

"표지에 나온 친구가 울고 있는데 무슨 내용일 것 같아?"

"똥 그림이 나오는데 책에서 똥 냄새가 나는 건 아닐까?"

이런 질문을 계속하다 보면 아이는 책 표지만 보고도 어떤 내용일지 추측하는 습관이 생기고, 자신이 추측한 내용이 어떻게 전개될지 더욱 호기심을 갖고 집중하고 몰입할 수 있답니다. 만약 책 내용이 아이가 생각한 것과 전혀 다른 방향으로 진행된다 하더라도 걱정하지 마세요. 오히려 아이들은 자신이 생각하지 못한 이야기가 툭툭 전개되는 것을 흥미로워합니다. 이는 또 다른 책으로 관심을 옮겨 갈 수 있는 발판을 마련해 준답니다.

### 작가, 출판사로 독서 취향 알아 가요

아이에게 작가와 출판사를 소개하는 것이 어떤 의미가 있을까요? 내용과 관련 없는 부분이니까 건너뛰어도 된다고 생각할 수 있어요. 하지만 그렇지 않답니다. 아이에게 작가와 출판사에 대한 정보가 노출, 누적되다 보면 아이는 스스로 자신의 독서 취향을 알아 갈 수 있습니다. 이것은 독자로서 책을 단순히 즐기는 수준을 넘어 책을 고르는 안목까지 갖춘 수준 높은 독자로 진입하는 발판을 마련해 줄 수 있답니다.

● 작가와 출판사 그래프 만들고 스티커 붙이기 놀이

집에 있는 책 중에서 아이가 좋아하는 책의 작가나 출판사를 그래프로 만들어 보세요. 그리고 책을 읽을 때마다 작가와 출판사에 스티커를 붙여 보세요. 책 읽는 자신을 조망할 수 있는, 매우 훌륭한 메타 인지 놀이랍니다.

## 왜 그렇게 생각하니? _내용 이해
내용 이해 정도를 파악해요

"누가 주인공이지?"
"언제 일어난 일이지?"
"어디서 사건이 일어났을까?"
"어떤 상황이 벌어졌지?"
"어떻게 진행되었을까?"
"왜 그랬지?"

육하원칙에 따라 질문과 발문을 해 주면 아이는 자신이 읽은 내용을 정리해서 표현합니다. 이 과정은 뇌를 활성화시키는 가장 좋은 방법이자 정제된 표현력을 길러 주는 시간이 됩니다. 아이가 내용에 빠져들어 신나게 이야기하는 부분이 나온다면 질문 형식에 구애받지 말고 이야기를 그대로 들어주고 호응만 해 주어도 괜찮아요. 내용 파악을 지나치게 꼼꼼히 하거나 맞고 틀리는 것에만 집중한 대화를 나누다 보면 아이가 부담스러워하거나 지겨워할 수 있기 때문이지요.

'책은 즐거움이다'라는 씨앗을 심어 주는 것이 우선이므로 틀린 답을 말하거나 내용과 다른 엉뚱한 말을 한다고 해서 핀잔을 주거나 입을 다물게 만드는 대화를 하지 않도록 조심해야 해요. 전체 내용에 대한 육하원칙 대화가 어려운 아이에게는 자신이 가장 재미있었던 부분으로 범위를 좁혀 이야기 나누는 것도 좋은 방법입니다.

### 3단계

## 만약에 말이야 _사고력 확장
등장인물의 마음을 이해하고 나에게도 적용해 보아요

"주인공 몸이 크레파스 색깔로 바뀌었을 때 마음이 어땠을까?"
"방귀쟁이 며느리가 쫓겨났을 때 기분이 어땠을까?"
"빌딩 위를 걸어 다니는 사람을 보면 어떤 말을 해 주고 싶어?"
"피노키오가 거짓말을 해서 코가 길어졌을 때 기분이 어땠을까?"

책 속 등장인물이 왜 그렇게 했을지 '역지사지'할 수 있는 질문으로 대화를 나누는 단계입니다. 이러한 질문은 매우 중요한 의미가 있어요. 타인의 마음을 이해하고 같이 아파할 수 있는 공감 능력은 평생에 걸쳐 영향을 미치기 때문입니다. 미래학자 제러미 리프킨은《공감의 시대》에서 산업 사회의 치열한 경쟁 상태에서 벗어나 서로를 이해하고 공동체의 질서를 존중해야 한다고 이야기했습니다. 이를 위해서 자기 중심적 사고 단계에 있는 우리 아이들이 상대편의 감정에 공감하고 함께 해결해 보려고 하는 시도는 이 시대가 요구하는 성숙한 시민으로 성장하는 기초를 마련해 주는 의미 있는 한걸음이라 할 수 있습니다.

## 4단계 함께하는 놀이 _표현력과 응용력 기르기
독후 활동으로 생각 정리하기

그림책을 가지고 충분히 대화했다면 이제는 그림책에서 나올 때입니다. 표현은 인간의 기본적인 욕구입니다. 선사시대 벽화나 조각품을 보더라도 인류의 표현에 대한 욕구는 충분히 짐작할 수 있습니다. 자신의 긍정적 혹은 부정적 감정을 표현해내는 과정은 아이들에게 정서적 해소와 안정감을 주며 창의적으로 자기만의 생각을 표현하는 힘을 길러 줍니다. 이러한 창의력과 독창성 등은 '가장 개인적인 것이 가장 창의적인 것'으로 인정되는 21세기에 중요한 능력입니다.

주의할 점은 표현 활동이 강요된 숙제 같은 행위가 되어서는 안 된다는 점입니다. 책 한 권을 읽고 나면 적어도 한 장의 결과물이 남아야 한다는 식의 강박은 갖지 않았으면 좋겠습니다. 아이가 책을 들고 주인공과 같은 표정을 짓거나 몸짓을 흉내 내는 모습을 한 장의 사진에 담아 출력하는 것만으로도 훌륭한 포트폴리오가 될 수 있습니다. 독후 활동은 내가 읽은 책에 대한 끄적거림과 다음 책으로 가기 위한 징검다리 역할이면 충분합니다.

예를 들어 거짓말을 하면 코가 자라는 피노키오 이야기를 읽고 '아, 재미있었다'라고 마무리를 짓기보다 아이가 생각하고 실천할 수 있는 적용할 거리를 찾아 이야기해 보기를 권합니다. 피노키오가 거짓말을 하니 제페토 할아버지가 피노키오를 찾으러 고래의 배 속까지 들어가는 상황을 떠올리며 나의 작은 거짓말이 내 주변 사람에게 어떤 영향을 미치는지에 대해서도 이야기해 볼 수 있습니다. 과거에 거짓말했던 경험, 거짓말하려는 이유, 거짓말을 하면 생기는 불편 등 예민한 주제에 대해 자연스럽게 대화할 수 있는 절호의 기회이기도 하지요. 아이의 문제 행동 혹은 고쳐 주어야 할 습관이 있다면 책을 읽고 나서 아이의 마음이 열려 있는 상태에서 시도하기를 권합니다.

100권의 그림책을 읽고 함께하면 좋을 독후 활동을 소개해 놓았어요. 아이가 좋아하는 활동이라면 여러 번 반복해도 좋습니다. 책과 나를 연결해 줄 수 있는 의미 있는 몸짓, 손짓, 말 한마디가 꽃이 되어 돌아오리라 믿습니다.

"독서는 체험하는 것이 가장 중요하니
참으로 정밀히 살피고 밝게 분변하여
심신으로 체득하지 않는다면
날마다 수레 다섯 대에 실을 분량의 책을 암송한다 한들
자신과 무슨 상관이 있겠는가."

_정조이산어록

## 일러두기

- 아이의 주 양육자 혹은 그림책을 읽어 주는 사람은 엄마일 수도 아빠일 수도 조부모일 수도 또 다른 이일 수도 있습니다. 이 책에서는 대체로 '엄마'라고 표기했습니다.

- 〈그림책으로 마음을 들여다보아요〉에서 아이에게 질문할 때, 아이가 자신을 주체로 바로 생각할 수 있도록 주어를 '나'로 썼습니다. 실제 질문을 할 때는 아이의 이름을 넣는 것이 좋습니다.

- 외국 그림책의 작가명 표기는 해당 출판사 표기법에 따랐습니다.

- 그림책 표지 이미지 사용을 허락해 주신 출판사 관계자 여러분과 작가님들께 감사드립니다.

# 1

# 나

내가 누구인지
생각해 볼 수 있는 이야기

BOOK
**001**

가짜 나를 만들다 알게 된, 진짜 나의 이야기

# 이게 정말 나일까?

요시타케 신스케 글 · 그림 | 김소연 옮김 | 주니어김영사

난이도 ★★★

'내가 하기 싫은 일을 대신해 줄 로봇이 있다면 얼마나 좋을까?' 생각한 주인공 지후는 로봇을 한 대 구입하는데요. 지후가 로봇에게 자신에 대해 설명하면서 진짜 나에 대해 알아가는 이야기예요. 지후처럼 자기만의 세계를 발견하는 시간을 가져 보세요.

숙제, 심부름, 방청소… 할 일이 너무 많은 나를 대신해 줄 로봇이 있으면 좋겠다고 생각한 적이 있나요? 주인공 지후는 도우미 로봇 한 대를 구입합니다. 지후 대신 귀찮은 일을 몽땅 해 줄 수 있는 로봇이지요. 로봇이 지후에게 '네가 어떤 사람인지' 설명해 달라고 하자 지후는 로봇에게 자신에 대해 설명해 주는데요. 내가 할 수 있는 일과 할 수 없는 일, 지금 내가 있기까지 어떤 과정을 거쳐 왔는지, 상황에 따라 어떤 다양한 능력을 보여 줄 수 있는지와 같은 것들을 설명하는 과정에서 '나'라는 사람은 그 누구도 대신할 수 없음을 깨달아 가요. 자아 개념은 스스로 할 수 있는 일이 많아지는 36개월 전후로 형성됩니다. 긍정적인 인식과 자신감을 갖도록 도와줄 그림책과 함께 나를 찾아가는 여행을 떠나보기를 바라요.

#나 #자아개념 #자존감

그림책으로 마음을 들여다보아요

무엇이
보이니?

+ 표지에 보이는 친구는 누구일까?
+ 표지 그림을 만화처럼 여러 장면으로 나눈 이유가 뭘까?
+ 로봇을 본 적이 있니?
+ 왜 로봇을 만들까?
+ 로봇이 나오는 영화 중 재미있게 본 것이 있니?

왜 그렇게
생각하니?

+ 지후는 왜 로봇을 사러 갔을까?
+ 로봇은 왜 지후에 대해 설명해 달라고 했지?
+ 지후는 왜 로봇이 대신할 수 없는 존재라고 느꼈을까?

만약에
말이야

+ 나를 표현할 단어를 찾아볼까?
+ 내가 로봇이라면 주인공에게 어떤 이야기를 해 줄 것 같아?
+ 내가 원하는 로봇을 살 수 있는 가게가 있다면 어떤 로봇을 사고 싶어?
+ 나는 로봇과 어떤 점이 다를까?
+ 나를 대신할 로봇이 생긴다면 이 세상은 어떻게 될까?

 나도 궁금해요

엄마에게 마음껏 질문하는 시간을 가져 보아요.

 쌤의
한마디

아이들은 자신의 이름을 통해 자아 정체성을 형성하고 자존감의 바탕을 형성합니다. 자
주 아이의 이름을 따뜻하고 정겨운 톤으로 불러 주세요. 부모님이 자녀의 이름을 지을 때 했
던 많은 고민과 이름에 담긴 의미를 아이에게 자세히 알려 주세요. 자신에 대한 자긍심
이 한층 자랄 거예요.

**내가 고른 문장은?**

엄마와 아이가 각자 책에서 마음에 드는 문장을 고르고 이유를 나눠 보세요.

 **엄마**

 **아이**

 **함께하는 놀이**

# 반짝반짝 내 이름

소중한 이름을 아름답게 꾸며 보아요.

**준비물** 종이, 색연필, 밀가루, 레고, 각종 채소

① 종이에 이름을 쓰세요.

② 글자 모양을 그대로 살려 그려도 좋고, 이름에 맞는
   배경을 멋지게 그려도 좋아요.

③ 밀가루 반죽, 레고, 오이나 당근같이 단단한 채소를
   잘라 이름을 만들어 보는 것도 재미있어요.

 **TIP** 이름을 이용한 다양한 활동은 자존감과 정체성 형성에 긍정적인 영향을
         미칩니다.

BOOK
002

가짜가 아닌, 진짜 나를 만나고 싶다면

# 슈퍼 거북

유설화 글 · 그림 | 책읽는곰

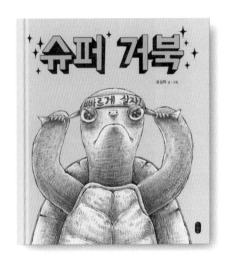

난이도 ★★★

경주에서 토끼를 이기고 '슈퍼 거북'이라는 별명을 얻은 꾸물이의 이야기를 담은 책이에요. 거북이가 토끼를 이겨서 온 동네에 슈퍼 거북 열풍이 불기 시작하는데, 정작 꾸물이는 신나지 않네요. 슈퍼 거북이 된 꾸물이는 행복해질 수 있을까요?

동물 친구들은 모두 토끼를 이긴 거북이 꾸물이가 얼마나 빠른지 기대하고 있었어요. 꾸물이는 기대에 부응하기 위해 빠르게 달릴 수 있는 방법을 연구하고, 매일 달리기 연습을 해요. 하지만 본래 느린 거북이가 빨리 달리자니 너무 힘이 들어 꾸물이는 점점 초췌해졌어요. 그러던 어느 날 토끼가 찾아와 재시합을 제안했어요. 드디어 시합 날, 꾸물이는 이제껏 열심히 연습한 대로 토끼를 제치고 앞서 나갔어요. 토끼가 보이지 않을 만큼 앞선 꾸물이는 바위 그늘에서 잠깐 쉬려다가 그만 잠이 들어 버려요. 그 사이 토끼가 결승점을 통과합니다. 경기에서 진 꾸물이는 오히려 자기 모습 그대로 살 수 있다는 생각에 마음이 편안해집니다. 꾸물이는 오랜만에 달콤한 잠을 자면서 어떤 꿈을 꾸었을까요?

#나다움 #존재 #자존감

그림책으로 마음을 들여다보아요

<table>
<tr><td>무엇이<br>보이니?</td><td>

➕ 거북이가 나오는 다른 그림책은 뭐가 있을까?<br>
➕ 거북이 하면 어떤 단어가 떠올라?<br>
➕ 거북이의 표정에서 무엇이 느껴져?<br>
➕ 다른 머리띠를 두른다면, 어떤 글자를 써 넣고 싶어?

</td></tr>
</table>

<table>
<tr><td>왜 그렇게<br>생각하니?</td><td>

➕ 꾸물이는 왜 슈퍼 거북이 되려고 했지?<br>
➕ 꾸물이는 빨라지기 위해 어떤 연습을 했을까?<br>
➕ 꾸물이는 빠르게 사는 것을 왜 힘들어했지?<br>
➕ 꾸물이는 경주에서 왜 졌어?<br>
➕ 꾸물이가 진짜 원하는 모습은 무엇이었을까?

</td></tr>
</table>

<table>
<tr><td>만약에<br>말이야</td><td>

➕ 빨라지기 위해 노력했던 꾸물이에게 어떤 말을 해 주고 싶니?<br>
➕ 경주에서 진 꾸물이에게 어떤 이야기를 해 주고 싶어?<br>
➕ 나의 모습 중 마음에 들지 않는 모습이 있니?<br>
➕ 누군가에게 그 모습을 바꿔 보라는 이야기를 들으면 어떤 기분이 들까?

</td></tr>
</table>

 나도 궁금해요

엄마에게 마음껏 질문하는 시간을 가져 보아요.

 쌤의
한마디

다른 사람과 비교하는 말로 훈육하다 보면 아이는 존재 자체로 가치 있는 자신을 깨닫지
못합니다. 이런 평가는 우울함과 비뚤어진 자아상, 열등감에 사로잡히게 할 수 있습니다.
자신을 사랑하는 아이로 자라기 바란다면 비교는 금물이에요!

**내가 고른 문장은?**

엄마와 아이가 각자 책에서 마음에 드는 문장을 고르고 이유를 나눠 보세요.

 엄마

 아이

 **함께하는 놀이**

# 토끼의 뒷이야기

거북이에 이어 토끼 이야기를 지어 보세요.

**준비물** 종이, 색연필

① 토끼 이름 짓기부터 시작해 보세요.

② 토끼가 사는 곳, 경주에서 이긴 토끼는 어떻게 살아가고
   있을지 마음껏 상상의 나래를 펴서 이야기를 만들어 보세요.

③ 아이의 이야기를 받아 적거나 아이가 그린 그림에 글자를 써
   주어도 좋아요.

 TIP
정답이 없는 뒷이야기 만들기 놀이는 언어에 대한 자신감과 주도성을
키웁니다. 아이의 표현 중 이전과 달라진 점, 새롭게 시도한 점을 찾아
격려해 주면 조금씩 더 창의적인 표현을 할 수 있게 될 거예요.

내 마음에 불이 났을 때

# 소피가 화나면, 정말 정말 화나면

몰리 뱅 글 · 그림 | 박수현 옮김 | 책읽는곰

난이도 ★★☆

우리가 느끼는 감정 중 '화'를 다룬 그림책이에요. 대부분의 아이들이 그렇듯 소피도 화가 날 때 고함을 치고 주먹을 휘두릅니다. 그러다 다리가 풀릴 때까지 달리고 달립니다. 소피가 도착한 곳은 어디일까요? 소피는 그곳에서 화를 풀 수 있을까요?

주인공 소피가 인형을 갖고 노는데 언니가 자기 차례라며 인형을 빼앗아 갑니다. 화가 잔뜩 나 있는 소피를 더 화나게 한 건 엄마예요. 이제 언니 차례라며 언니 편을 들어주었으니까요. 소피는 화가 나 발을 동동 구르고 주먹을 마구 휘두르고 소리를 지르죠. "으아아 아!" 소피는 화를 참지 못해 집 밖으로 뛰쳐나가 달리기 시작합니다. 숲에 도착한 소피는 나무에 올라 새소리를 듣고 이름 모를 풀과 나무를 보며 마음을 가라앉힙니다.

아이는 책을 읽으며 자신이 화가 났던 순간을 자연스레 떠올리게 될 거예요. 강렬한 색채로 그려진 그림들은 아이의 마음을 대변해 줍니다. 아이가 책을 덮을 즈음에는 자신의 감정을 시각적으로 상상해 볼 수 있게 될 거예요.

#감정 #화 #표현

그림책으로 마음을 들여다보아요

무엇이
보이니?

✦ 표지에 있는 아이의 기분은 어때 보여?

✦ 이 아이와 비슷한 기분을 느낀 적이 있어?

✦ 감정에는 어떤 것들이 있을까?

왜 그렇게
생각하니?

✦ 소피는 왜 화가 났지?

✦ 화가 난 소피는 어디로 갔어?

✦ 소피는 어떻게 화가 풀렸지?

만약에
말이야

✦ 나는 소피처럼 화가 났을 때 어떻게 해결하지?

✦ 화가 난 마음을 색깔로 표현한다면 어떤 색이 될까?

✦ 다른 사람이 화가 났을 때 어떤 기분이 들어?

✦ 다른 사람이 화가 났을 때 어떤 이야기를 해 주면 기분이 좀 나아질까?

 나도 궁금해요

엄마에게 마음껏 질문하는 시간을 가져 보아요.

 쌤의
한마디

화를 공격적으로 표현하는 아이는 감정을 어떻게 표현하고 다스려야 하는지 잘 몰라서 그런
것이니, 평소 엄마나 아빠가 화를 냈을 때 아이가 자신의 마음이 어땠는지를 생각해 볼
수 있는 시간을 갖도록 해 주세요.

내가 고른 문장은?

엄마와 아이가 각자 책에서 마음에 드는 문장을 고르고 이유를 나눠 보세요.

 엄마

 아이

 함께하는 놀이

# 풍선 날리기

풍선에 힘을 가하면 어떻게 되는지 실험해 보아요.

**준비물** 풍선, 사인펜

① 화가 났을 때를 떠올려 보아요. 그리고 풍선을 불어 화가 난 이유를 적어 보세요. "동생이 내 책을 찢어서 화가 났어요." "엄마한테 혼나서 화가 나요." 이런 식으로 자신의 화난 마음을 풍선에 적어 보세요.

② 풍선을 공중에 날려 보고 때려 보기도 하고 발로 차 보기도 하세요.

③ '화'라는 감정이 느껴질 때 어떻게 해소하면 좋을지 이야기를 나누어 보세요.

 **TIP** 대근육 활동인 동시에, 긴장감을 해소하는 데 도움이 됩니다. 화가 날 때 감정을 잘 조절하지 않으면 감정이 풍선처럼 터져 주변 사람을 놀라게 한다는 것을 직관적으로 이해할 수 있습니다.

가슴 설레는 사랑이 내게 찾아왔어요

# 사랑에 빠진 개구리

맥스 벨트하우스 글 · 그림 | 이명희 옮김 | 마루벌

난이도 ★★☆

아이들은 누군가를 좋아하는 감정, 사랑이라는 감정을 어떻게 느끼고 있을까요? 사랑에 빠진 개구리의 감정과 표현 방식을 다룬 이 책은 아이들이 한 번쯤 느껴본 감정을 곱씹게 해 줄 거예요. 그런데 개구리가 사랑에 빠진 상대는 누구일까요?

초록 개구리는 어디 특별히 아픈 건 아닌데 마음이 이상해요. 그 이상한 마음의 정체가 무언지 궁금하던 차에 토끼를 만나 실마리를 풀게 되지요. 그건 바로 누군가를 많이 사랑할 때 나타나는 증상이래요. 초록 개구리의 머릿속에는 하얀 오리가 떠오릅니다. 친구들은 어떻게 초록 개구리와 하얀 오리가 사랑할 수 있냐고 하지만 개구리는 마음을 표현하기 위해 애를 씁니다. 높이 뛰어오르면 오리가 나를 볼 수 있을까? 그림과 꽃을 선물하면 좋아할까? 고민하며 노력합니다. 어느 날 높이 뛰기 연습을 하던 개구리가 그만 땅으로 곤두박질을 칩니다. 다친 개구리를 누가 돌봐줄까요? 개구리의 마음이 통했는지 오리가 다정하게 돌봐줍니다. 서로 달라도 얼마든지 사랑할 수 있음을 보여 주는 책입니다.

#감정 #사랑 #다름

그림책으로 마음을 들여다보아요

무엇이
보이니?
+ 개구리가 나오는 다른 그림책을 알고 있니?
+ 개구리 하면 떠오르는 단어가 있니?
+ 개구리가 왜 바이올린을 켜고 있을까?
+ 어떤 음악을 연주하고 있을 것 같아?
+ 왜 밤을 배경으로 그렸을까?

왜 그렇게
생각하니?
+ 개구리가 자신의 감정을 알아가는 과정에서 누구의 도움을 받았지?
+ 토끼는 개구리에게 어떤 말을 해 주었어?
+ 개구리는 하얀 오리에게 자신의 마음을 표현하기 위해 무엇을 했지?
+ 다친 개구리를 위해 오리는 무엇을 해 주었어?

만약에
말이야
+ 내가 개구리라면 오리에게 어떻게 마음을 표현했을 것 같아?
+ 내가 토끼라면 개구리에게 어떤 도움을 줄 수 있을까?
+ 사랑이라는 감정을 느껴 본 적이 있니?
+ 그 마음을 노래로 표현해 볼 수 있을까?
+ 다른 결말을 만들어 보면 어떨까?

 나도 궁금해요

엄마에게 마음껏 질문하는 시간을 가져 보아요.

 쌤의
한마디

상대방에게 느끼는 호감을 적절히 표현하는 것은 좋은 관계를 만드는 데 큰 도움이 됩니다. 상대방의 성격, 장점을 칭찬해 주는 언어적 표현을 배우고 익힐 수 있는 기회를 주세요.

내가 고른 문장은?

엄마와 아이가 각자 책에서 마음에 드는 문장을 고르고 이유를 나눠 보세요.

 엄마

 아이

 함께하는 놀이

# 엄마 아빠의 결혼식

엄마 아빠에 대한 질문을 해 보세요.

**준비물** 결혼 사진, 마이크 혹은 마이크 대용품

① 엄마 아빠의 결혼 사진을 함께 보고 아이가 궁금한 점을 생각해 보게 하세요.

② 어떻게 만났는지, 처음 만났을 때 어떤 느낌이었는지, 어떤 점이 마음에 들었는지, 결혼식 날짜는 누가 정했는지 등 다양한 질문을 할 수 있습니다.

③ 부모님은 아이의 질문에 집중하여 대답해 줍니다.

**TIP** 영상으로 인터뷰하는 장면을 먼저 보여 준 후에 진행하면 좋습니다.
인터뷰를 하는 사람과 대답을 하는 사람이 질문 내용과 방식, 분위기 등을
고려하며 이야기하는 사이에 언어 활용 능력이 향상됩니다.

BOOK **005**

네가 이상한 게 아니야

# 줄무늬가 생겼어요

데이빗 섀논 글 · 그림 l 조세현 옮김 l 비룡소

난이도 ★★★

다른 사람의 시선을 의식해 결국 병까지 얻은
소녀 카밀라의 이야기예요. 카밀라는 아욱콩을
좋아하지만, 놀림을 받을까 봐 먹지 않아요.
그런데 카밀라에게 '줄무늬병'이 생겼네요.
카밀라는 병을 고칠 수 있을까요?

주인공 카밀라는 다른 사람이 자신을 어떻게 볼지 전전긍긍하는 여자아이입니다.
우리 어른들도 다른 사람의 시선 때문에 말과 행동에 제약이 생기는 경우가 있지
요? 카밀라는 다른 친구들이 잘 먹지 않는 '아욱콩'을 좋아하는데 사람들이 자신
을 이상하게 생각할까 봐 애써 콩을 먹지 않아요. 어느 날 아침 카밀라의 몸은 이
상하게 변해 가고 이를 고치기 위해 많은 사람이 노력하지만 소용이 없었어요. 그
러던 어느 날 한 할머니가 오셔서 아욱콩을 내밀었고 그 콩을 먹은 카밀라의 몸
은 원래대로 돌아왔답니다. 다른 사람의 시선을 지나치게 신경 쓰거나 자기표현
을 적극적으로 하지 못해 힘들어하는 아이에게 자신감과 위로를 전해 주는 책입
니다.

#자기표현 #눈치 #자신감

그림책으로 마음을 들여다보아요

무엇이
보이니?

✚ 표지에 보이는 아이 얼굴과 몸이 어때?

✚ 표정을 보니 기분이 어떤 것 같아?

✚ 입에 물고 있는 건 뭘까?

✚ 얼굴과 몸을 만져 보면 어떤 느낌이 들 것 같아?

✚ 친구가 무슨 말을 하고 싶어 하는 것 같아?

왜 그렇게
생각하니?

✚ 카밀라는 몸 색깔이 왜 바뀌었을까?

✚ 카밀라를 치료하겠다고 한 사람들은 누구였지?

✚ 카밀라의 몸이 바뀌었을 때 마음은 어땠을까?

✚ 카밀라의 병이 낫게 된 이유는 뭘까?

만약에
말이야

✚ 만약 카밀라처럼 내 얼굴과 몸이 바뀐다면 어떨 것 같아?

✚ 내가 카밀라의 엄마, 아빠라면 카밀라에게 어떤 말을 해 주면 좋을까?

✚ 카밀라처럼 하고 싶은 말이 있었는데 못 한 적이 있었니?

✚ 책 내용 중 바꾸고 싶은 부분이 있니?

 나도 궁금해요

엄마에게 마음껏 질문하는 시간을 가져 보아요.

 쌤의
한마디

일상생활에서 신체를 활용한 다양한 성공을 경험할 수 있도록 도와주세요. 예를 들면 한 발 뛰기, 자전거 타기, 달리기 등 다양한 신체 활동은 자신감과 자아 효능감을 높입니다.

**내가 고른 문장은?**

엄마와 아이가 각자 책에서 마음에 드는 문장을 고르고 이유를 나눠 보세요.

 엄마

 아이

 함께하는 놀이

# 소중한 '나' 그리기

나에 대해 생각해 보아요.

**준비물** 전지, 색연필

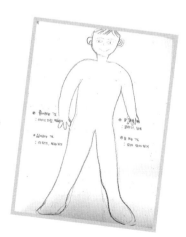

① 전지에 아이를 눕힌 후 조용한 음악을 틀어 주세요.

② 자신이 좋아하는 것, 싫어하는 것, 잘하는 것, 잘 못하는 것, 나만의 비밀 등 '나'에 대한 이야기를 나누어 보세요.

③ 전지 위에 있는 아이의 몸을 색연필로 그린 후 일어나 이야기 나눈 것들을 그림 위에 쓰거나 그려 보세요.

 **TIP** 아이의 신체 자존감을 높이는 활동입니다. 자신의 신체에 대해 긍정적으로 인식할 수 있도록 아이의 장점을 부각시켜 이야기 나누어 주세요.

# 2

# 용기

겁 많고 자신감이 부족한 아이에게
꼭 들려주고 싶은 이야기

용기와 두근거리는 마음으로

# 이슬이의 첫 심부름

쓰쓰이 요리코 글 | 하야시 아키코 그림 | 이영준 옮김 | 한림출판사

난이도 ★★☆

처음 심부름을 해 보는 아이의 마음은 어떨까요? 다섯 살 이슬이는 엄마의 심부름으로 난생처음 혼자 밖으로 나가 봅니다. 500원짜리 동전 두 개를 손에 쥐고 우유를 사러 나선 이슬이는 심부름을 잘할 수 있을까요?

바쁜 엄마의 부탁을 받고 처음으로 혼자 집을 나서는 이슬이. 차 조심 하기와 거스름돈 잊지 않기를 약속하고 나온 이슬이의 설레면서도 걱정어린 심정이 잘 표현되어 있어요. 처음에는 노래를 부르며 걷지만, 뒤에서 자전거가 소리를 내며 다가와 놀라기도 하고, 뛰다가 넘어져 다치기도 합니다. 우여곡절 끝에 슈퍼에 도착했지만 슈퍼에서도 긴장되기는 마찬가지예요. 용기 내어 "우유 주세요"를 외치는 장면에서는 아이들이 낯선 상황에서 느끼는 감정을 고스란히 느낄 수 있습니다. 심부름을 해 보지 않은 아이에게는 호기심과 용기를, 심부름 경험이 있는 아이에게는 공감과 재미를 선사합니다.

#용기 #도전 #심부름

그림책으로 마음을 들여다보아요

무엇이
보이니?

+ 심부름을 다녀와 본 적이 있니?
+ 이슬이라는 이름은 어떤 느낌이 들어?
+ 어떤 내용일 것 같아?
+ 심부름을 다녀온 이슬이의 기분이 어때 보여?

왜 그렇게
생각하니?

+ 이슬이는 무엇을 사러 갔을까?
+ 이슬이가 심부름을 하러 가다가 만난 사람은 누구였지?
+ 이슬이는 넘어져서 무엇을 잃어버렸지?
+ 이슬이는 왜 눈물이 났을까?

만약에
말이야

+ 혼자 심부름을 간 이슬이의 마음은 어땠을까?
+ 이슬이처럼 가슴이 콩닥거리고 두근거렸던 경험이 있니?
+ 이슬이가 넘어졌을 때 어떤 말을 해 주면 용기를 얻을 수 있을까?
+ 심부름을 하고 돌아온 엄마는 이슬이에게 어떤 말을 해 주었을까?

 나도 궁금해요

엄마에게 마음껏 질문하는 시간을 가져 보아요.

 쌤의
한마디

기억은 내가 알고 있는 것과 새로운 정보를 얼마나 강하게 결합하느냐에 따라 달라집니다. 기억을 돕는 강력한 도구는 '이미지화'와 '분류하기'입니다. 기억하는 일이 필요한 다양한 활동을 주기적으로 해 주세요. 기억력뿐 아니라 집중력, 관찰력도 함께 키울 수 있습니다.

내가 고른 문장은?

엄마와 아이가 각자 책에서 마음에 드는 문장을 고르고 이유를 나눠 보세요.

 엄마

 아이

 함께하는 놀이

# 심부름을 합시다!

심부름으로 자신감을 높여요.

**준비물** 종이, 연필, 바구니

① 심부름할 내용을 여러 장의 종이에 적어 바구니에
   넣어 둡니다.

② 바구니에서 제비뽑기하듯이 종이 한 장을 뽑아
   심부름을 해 봅니다.
   (동선을 넓혀 가는 심부름으로 확장해 보세요. 아이 연령에
   무리가 되는 심부름은 피해야겠지요?)

TIP  한 번에 한 가지 활동을 무리 없이 수행할 수 있다면 두세 가지 목표를
     한꺼번에 기억하고 수행하도록 제안해 보세요.

BOOK
007

나다움의 가치를 찾고 인정해요

# 마음아, 작아지지 마

신혜은 글 | 김효진 그림 | 시공주니어

난이도 ★★☆

열등감에 주눅 들어 있는 아이 부바가 작은 꽃을 만나 열등감을 극복하는 과정을 그린 책이에요. 부바는 어떤 생각과 과정을 거치면서 열등감을 극복하게 되었을까요? 마음이 작아진 부바를 만나 보세요.

부바는 키가 작고, 글씨를 잘 못 쓰고, 달리기가 느린 자신이 못마땅합니다. 열등 감에 어디론가 사라지고 싶다는 생각을 합니다. 열등감을 느낄 때마다 부바의 크기가 작아지는 모습을 시각적으로 확인할 수 있어, 마음이 작아진다는 것을 더 실감 나게 느낄 수 있어요. 한껏 작아진 부바는 어느 날 길에서 작은 꽃을 발견합니다. 누가 봐도 작은 꽃인데 작은 꽃은 자신을 "작은 꽃이 아니라 그냥 꽃"이라고 소개합니다. 부바와는 대비되는 모습이네요. 부바는 작은 꽃과 이야기를 나누면서 자신의 장점을 찾아갑니다. 열등감이 없는 아이는 없을 거예요. 어른도 느끼는 걸요. 그러나 누구나 잘하는 것이 있으면 못하는 것도 있다는 사실을 생각하면 우리 아이들도 부바처럼 열등감을 극복할 수 있을 거예요.

#열등감 #용기 #나다움

그림책으로 마음을 들여다보아요

무엇이
보이니?

+ 왜 '마음아, 작아지지 마'라는 제목을 붙였을까?

+ 표지에 있는 아이는 지금 어떤 기분일까?

+ 표지에 있는 아이와 비슷한 기분이 든 적이 있어?

왜 그렇게
생각하니?

+ 부바는 무엇 때문에 마음이 작아졌지?

+ 부바가 만난 꽃은 자신을 어떤 꽃이라고 소개했어?

+ 부바와 작은 꽃의 같은 점은 무엇일까?

+ 작은 꽃은 부바를 어떻게 위로해 줬어?

만약에
말이야

+ 마음이 작아졌던 경험이 있니?

+ 속상한 마음이 들 때 어떤 일을 하면 기분이 나아져?

+ 내가 잘하는 것은 뭘까?

 나도 궁금해요

엄마에게 마음껏 질문하는 시간을 가져 보아요.

 쌤의
한마디

내성적인 아이라면, 그 성향을 먼저 인정해 주고 다양한 성공 경험을 제공하여 자신감
을 갖게 도와주어야 합니다. 자신에 대한 신뢰를 가질 수 있도록 아이의 선택을 지지해
주세요.

**내가 고른 문장은?**

엄마와 아이가 각자 책에서 마음에 드는 문장을 고르고 이유를 나눠 보세요.

**함께하는 놀이**

# 부바에게 줄 꽃 선물

받을 사람을 생각하며 정성스럽게 꽃을 만들어 보아요.

**준비물** 색종이, 가위, 풀, 클레이, 블록 등

❶ 부바를 생각하며 클레이로 알록달록 작은
   꽃을 만듭니다.

❷ 색종이, 여러 종류의 블록 등을 이용해
   꽃다발을 만들어 보세요.

**TIP** 심미적 감수성과 소근육 발달을 향상시키는 활동입니다.
또한 나의 수고로 상대방을 기쁘게 할 수 있음을 알게 되지요.

지혜롭고 따뜻한 대답

# 작고 하얀 펭귄

와다 히로미 글 | 미우라 나오코 그림 | 김숙 옮김 | 북뱅크

난이도 ★★☆

춥고, 외롭고, 슬프다고 말하는 작고 하얀 펭귄을 도닥이는 엄마 펭귄의 따뜻한 말 한마디 한마디가 가슴에 오래도록 남는 책입니다. 아이들이 힘겨운 감정을 표현할 때 어떻게 말해야 자신감을 얻을지 고민이 된다면 작고 하얀 펭귄을 만나 보세요.

나는 왜 다른 아이들보다 달리기를 못하는지, 왜 새들처럼 날 수 없는지, 고래처럼 커다랗지 않은지, 그리고 외로울 땐 어떻게 해야 하는지… 고민이 많은 작고 하얀 펭귄의 모습을 보면서 혹시 우리 아이도 이런 생각들을 하는지 궁금해집니다. 힘들어하는 작고 하얀 펭귄에게 엄마 펭귄이 해 주는 말들은 생각의 전환을 불러오기에 충분합니다. 엄마 펭귄은 막연하고 상투적인 위로가 아닌, 정말 힘을 얻을 수 있는 말을 건넵니다. 작고 하얀 펭귄이 얼마나 멋진 존재인지, 세찬 바람과 거친 폭풍우 그리고 해님과 물고기에게서 무엇을 배울 수 있는지 조곤조곤 말해 주는 엄마 펭귄에게서 삶을 대하는 태도를 배울 수 있을 거예요.

#슬픔 #따뜻한_말 #위로

그림책으로 마음을 들여다보아요

| | |
|---|---|
| 무엇이 보이니? | ✛ 실제 펭귄을 본 적이 있니?<br>✛ 펭귄은 어떻게 생겼지?<br>✛ 펭귄은 어디에 살까?<br>✛ 작고 하얗다는 건 어떤 의미일까? |
| 왜 그렇게 생각하니? | ✛ 아기 펭귄은 왜 슬퍼했을까?<br>✛ 아기 펭귄이 엄마 펭귄에게 한 질문 중 비슷한 질문을 해 본 적이 있니?<br>✛ 엄마 펭귄은 아기 펭귄에게 어떤 마음을 가지고 있을까? |
| 만약에 말이야 | ✛ 내가 친구와 다르다고 느낀 적이 있어?<br>✛ 다른 친구가 부러워 속상했던 적이 있어?<br>✛ 내가 속상했던 것에 대해 가족과 이야기해 본 적이 있어? |

 나도 궁금해요

엄마에게 마음껏 질문하는 시간을 가져 보아요.

 쌤의 한마디

기질적으로 걱정이 많은 아이는 낯선 대상에 대한 경계심과 우려가 커서 자신을 방어하려고 합니다. 실패 경험이 쌓여야 성공이 더 빛나고 성장합니다. 부족하고 서툰 아이의 경험을 인정하고 지지해 주세요. 그 속에서 단단함을 배워 나갑니다.

**내가 고른 문장은?**

엄마와 아이가 각자 책에서 마음에 드는 문장을 고르고 이유를 나눠 보세요.

함께하는 놀이

# 질문과 대답 짝짓기

질문에 맞는 답을 찾아보아요.

**준비물** 질문 카드, 답변 카드

❶ 작고 하얀 펭귄이 질문한 내용은 질문 카드에, 엄마 펭귄이
답변한 내용은 답변 카드에 써 주세요.

❷ 바닥에 카드를 모두 펼쳐 놓고 질문에 맞는 답변을
찾아보세요. 답변을 먼저 보고 질문을 찾아보는 것도
재미있을 거예요.

❸ 확장 활동으로 아이의 다양한 질문을 받아 적고 그에 대한
엄마의 대답을 답변 카드에 적어 보세요.

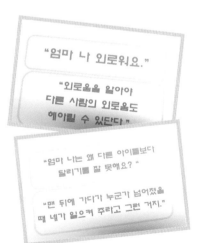

"엄마 나 외로워요."

"외로움을 알아야
다른 사람의 외로움도
헤아릴 수 있단다."

"엄마 나는 왜 다른 아이들보다
달리기를 잘 못해요?"

"맨 뒤에 가다가 누군가 넘어졌을
때 네가 일으켜 주려고 그런 거지."

TIP   질문하고 대답하는 가운데 자신의 문제를 객관화해서 바라볼 수 있는 힘이
생깁니다.

BOOK
009

새로운 곳으로 떠나는 용감한 도전

# 우락부락 염소 삼 형제

폴 갈돈 글 · 그림 | 김세실 옮김 | 시공주니어

난이도 ★★★

귀여운 염소 삼 형제의 모험을 그린 책이에요. 노르웨이 민담을 재구성한 이야기로, 구수한 입말체가 읽는 재미를 더합니다. 풀을 뜯기 위해 초원을 향해 떠나는 염소 삼 형제는 무사히 다리 건너 풀밭에 도착할 수 있을까요?

염소 삼 형제는 배가 너무 고파서 뜯어 먹을 풀이 넉넉한 곳을 찾아 떠나기로 합니다. 그런데 초원으로 가기 위해 건너야 하는 다리 밑에 괴물 트롤이 버티고 있네요. 그래도 꾀를 내어 건너 보기로 합니다. 어떤 꾀를 냈을까요? 막내가 먼저 다리를 건너려는 순간, 트롤이 나타나 막내 염소를 잡아먹겠다고 위협합니다. 막내는 겁을 잔뜩 먹었지만 뒤에 더 큰 형이 올 거라고 트롤을 안심시키고 다리를 건넙니다. 둘째도 같은 방법으로 다리를 건너고 마지막 맏이가 건널 차례입니다. 하지만 맏이 뒤에는 아무도 없는데 어쩌죠? 맏이는 잔뜩 힘을 모아 뒷발로 트롤을 뻥 차고 머리로 들이받아 물에 빠뜨립니다. 막막한 상황에서 힘을 합해 위기를 모면한 염소 삼 형제의 용기가 리드미컬한 문체 덕분에 더욱 멋지게 드러납니다.

#용기 #협동 #형제

그림책으로 마음을 들여다보아요

| | |
|---|---|
| 무엇이 보이니? | ✛ 실제로 염소를 본 적이 있니? |
| | ✛ 염소는 무엇을 먹고 살까? |
| | ✛ 우락부락에 어울리는 다른 단어를 찾아볼까? |
| | ✛ 삼 형제가 나오는 다른 동화를 알고 있니? |

| | |
|---|---|
| 왜 그렇게 생각하니? | ✛ 염소 삼 형제는 왜 길을 떠났을까? |
| | ✛ 괴물이 있는 다리를 지나야 한다는 것을 알았을 때 삼 형제는 어떻게 했지? |
| | ✛ 맏이 염소는 동생 염소들에게 귓속말로 어떤 이야기를 했을까? |
| | ✛ 맏이 염소는 어떻게 괴물을 물리쳤지? |

| | |
|---|---|
| 만약에 말이야 | ✛ 내가 맏이 염소라면 동생들에게 뭐라고 했을 것 같아? |
| | ✛ 내가 막내 염소라면 어떻게 했을까? |
| | ✛ 어떤 일을 할 때 겁이 나고 힘드니? |
| | ✛ 염소 삼 형제가 괴물을 물리치고 다리를 건넜을 때 어떤 기분이었을까? |
| | ✛ 언제 이런 기분이 들었어? |

 나도 궁금해요

엄마에게 마음껏 질문하는 시간을 가져 보아요.

 쌤의 한마디

문제 해결력은 다양한 상황을 경험하고 판단하고 실행해 보는 경험이 누적되어야 키울 수 있습니다. 가족 회의시간을 통해 문제 해결 과정을 공유하면 성숙한 방법을 배울 수 있습니다. 무조건 참고 양보하거나 떼를 써서 해결해서는 문제 해결력을 키우지 못합니다.

내가 고른 문장은?

엄마와 아이가 각자 책에서 마음에 드는 문장을 고르고 이유를 나눠 보세요.

 함께하는 놀이

# 염소 삼 형제 역할 놀이

책 징검다리에서 놀아 보아요.

**준비물** 책 여러 권, 역할 목걸이 혹은 팔찌

① 책으로 징검다리를 만들고 염소 삼 형제, 괴물 역할을 정해 보아요. 한 명이 여러 역할을 맡아도 괜찮아요.

② 역할에 맞는 목걸이나 팔찌를 만들어 역할을 구분해 주세요.

③ 책 내용에 맞춰 역할 놀이를 해 봅니다.

 TIP  역할 놀이는 다른 사람의 입장을 이해하고 배려할 수 있게 도와줍니다.
역할 놀이 하는 모습을 촬영해 자신의 모습을 볼 수 있게 하면 자신을 보다
객관적으로 볼 수 있게 됩니다.

BOOK
**010**

내 마음속 꼬물거리는 걱정 주머니를 꺼내 볼까?

# 겁쟁이 빌리

앤서니 브라운 글·그림 | 김경미 옮김 | 비룡소

난이도 ★★☆

언제나 걱정이 가득한 아이 빌리의 이야기예요. 과테말라 인디언들에게 전해 내려오는 걱정 인형을 소재로 한 이 책은, 걱정 인형의 옷처럼 알록달록 화사해 눈이 즐겁습니다. 빌리의 지나친 걱정들은 모두 사라질 수 있을까요?

"신발이 걸어서 창문으로 도망가면 어쩌지? 큰 새가 나를 잡아가면 어쩌지?" 빌리에게는 온 세상이 걱정거리입니다. 잠을 이룰 수 없을 정도로 걱정이 많은 빌리의 모습을 보면서 아이들은 어떤 생각을 할까요? 빌리와 비슷한 걱정을 해 본 아이들도 있을 거예요. 빌리가 걱정들을 어떻게 해소하는지 따라가다 보면 어느새 걱정을 물리칠 수 있는 용기가 생길 거예요. 걱정이 많은 빌리에게 할머니는 알록달록한 옷을 입은 걱정 인형을 건넵니다. 덕분에 빌리는 며칠 동안 편안하게 지낼 수 있었어요. 그런데 이번에는 걱정이 많을 걱정 인형이 걱정이네요. 빌리는 걱정 인형을 위해 또 다른 걱정 인형을 만들면서 비로소 그 많던 걱정들을 해소합니다. 결국 빌리는 스스로 자신의 문제를 해결했네요.

#걱정 #겁 #안심

그림책으로 마음을 들여다보아요

무엇이
보이니?
- 표지에 있는 아이는 어떤 생각을 하며 걸어가고 있는 것 같아?
- 어떤 사람을 겁쟁이라고 할까?
- 나는 어떤 것이 겁나고 걱정스러워?

왜 그렇게
생각하니?
- 빌리는 무엇을 걱정하지?
- 빌리의 할머니는 빌리에게 무엇을 주셨어?
- 빌리는 걱정 인형에게 무엇을 만들어 주었지?

만약에
말이야
- 겁쟁이 빌리에게 어떤 말을 해 주고 싶어?
- 나의 걱정거리는 뭐야?
- 누군가에게 내 걱정을 털어놓은 적이 있어?
- 내 걱정을 잘 들어주고 이해해 주는 사람은 누구야?
- 다른 사람의 걱정거리를 들어본 적이 있어?
- 그럴 때 뭐라고 이야기해 주었어?

 나도 궁금해요
**엄마에게 마음껏 질문하는 시간을 가져 보아요.**

 쌤의 한마디

아이의 타고난 기질이 예민하다면 양육자는 언어 습관에 더욱 신경을 써야 합니다. 되도록 긍정적인 언어를 사용하고 부드러운 억양으로 아이의 마음을 잘 읽어 주세요. 그러면 같은 상황이라도 얼마든지 아이는 안정적이고 용기 있는 반응을 보일 수 있습니다.

내가 고른 문장은?

엄마와 아이가 각자 책에서 마음에 드는 문장을 고르고 이유를 나눠 보세요.

 엄마

 아이

 함께하는 놀이

# 걱정 인형 만들기

내가 만든 걱정 인형은 어떤 모습일까요?

**준비물** 종이, 연필, 색연필, 클레이

1. 내가 만들고 싶은 걱정 인형 모양새에 대해 이야기하고 스케치를 해 봐요.

2. 색종이, 나무젓가락, 클레이 같은 다양한 재료를 이용해 걱정 인형을 빚어 보아요.

3. 잘 보이는 곳에 두고 걱정거리가 생길 때마다 걱정 인형에게 말할 수 있도록 해 주세요.

**TIP** 조형 활동은 소근육 발달 및 디자인 감각 발달에 도움이 됩니다. 언어 표현이 미숙한 유아기에는 더욱 다양한 방법으로 자신의 감정과 마음을 표현해 보는 시간을 갖는 것이 좋습니다.

# 3

## 자존감

자신을 사랑하고
존중하는 마음을 갖도록
도와주는 이야기

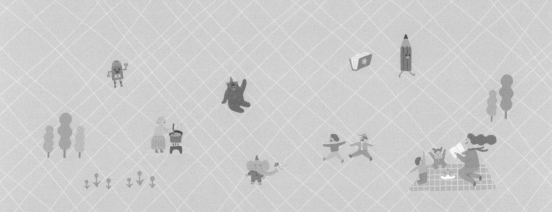

BOOK
011 점

작은 점 하나에서 나를 만나다

피터 H. 레이놀즈 글·그림 | 김지효 옮김 | 문학동네

난이도 ★★☆

미술 시간이 곤욕인 베티의 이야기예요. 미술 선생님은 베티가 자신감을 가질 수 있도록 무엇을 그리든 관심을 갖습니다. 베티가 상상하지 못한 관심이었죠. 베티는 과연 자신의 그림을 완성할 수 있을까요?

그림 그리는 것이 고역인 아이들이 있을 거예요. 잘 못 그린다는 생각에 흰 도화지를 쉽게 채우지 못하죠. 베티도 그런 아이였어요. 아무것도 그리지 못하고 있는 베티에게 선생님은 "와! 눈보라 속에 있는 북극곰을 그렸네"라고 말씀하십니다. 베티는 선생님이 자신을 놀린다고 생각하죠. 아무거나 그려 보라는 선생님 말씀에 베티는 도화지에 연필을 꽂습니다. 하얀 도화지에 점이 하나 생겼네요. 선생님은 점 아래에 이름을 쓰라고 하고서 멋진 액자에 베티의 그림을 넣어 걸어 둡니다. 그 모습을 본 베티는 더 멋진 점을 그리겠다고 마음먹습니다. 여러 가지 점을 그려 전시회까지 연 베티. 이제 그림 그리기를 힘들어하는 아이를 격려하기까지 하네요. 베티는 자기를 표현하는 데 자신 없어 하는 아이들에게 큰 힘이 될 거예요.

#표현 #자신감 #예술

그림책으로 마음을 들여다보아요

**무엇이 보이니?**

+ 표지에 뭐가 보이니?
+ 점을 왜 붉은색으로 표현했을까?
+ 제목을 '점'이라고 지은 이유가 있을까?
+ 점을 보니 떠오르는 물건이나 상황이 있니?

**왜 그렇게 생각하니?**

+ 미술 선생님은 아무것도 그리지 못한 베티의 흰 도화지를 보고 뭐라고 말했어?
+ 점 그림을 액자로 만들어 걸어 놓았을 때 베티는 무슨 생각을 했을까?
+ 베티의 그림이 전시회에 걸린 것을 보고 아이가 와서 뭐라고 말했지?
+ 베티는 그 아이에게 어떤 말을 해 줬지?

**만약에 말이야**

+ 베티처럼 그림을 못 그려 힘들거나 속상했던 적이 있니?
+ 베티가 아무렇게나 찍어 놓은 점에 선생님이 이름을 쓰라고 했을 때 기분이 어땠을까?
+ 다른 사람에게 인정받거나 격려받은 적이 있니?
+ 다른 누군가를 격려해 준 적이 있니?
+ 나라면 어떤 제목을 지었을까?

 나도 궁금해요

**엄마에게 마음껏 질문하는 시간을 가져 보아요.**

 **쌤의 한마디**

그림 그리는 것을 유독 힘들어 하는 아이가 있습니다. 아이의 표현을 그대로 인정해 주고 작은 표현부터 아이가 성취감을 느낄 수 있도록 도와주세요. 형제자매나 친구의 작품과 비교하는 말을 삼가고 아이가 발전하고 있는 부분에 초점을 두고 격려해 주세요.

내가 고른 문장은?

엄마와 아이가 각자 책에서 마음에 드는 문장을 고르고 이유를 나눠 보세요.

 엄마

 아이

 함께하는 놀이

# 무엇이든 괜찮아

마음 가는 대로 나만의 작품을 만들어 보아요.

**준비물** 종이, 다양한 펜, 물감

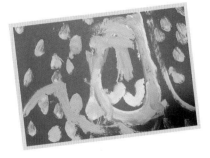

❶ 가능하면 큰 종이를 준비해 주세요.

❷ 마음 내키는 대로 그리고 색칠할 수 있도록 해 주세요.

❸ 완성한 그림에 근사한 제목을 붙여 벽에 붙여 두세요.

TIP  마음대로 표현하는 활동을 통해 자신의 장점을 알아갈 수 있고, 발견한 능력을 키워갈 수 있습니다.

작은 미소, 우스꽝스러운 표정까지 사랑해

# BOOK 012 넌 나의 우주야

앤서니 브라운 글 · 그림 | 공경희 옮김 | 웅진주니어

난이도 ★★☆

아이들에게 존재의 가치를 일깨워 줄 수 있는 사랑스러운 책이에요. 엄마 아빠가 작은 아이의 존재를 얼마나 크고 귀하게 느끼는지, 그 사랑을 듬뿍 표현한 작품입니다. 아이에게 하고 싶었던 말들이 가득 담긴 책을 아이와 함께 읽어 보아요.

책장을 넘길 때마다 사랑스러운 여자 아이의 다양한 모습이 등장합니다. 그 모습을 통해 작가는 아이를 향한 사랑과 배려와 감동의 메시지를 전합니다. 아이가 자신이 사랑스러운 존재라는 것을 알기 바라는 마음은 모든 부모의 마음이지요. 아이의 작은 행동 하나도 부모에게는 큰 의미입니다. 아이가 좋아하는 것을 인정하고, 예측할 수 없는 부분까지도 모두 사랑한다는 것을 아이가 알고 있는지 궁금하지 않나요? 책 속의 사랑스러운 아이의 모습과 글을 통해 아이도 알게 될 거예요. 이 책을 읽어 줄 땐 우리 아이의 이름을 넣어 읽어 보면 아이에게 선물 같은 시간이 될 거예요. "그거 아니? 너는 진짜 진짜 사랑스러워!"

#나 #사랑 #가족

**그림책으로 마음을 들여다보아요**

**무엇이 보이니?**

✛ '넌 나의 우주야'라는 제목은 어떤 의미일까?

✛ 나에게 우주는 어떤 의미니?

✛ 아이는 어떤 기분인 것 같아?

**왜 그렇게 생각하니?**

✛ 아이의 어떤 모습이 담겨 있니?

✛ 제일 기억에 남는 장면이 있니?

✛ 나와 비슷한 모습을 한 장면이 있니?

✛ '우주' 대신 다른 말을 넣어 볼까?

**만약에 말이야**

✛ 누군가 나에게 '넌 나의 우주야'라는 말을 해 주면 어떤 기분일까?

✛ 이와 비슷한 책을 만든다면 나의 어떤 모습을 넣고 싶어?

✛ 나를 우주만큼 사랑해 주는 사람이 누구인 것 같아?

✛ 우주만큼 사랑하는 사람이 있니?

✛ 언제 사랑받는다고 느껴?

 **나도 궁금해요**

**엄마에게 마음껏 질문하는 시간을 가져 보아요.**

 **쌤의 한마디**

자존감은 자신이 사랑받을 만한 존재이며 유능한 사람이라고 믿는 마음입니다. 자신이 행복하다고 느끼는 아이들은 자존감이 높지요. 긍정적인 언어로 작은 성취를 인정하는 언어적, 비언어적 격려는 행복한 아이로 자라게 하는 열쇠입니다.

내가 고른 문장은?

엄마와 아이가 각자 책에서 마음에 드는 문장을 고르고 이유를 나눠 보세요.

 함께하는 놀이

# 넌 나의 ○○(이)야

다양한 모습의 '나'를 만나 보아요.

**준비물** 다양한 아이 사진, A4용지 또는 스케치북

❶ 스케치북이나 A4용지에 준비한 사진을 붙이세요.

❷ 아이의 특징을 살려 문장을 써 넣어 보세요. 아이가 원하는 모습에 대해 이야기 나눈 뒤 문구를 정해도 좋아요.
예. '넌 나의 아이스크림이야.' '넌 나의 비타민이야.' '넌 나의 개그맨이야.' 등

TIP 자신의 표정과 모습을 통해 긍정적 자아상을 형성합니다. 건강한 자아상 형성이 무엇보다 중요한 시기인 만큼 아이의 이름, 사진을 이용한 활동을 다양하게 경험해 보세요.

당당하고 용기 있는 모습으로

# 안나는 고래래요

다비드 칼리 글 | 소냐 보가예바 그림 | 최유진 옮김 | 썬더키즈

난이도 ★★★

'뭐든지 할 수 있는 마음의 비밀'이라는 부제를 가진 이 책은 수영장에서 뚱뚱하다고 놀림을 받아 수영장에 가기 싫어하는 안나가 다이빙까지 멋지게 해내는 과정을 그린 책이에요. 안나는 어떻게 당당히 수영장에 갈 수 있었을까요?

안나는 수영장에 가는 날이면 자신감이 사라져요. 친구들이 안나가 수영을 할 때마다 고래라고 놀리기 때문이죠. 자존감이 바닥으로 떨어져 있는 안나에게 수영 선생님이 놀라운 이야기를 해 줍니다. 우리는 우리가 생각하는 대로 될 수 있다는 거예요. 그 후로 안나는 자신감이 없고 두려움이 몰려올 때마다 상상의 나래를 펼쳐 봅니다. 자신이 물이 되었다고 상상하면 물이 무섭지 않고, 조각상이 되었다고 상상하면 주사 맞는 것도 무섭지 않았어요. 그뿐이 아니에요. 당근도 먹을 수 있게 되었어요. 토끼가 되는 상상을 했거든요. 원하는 것을 다 이룰 수 있다니! 정말 놀라운 일들이 계속 일어났어요. 마지막에는 그렇게 싫어하던 수영장에서 다이빙까지 멋지게 해냅니다. 슈퍼 고래가 되었다고 상상했거든요. 안나가 스스로 슈퍼 고래가 되었다고 상상하며 다이빙하는 멋진 모습은 아이들에게도 뭐든 할 수 있다는 용기를 줄 거예요.

#용기 #마음 #생각_바꾸기

그림책으로 마음을 들여다보아요

무엇이
보이니?

+ '안나는 고래래요'가 무슨 의미일까?
+ 고래를 본 적이 있니?'
+ 고래가 나오는 다른 동화를 알고 있니?
+ 바다를 배경으로 한 그림책 중에 떠오르는 것이 있어?
+ 수영을 하면 어떤 느낌이 들어?

왜 그렇게
생각하니?

+ 친구들은 왜 안나에게 고래라고 했을까?
+ 속상해하는 안나에게 선생님은 어떤 이야기를 들려주었지?
+ 안나는 선생님의 말씀이 맞는지 확인하기 위해 무엇을 했어?
+ 다시 수영장에 갔을 때 안나는 어떤 생각을 했어?
+ 안나는 다이빙대에서 뛰어내리면서 어떤 생각을 했을까?

만약에
말이야

+ 내가 안나라면 고래라는 말을 들었을 때 어떤 기분이었을까?
+ 힘들어하는 안나에게 어떤 이야기를 해 주고 싶어?
+ 안나처럼 친구에게 듣기 싫은 말을 들어 속상했던 적이 있었니?
+ 그럴 때 어떻게 했어?
+ 안나에게 어울리는 별명을 지어 줄까?

 나도 궁금해요

엄마에게 마음껏 질문하는 시간을 가져 보아요.

 쌤의
한마디

우리의 사고는 언어로 코딩이 되어 있습니다. 따라서 일상생활에서 긍정적인 언어를 사용
하면 할수록 부정적인 사고를 조금씩 바꿀 수 있습니다.

### 내가 고른 문장은?

엄마와 아이가 각자 책에서 마음에 드는 문장을 고르고 이유를 나눠 보세요.

 엄마

 아이

 함께하는 놀이

# 될 수 있다!

어떤 모습이든 실현할 수 있는 자신감을 키워 보아요.

**준비물** 종이, 연필, 바구니 또는 상자

1 내가 되고 싶은 모습을 상상하며 그림이나 글로 적어 보세요.

2 상자를 지정된 장소에 놓고 내가 되고 싶은 모습을 적은 종이를 '나는 OO다'라고 소리치면서 상자에 던져 넣어 보세요.

 TIP  아이가 되고 싶은 것, 미래의 희망 등을 말로 꺼내면 뇌에 저장됩니다. 자기 암시를 통해 자신의 무한한 가능성에 대해 생각하게 되고 역동적인 에너지를 발산할 수 있습니다.

BOOK
014

나만이 갖고 있는 장점을 찾아가는 길

# 치킨 마스크

우쓰기 미호 글 · 그림 | 장지현 옮김 | 책읽는곰

난이도 ★★☆

스스로 아무 재능도 갖지 못했다고 생각하는 치킨 마스크가 다른 재능을 가진 친구들을 부러워하다가 자신의 가치를 알게 되는 과정을 그린 책이에요. 자신의 존재에 대해 제법 심각한 고민을 하는 치킨 마스크의 모습에 응원이 절로 나옵니다.

치킨 마스크는 늘 다른 친구들을 부러워해요. 올빼미 마스크의 똑똑한 머리, 햄스터 마스크의 멋진 만들기 솜씨, 장수풍뎅이 마스크의 운동신경 등 다른 친구들을 보면 자기만 부족해 보여요. 슬픔에 잠겨 있는 치킨 마스크의 눈에 친구들의 마스크가 한데 모여 있는 것이 보입니다. 치킨 마스크는 올빼미 마스크부터 하나씩 써 보며 새롭게 태어날 수 있다는 생각에 기뻐하죠. 하지만 곧 어떤 사람이 되고 싶은지에 대해 깊이 고민하기 시작해요. 그때 '따뜻한 치킨 마스크'가 되어 달라는 꽃들의 조그만 소리가 들려요. 그제야 치킨 마스크는 자신의 존재에 대해 다시 생각하게 됩니다. 내가 아닌 다른 이가 되어 보는 상상을 통해 존재 가치를 느끼게 된 치킨 마스크에게 힘내라고 소리쳐 응원해 주고 싶네요.

#나 #자기애 #존재

그림책으로 마음을 들여다보아요

무엇이
보이니?

+ 표지에 뭐가 보이니?
+ 왜 제목을 '치킨 마스크'라고 지었을까?
+ 치킨 마스크를 쓰면 어떤 느낌이 들 것 같아?
+ 치킨 마스크의 성격은 어떤 것 같아?

왜 그렇게
생각하니?

+ 치킨 마스크는 무엇 때문에 속상했지?
+ 치킨 마스크는 운동장 구석에서 무엇을 했어?
+ 치킨 마스크는 다른 친구들의 마스크를 보고 어떤 생각을 했지?
+ 치킨 마스크가 자신도 필요한 존재라고 생각한 이유가 뭘까?

만약에
말이야

+ 친구와 비교하며 속상했던 적이 있니?
+ 친구가 나보다 잘하는 것을 보면 어떤 마음이 들어?
+ 나는 어떤 걸 잘하는 사람이야? 나의 장점은 뭐야?
+ 치킨 마스크처럼 힘들어하는 친구에게 어떤 말로 위로해 주면 좋을까?

 나도 궁금해요

 엄마에게 마음껏 질문하는 시간을 가져 보아요.

쌤의
한마디

아이 주변에 있는 불안 요소를 모두 제어할 수 없음을 먼저 인정하고, 예상치 못한 상황이
닥쳤을 때 담담하게 받아들이려는 노력을 의식적으로 해 보세요. 양육자의 불안과 염려는
아이에게 고스란히 전해진답니다.

내가 고른 문장은?

엄마와 아이가 각자 책에서 마음에 드는 문장을 고르고 이유를 나눠 보세요.

함께하는 놀이

# 상장 수여

상 주는 경험을 해 보아요.

준비물 종이(치킨 마스크용 1, 상장용 1), 사인펜, 색연필, 가위

① 나만의 치킨 마스크를 만들어 보세요.

② 치킨 마스크에게 어떤 상을 주면 좋을지 이야기해 보세요.

③ 생각한 상 이름, 내용을 준비한 종이에 적습니다. 작은 꽃들에게 물을 주는 따뜻한 마음을 가진 친구 치킨 마스크에게 상장을 수여하는 시간을 가져 보세요.

TIP 여러 행동 중 특별히 상을 줄 만큼 인정받을 만한 행동이 있었는지 스스로 돌아보고 판단하는 활동은 메타 인지를 높이는 데 도움을 줍니다.

나를 알아봐 주는 누군가가 있다는 건

# 구룬파 유치원

나시우치 미나미 글 | 호리우치 세이이치 그림 | 이영준 옮김 | 한림출판사

난이도 ★★☆

어디에서도 환영받지 못해 늘 외로운 커다란 코끼리 구룬파가 우연한 기회에 자신에게 딱 맞는 일을 찾아 누구보다 행복한 코끼리가 되는 과정을 그린 책이에요. 어린이가 그린 듯한 귀여운 그림체가 시선을 끄는 작품입니다.

코끼리들은 냄새가 나는 코끼리 구룬파를 깨끗이 씻겨 일을 하러 보냅니다. 정글을 떠나 비스킷 가게에서 일을 하게 된 구룬파는 너무 커다란 비스킷을 만드는 바람에 일터에서 쫓겨나고 맙니다. 그 뒤로 접시 만드는 가게에서도 구두 가게에서도 피아노 공장에서도 자동차 공장에서도 같은 이유로 일을 못하게 되지요. 구룬파는 자신이 만든 커다란 자동차에 그동안 만든 것들을 싣고 길을 떠납니다. 눈물이 나려는 마음을 추스르며 운전을 하던 구룬파는 12명의 아이가 살고 있는 집에서 아이들과 놀아주게 됩니다. 아이들은 구룬파를 정말 좋아해요. 구룬파가 드디어 딱 맞는 일을 찾게 된 거예요! 구룬파가 자신의 재능과 잠재력을 알아보게 되는 장면에서 감동과 희열을 느끼게 될 거예요.

#나 #관심 #인정

그림책으로 마음을 들여다보아요

**무엇이 보이니?**

+ 왜 제목이 '구룬파 유치원'일까?
+ 코끼리 표정을 보면 어떤 기분인 것 같아?
+ 코끼리의 몸을 만져 보면 어떤 느낌이 들 것 같아?
+ 코끼리 흉내를 한번 내어 볼까?

**왜 그렇게 생각하니?**

+ 구룬파는 어디 어디에 일하러 갔지?
+ 왜 일터에서 구룬파를 싫어했을까?
+ 구룬파의 가치를 알아봐 준 곳은 어디였지?
+ 구룬파는 어떻게 자신이 행복하다는 생각을 하게 되었지?

**만약에 말이야**

+ 구룬파는 앞으로 어떻게 살게 될까?
+ 구룬파처럼 외롭고 슬프고 속상하다고 느낀 적 있니?
+ 내가 구룬파라면 나와 놀아주지 않는 친구들에게 어떤 말을 해 주고 싶어?
+ 내가 열두 명 아이들 중 하나라면 구룬파에게 어떤 말을 해 주고 싶어?

 나도 궁금해요

엄마에게 마음껏 질문하는 시간을 가져 보아요.

 쌤의 한마디

책에 나오는 상황을 이해시키기 위해 글자를 따라가기보다는 아이가 장면을 감상할 수 있는 충분한 시간을 주세요. 같은 내용을 가지고도 아이들은 저마다 다양한 감상을 합니다. 그림책으로 감상하는 힘을 길러 주세요.

내가 고른 문장은?

엄마와 아이가 각자 책에서 마음에 드는 문장을 고르고 이유를 나눠 보세요.

 함께하는 놀이

# 삼행시 짓기

재밌는 문장을 만들어 보아요.

**준비물** 종이, 연필

**①** 종이에 내 이름, 가족 이름, 동물 이름을 세로로
적으세요.
(글씨 쓰기가 서툰 아이들은 양육자가 천천히 쓰는 글씨를
보고 따라 쓰도록 합니다.)

**②** 각 앞 글자 옆에 글을 써 삼행시를 완성합니다.
(글씨 쓰기가 서툰 아이들은 말로 표현하도록 해 주세요.)

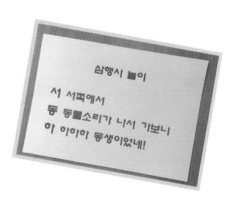

삼행시 놀이

서 서쪽에서
동 동물소리가 나서 가보니
하 하하하 동생이었네!

TIP 언어의 확장성을 경험하는 놀이입니다. 이를 통해 아이들은 창의적이고
상상력 넘치는 표현 방법을 배웁니다.

74

BOOK
016

밤하늘 반짝이는 별에서 내가 태어났다니

# 언제나 빛나는 별처럼

진 윌리스 글 | 브라이오니 메이 스미스 그림 | 김현희 옮김 | 사파리

난이도 ★★☆

언니에게 열등감을 느끼는 아이가 할아버지와의 대화를 통해 자신도 별처럼 반짝이는 소중한 존재라는 것을 알아 가는 이야기예요. 할아버지가 들려주는 감동적이고 신비한 우주 이야기에 함께 빠져들어 보아요.

언제나 사람들에게 주목받고 칭찬을 듣는 언니는 동생의 눈에 반짝이는 별 같아요. 뜨개질도 언니가 더 잘하고, 멋쟁이 옷 선발대회에서도 언니가 일등이에요. 속상한 아이는 수많은 별이 반짝이는 밤하늘을 보며 나도 반짝이는 별이 되고 싶다고 말합니다. 그때 할아버지가 다가와 "넌 이미 빛나고 있단다!" 하고 말씀하시며 신비한 이야기를 들려줍니다. 우리는 모두 별에서 태어났기 때문에 언제까지나 반짝일 것이라는 할아버지의 이야기는 자신의 존재에 큰 위로와 희망을 줍니다. 그 후로 아이는 언니와의 비교를 멈추고 자기 자신에게 관심을 갖게 되었어요. 이 책을 읽는 아이들도 자신만의 반짝임을 발견할 수 있을 거예요.

#소중함 #특별함 #별

그림책으로 마음을 들여다보아요

| 무엇이 보이니? | + 표지에 있는 아이는 어떤 기분인 것 같아?<br>+ 무슨 내용이 나올 것 같아?<br>+ 반짝이는 별처럼 우리 주변에서 반짝이는 것은 어떤 것이 있을까?<br>+ 반짝거리는 것을 보면 마음이 어때? |
|---|---|

| 왜 그렇게 생각하니? | + '나'는 왜 언니를 부러워해?<br>+ 할아버지는 별을 보며 어떤 이야기를 해 줬어?<br>+ 할아버지와 이야기를 나눈 '나'는 어떤 기분이 들었지? |
|---|---|

| 만약에 말이야 | + 내가 언니라면 동생에게 어떤 마음이 들 것 같아?<br>+ 나보다 모든 것을 잘하는 친구나 형제가 있다면 어떨 것 같아?<br>+ 내가 별에서 태어났다는 이야기를 들으니 어떤 느낌이 들어?<br>+ 주인공에게 해 주고 싶은 말이 있어?<br>+ 주인공에게 들려주고 싶은 노래가 있어? |
|---|---|

 나도 궁금해요

엄마에게 마음껏 질문하는 시간을 가져 보아요.

 쌤의 한마디

언어 발달이 느린 아이에게는 언어가 필요한 상황을 의도적으로 연출하면 좋습니다. 예를 들어 사탕을 병에 담아 둔 후 사탕을 달라고 말을 해야 하는 상황을 만드는 것이죠. 그리고 아이의 언어에 즉각적이고 긍정적인 반응을 보여 주세요. 언어를 사용하려는 동기가 더 분명해집니다.

내가 고른 문장은?

엄마와 아이가 각자 책에서 마음에 드는 문장을 고르고 이유를 나눠 보세요.

 엄마

 아이

 함께하는 놀이

## 재미있는 단어 기차

단어를 이어 문장을 만들어 보아요.

**준비물** 단어 카드, 바구니(상자)

1. 책에 나온 단어를 쓴 카드 몇 장을 바구니에 넣어 둡니다.

2. 카드를 하나씩 꺼내 책에 있는 문장을 만들어 보고, 새로운 문장도 만들어 보세요.

3. 내가 꺼낸 카드로 상대방이 문장을 만들어 보는 것도 좋습니다.

TIP 자연스럽게 문장 구조를 익힐 수 있습니다. 유아기에 다양한 언어 활동을 하는 것은 측두엽 발달에 도움이 됩니다.

# BOOK 017

가장 나다운 것이 가장 아름다운 것

# 세상에서 가장 아름다운 달걀

헬메 하이네 글·그림 | 김서정 옮김 | 시공주니어

난이도 ★★☆

어떤 닭이 가장 예쁜 닭인지 궁금했던 닭 세 마리가 그 해답을 얻어가는 이야기를 그렸어요. 임금님이 가장 아름다운 달걀을 낳는 닭이 가장 아름다운 닭이라고 하자 모두 각자 개성 있는 달걀을 낳습니다. 임금님은 어떤 달걀을 선택했을까요?

화사 깃털 아가씨, 늘씬 다리 아가씨, 멋진 볏 아가씨는 서로 자기가 가장 아름답다며 다투었어요. 세 닭이 임금님께 누가 가장 아름다운지 묻자 임금님은 세상에서 가장 아름다운 달걀을 낳는 닭이 가장 아름다우며, 그 닭을 공주로 삼겠다고 합니다. 닭들은 각자 달걀을 낳기 시작합니다. 먼저 화사 깃털 아가씨는 눈처럼 하얗고 흠집 하나 없이 반짝이는 대리석 같은 달걀을 낳았어요. 이어서 늘씬 다리 아가씨는 세상에서 가장 큰 달걀을 낳았지요. 마지막으로 멋진 볏 아가씨는 주사위처럼 네모반듯하고 각 면의 색이 다른 알을 낳았어요. 모두 멋진 달걀이라 임금님은 하나만 고를 수가 없어 셋 모두를 공주로 삼습니다. 다른 사람과 비교하지 않고 자신이 가진 아름다움에 감사할 수 있게 되는 이야기입니다.

#고유성 #나다움 #비교

그림책으로 마음을 들여다보아요

무엇이
보이니?

➕ 책을 쓴 작가는 독일 사람이야. 독일이라는 나라에 대해 알고 있니?

➕ 세상에서 가장 아름다운 달걀은 어떤 달걀일까?

➕ 표지에 있는 왕은 어떤 왕인 것 같아?

왜 그렇게
생각하니?

➕ 세 아가씨는 무엇 때문에 다투었지?

➕ 왜 임금님에게 갔어?

➕ 임금님은 누구를 공주로 삼았어?

➕ 그 이유는 뭐지?

만약에
말이야

➕ 나는 어떤 아름다움을 갖고 있어?

➕ 다른 사람과 나를 비교해서 기분이 나빴던 적이 있어?

➕ 내가 임금님이라면 어떤 닭을 공주로 삼았을까?

➕ 내가 가진 장점을 다른 사람이 알아봐 주면 어떤 기분이 들까?

 나도 궁금해요

엄마에게 마음껏 질문하는 시간을 가져 보아요.

 쌤의
한마디

자신을 격려하는 말을 스스로에게 해 보도록 해 주세요. '이 정도는 해낼 수 있어' '이것쯤
은 별거 아니야'와 같이 자신을 격려하는 긍정적인 말을 연습하고 사용하면서 스트레스를
다루는 방법을 배울 수 있습니다.

내가 고른 문장은?

엄마와 아이가 각자 책에서 마음에 드는 문장을 고르고 이유를 나눠 보세요.

 엄마

 아이

 함께하는 놀이

# 깨지지 않는 달걀

내가 만든 달걀을 던져 보세요.

**준비물** 클레이, 책

① 클레이로 자유롭게 달걀을 만들어 보아요.

② 책을 세워 놓은 후 달걀을 던져서 책을 넘어뜨려 보아요.

 TIP  클레이는 인과 관계를 경험해 볼 수 있는 좋은 도구입니다. 자유롭게 형태를 만들고 무너뜨리는 과정을 통해 인과 관계를 인지하고 정서적 긴장감을 해소할 수 있습니다.

BOOK
**018**

남들과 다른 모습의 나를 사랑하는 일, 어렵지 않아!

# 내 귀는 짝짝이

기도 반 게네흐텐 글 · 그림 ㅣ 장미란 옮김 ㅣ 웅진주니어

난이도 ★★☆

한쪽 귀가 축 늘어져 불만인 토끼 리키가 모두의 귀가 다르게 생겼다는 것을 인정하고 웃음을 되찾는 과정을 그린 책이에요. 친구 토끼들이 자신의 한쪽 귀에 당근을 매달아 모두 리키와 같은 모양의 귀를 만드는 재치 있고 따뜻한 장면을 만날 수 있습니다.

한쪽 귀가 축 늘어진 자신의 귀가 싫은 리키는 한쪽 귀를 세우기 위해 갖은 노력을 합니다. 덮개를 덮어 아예 숨겨 보기도 하고, 당근을 넣어 세워 보려고도 하지만 쉽지 않아요. 울면서 의사 선생님을 찾아간 리키는 생각지 못한 말을 듣게 됩니다. 원래 모든 귀는 다르기 때문에 리키의 귀는 멀쩡한 거라고요. 돌아온 리키를 친구들이 반갑게 맞아줍니다. 리키가 없는 동안 심심하기도 했고, 귀를 세울 방법을 알아냈는지도 궁금했거든요. 리키는 자신 있게 당근과 끈을 갖고 동산으로 모이라고 합니다. 동산에 모인 리키의 친구들은 모두 기꺼이 당근을 한쪽 귀에 매달아 리키와 같은 귀를 만들고는 함께 웃습니다. 서로의 다름을 인정하는 방법을 꽤 재치 있게 표현한 작품입니다.

#다름 #인정 #가치

그림책으로 마음을 들여다보아요

| | |
|---|---|
| 무엇이 보이니? | ✤ 짝짝이는 무슨 뜻일까?<br>✤ 몸에서 짝이 있는 것을 찾아볼까?<br>✤ 짝짝이 귀를 가진 토끼의 기분이 어떤 것 같아?<br>✤ 토끼처럼 외모가 조금 다른 사람을 보면 어떤 생각이 들어?<br>✤ 토끼가 등장하는 다른 그림책을 알고 있니? |
| 왜 그렇게 생각하니? | ✤ 리키는 친구들과 어떤 점이 달랐을까?<br>✤ 친구들과 똑같은 귀를 갖기 위해 어떤 것들을 해 보았니?<br>✤ 의사 선생님은 리키에게 어떤 말을 해 주었지?<br>✤ 리키를 위해 친구들이 어떻게 했니? |
| 만약에 말이야 | ✤ 만약 내가 리키라면 친구들이 놀렸을 때 어떤 마음이 들었을까?<br>✤ 내가 리키의 친구라면 어떻게 했을까?<br>✤ 리키에게 어떤 말과 행동으로 위로해 줄 수 있을까?<br>✤ 리키는 그 이후 어떻게 살았을까? |

 나도 궁금해요

엄마에게 마음껏 질문하는 시간을 가져 보아요.

 쌤의 한마디

아이가 괴롭힘을 당하고 돌아왔을 때 가장 중요한 것은 아이의 상처 난 마음입니다. 그리고 상처 난 마음을 회복하는 일입니다. 아이의 마음을 지지해 주고 앞으로 어려움에 당하지 않도록 도와주겠다는 메시지를 충분히 전해 주세요.

내가 고른 문장은?

엄마와 아이가 각자 책에서 마음에 드는 문장을 고르고 이유를 나눠 보세요.

# 토끼처럼 깡충깡충

책으로 만든 산을 넘어 보아요.

**준비물** 책

① 책을 여러 권 쌓으세요.

② 낮게 시작해 점점 책 권 수를 늘려 가며
토끼처럼 깡충깡충 뛰어 넘어가 봅니다.

TIP    책을 즐거운 매체로 인식할 수 있으며 자신의 신체 활동 능력에 대한
긍정적인 인식을 가질 수 있습니다.

몸 색깔이 바뀌지 않아도 괜찮아

# 눈부신 카멜레온 레온

제인 클라크 글 | 브리타 테켄트럽 그림 | 민유리 옮김 | 사파리

난이도 ★★☆

늘 형광색을 띠고 있는 카멜레온 레온이의 이야기예요. 눈부신 몸 때문에 친구들로부터 환영받지 못하는 레온이는 자신이 있을 만한 곳을 찾아 떠나는데요. 과연 레온이는 형광색으로 가득한 곳을 찾을 수 있을까요?

주변 환경에 따라 몸 색깔을 바꿀 수 있는 다른 카멜레온과 달리 몸 색깔을 바꾸지 못하는 카멜레온 레온이의 이야기예요. 레온이는 몸 색깔이 바뀌지 않을 뿐만 아니라 늘 눈이 부신 형광색이지요. 친구들이 레온이의 형광빛 때문에 잠을 이루지 못하자 레온이는 길을 떠나요. 레온이는 자신과 똑같은 색을 가진 새들을 만나 뛸 듯이 기뻐하지만 그것도 잠시, 새들은 다른 곳으로 날아가 버려요. 다시 외로워진 레온이는 자신이 있을 곳을 찾아 나섭니다. 드디어 자신의 몸 색깔과 꼭 맞는 곳을 찾아낸 레온이는 잔잔한 평온함을 느껴요. 자신을 있는 그대로 받아들일 수 있게 되고 모두 똑같을 필요가 없음을 알게 됩니다. 이런 모습을 통해 우리 아이들은 다름에 대한 편견 없는 시선을 배워 나갈 거예요.

#카멜레온 #다름 #외모

그림책으로 마음을 들여다보아요

무엇이
보이니?

+ 카멜레온을 본 적이 있니?
+ 카멜레온은 어떤 특징이 있지?
+ 카멜레온의 몸 색깔은 왜 변할까?
+ 카멜레온은 어떤 곳에서 살까?

왜 그렇게
생각하니?

+ 레온이는 어떤 특징을 가진 친구일까?
+ 레온이는 왜 친구들을 떠나게 되었을까?
+ 레온이가 자신의 몸 색깔과 같은 새를 만났을 때 어떤 기분이었지?
+ 레온이는 어디에서 편안함을 느꼈니?

만약에
말이야

+ 레온이에게 해 주고 싶은 말이 있니?
+ 내가 만약 레온이라면 몸 색깔이 바뀌지 않는 나를 어떻게 생각했을까?
+ 내가 레온이 친구라면 어떻게 했을까?
+ 레온이에게 들려주고 싶은 노래가 있니?

 나도 궁금해요

엄마에게 마음껏 질문하는 시간을 가져 보아요.

 쌤의
한마디

산만한 아이는 주의가 다른 곳으로 분산되지 않도록 주변 환경을 단순하고 정리하기 쉽게
만들어 주는 것이 중요합니다. 또한 교정이 필요할 때에는 아이의 눈을 보며 짧고 구체적으로
이야기해 주세요. 이야기가 길어지면 아이의 관심은 금세 흐트러집니다.

내가 고른 문장은?

엄마와 아이가 각자 책에서 마음에 드는 문장을 고르고 이유를 나눠 보세요.

 엄마

 아이

 함께하는 놀이

# 레온이 초상화

관찰한 것을 직접 그려 보아요.

**준비물** 카멜레온 사진, 종이, 색연필, 사인펜

① 카멜레온 사진을 자세히 관찰합니다. 각
부위 모습이 어떤지 이야기해 보세요.

② 관찰한 내용을 바탕으로 각 부위 특징을
살려 레온이를 그려 보세요.

 **TIP** 묘사하기 놀이는 관찰력을 키우는 데 도움을 줍니다. 카멜레온 사진을
자세히 관찰해 본 후 각 부위별 특징을 살려 그릴 수 있게 도와주세요.
과학적 호기심이 생기고 집중력이 향상됩니다.

BOOK
020

우리는 모두 소중한 존재야

# 내가 곰으로 보이니?

야엘 프랑켈 글 · 그림 | 후즈갓마이테일

난이도 ★★☆

외모 때문에 놀림을 받으면 놀림받은 모습으로 변해 버리는 에밀리아의 감정을 그린 책으로, 외모를 바꾸기 위한 갖은 노력 끝에 진짜 자신의 모습을 사랑하게 되는 모습을 담았습니다. 아이들이 느낄 수 있는 감정을 보듬어 줄 수 있는 책이에요.

에밀리아는 친구들에게 놀림거리가 되는 경우가 많아요. 에밀리아를 보고 곰을 닮았다, 안경 쓴 원숭이를 닮았다, 오리를 닮았다며 뒤에서 수군거려요. 작은 소리로 말하지만 에밀리아에게는 또렷이 잘 들려요. 마음이 아프고 속상해서 점점 자신 없어지고 사라져 버리고 싶다는 생각까지 하게 되지요. 에밀리아는 외모를 바꾸기 위해 소중하게 생각하는 모자와 목도리, 기타까지 버려요. 그런데 한 친구가 이런 말을 해 주어요. "넌 그냥 너니까." 나 자신을 있는 그대로 바라보고 인정해 주는 누군가의 말은 힘이 되지요. 내가 소중한 존재임을 알게 하는 책, 다른 사람의 존재 그대로를 인정해 주는 말이 얼마나 가치 있는지 알게 해 주는 책입니다. 콜라주 일러스트로 구성되어 독특한 매력이 있는 책이기도 하지요.

#외모 #친구 #소중함

그림책으로 마음을 들여다보아요

**무엇이 보이니?**
+ 곰을 본 적이 있니?
+ 곰은 어떤 기분인 것 같아?
+ 곰이 나오는 다른 그림책 중에 기억나는 책이 있니?
+ 내가 곰으로 보인다고 말하는 사람과 같이 있으면 어떤 기분이 들까?
+ 곰 같다는 건 어떤 의미일까?

**왜 그렇게 생각하니?**
+ 친구들은 에밀리아가 안경을 쓰고 오면 누구와 닮았다고 이야기했니?
+ 에밀리아는 친구들의 말을 듣고 어떤 기분이 들었지?
+ 에밀리아는 친구들이 놀리는 말을 하지 않도록 어떻게 했지?
+ 에밀리아의 마음을 위로해 준 말은 뭐였지?

**만약에 말이야**
+ 에밀리아와 비슷한 경험을 한 적이 있니?
+ 친구에게 놀리는 말을 해 본 적이 있니?
+ 그럴 때 기분이 어땠어?
+ 에밀리아처럼 속상한 친구에게 어떤 말을 해 주면 좋을까?

 나도 궁금해요
엄마에게 마음껏 질문하는 시간을 가져 보아요.

 쌤의 한마디

내적인 불안으로 인해 자신감이 결여되어 있다면 부모는 자신이 겪은 비슷한 경험을 아이 눈높이에 맞게 이야기해 주세요. 혼자만의 문제가 아님을 알면 좀 더 안정적으로 문제를 해결해 나갈 마음의 힘이 자라납니다.

내가 고른 문장은?

엄마와 아이가 각자 책에서 마음에 드는 문장을 고르고 이유를 나눠 보세요.

 함께하는 놀이

# 몸으로 하는 이야기

몸짓으로 동물을 표현해 보아요.

**준비물** 음악

① 한 사람이 동물의 특징을 몸으로 표현합니다.

② 상대방이 그 동물을 유추해 맞힙니다.

(음악에 맞춰 동물의 특징을 표현해 보는 것도 좋아요. 느리고 웅장한 느낌의 곡, 빠르고 가벼운 느낌의 곡 등 다양한 빠르기와 분위기를 표현한 곡을 이용해 표현 활동을 해 보세요.)

 TIP    따뜻하게 격려하는 분위기에서 창의적으로 자기를 표현해 보면 자신감과 상상력, 표현력이 자라납니다.

# 책 제목 맞히기

지금까지 읽은 책을 모아 놓고 책 제목 맞히기 놀이를 해 볼 거예요. 이전에 읽은 책 내용에 대한 기억을 떠올리며 즐겁게 읽었던 시간을 되돌아볼 수 있는 시간을 선물하는 활동이에요. 뿐만 아니라 다른 책도 읽어 보고 싶다는 욕구가 솟아날 거예요.

**준비물** 다양한 그림책, 포스트잇

**놀이순서**

① 책 표지에 있는 제목 부분에 포스트잇을 붙여 주세요.

② 포스트잇이 붙은 책을 벽에 세워 둡니다.

③ 벽과 조금 떨어진 곳에 출발선을 만들고, 먼저 뛰어와 제목을 아는 책을 듭니다.

④ 책 제목을 맞히고, 가능하면 줄거리도 이야기해 보도록 합니다.

**4**

# 가족

가족의 다양한 감정을
말해 주는 이야기

나를 화나게도 기쁘게도 만드는 동생

BOOK
021

# 얄미운 내 동생

이주혜 글 · 그림 | 노란돼지

난이도 ★★☆

막무가내 동생을 둔 누나의 마음을 잘 표현한 책이에요. 삐뚤빼뚤한 손 글씨로 표현한 누나의 말에 공감하며 읽다 보면 어느새 동생을 향한 미움도 사르르 녹게 만드는 신기한 이야기가 담겨 있습니다.

주인공은 돼지같이 많이 먹고 오리같이 아무 데서나 울어 재끼는 동생이 정말 싫습니다. 내가 만든 블록 집을 마구 부수는 동생은 정말 너무합니다. 엄마의 등을 독차지하고 업혀 잠드는 동생의 모습을 보고 있으면 정말 얄밉습니다. 내 것까지 빼앗아 먹고, 아무 데서나 울고, 내 장난감을 망가뜨리는데도 엄마의 사랑을 독차지한 것 같은 동생을 보는 누나의 마음이 어떨까요? 주인공은 그래도 유치원에 다녀온 나를 가장 먼저 반겨 주는 동생을 보면서 행복한 순간도 있다는 것을 인정합니다. 얄미우면서도 사랑스러운 존재를 만나 보세요.

#동생 #관계 #가족

그림책으로 마음을 들여다보아요

무엇이
보이니?

+ 표지에 누가 보이니?

+ 어떤 상황인 것 같아?

+ 너도 비슷한 경험이 있니?

+ 표지를 왜 빨간색으로 칠했을까?

왜 그렇게
생각하니?

+ 누나는 동생이 왜 싫었을까?

+ 동생을 어떤 동물과 비슷하다고 이야기하고 있어?

+ 싫었던 동생이 좋아진 이유는 뭘까?

만약에
말이야

+ 다른 사람 때문에 속상하거나 화가 난 경험이 있니?

+ 가족에게 화가 나고 짜증이 나면 어떻게 표현하니?

+ 내가 누나라면 동생이 블록 집을 부수었을 때 어떤 기분일까?

+ 내가 동생이라면 누나가 재미있게 놀아 줄 때 어떤 마음일까?

 나도 궁금해요

엄마에게 마음껏 질문하는 시간을 가져 보아요.

 쌤의
한마디

형제자매 관계를 끈끈하게 만들어 주기 위해서 하지 말아야 하는 것 중에 가장 중요한
것은 비교하는 말과 결과에 중점을 둔 말입니다. 과정을 격려해 주고 각자 잘하는 점을 높
이 사는 말을 해 주는 것이 형제자매 관계를 돈독히 하는 첫걸음입니다.

**내가 고른 문장은?**

엄마와 아이가 각자 책에서 마음에 드는 문장을 고르고 이유를 나눠 보세요.

# 내 마음은 무슨색?

마음을 색으로 표현해 보아요.

**준비물** 종이, 색연필 혹은 크레파스나 파스텔

① 먼저 누나의 마음을 동생이 태어나기 전, 태어났을 때, 아기였을 때, 조금 자랐을 때로 나누어 써 보세요.

② 분류한 내용에 따라 감정을 색으로 표현해 보세요.

**TIP** 추상적인 마음을 언어로 표현하는 데 한계가 있는 아이에게 색이나 숫자로 바꾸어 이야기해 보는 활동은 창의적 자기표현의 기술을 익히는 좋은 예입니다.

형이니까 양보하라는 말은…

# BOOK 022 피터의 의자

에즈러 잭 키츠 글·그림 | 이진영 옮김 | 시공주니어

난이도 ★★☆

동생이 태어나자 엄마, 아빠의 관심이 동생에게 쏠려 속이 상한 피터의 이야기예요. 동생 수지가 태어나자 피터의 요람, 식탁 의자가 모두 핑크색으로 바뀝니다. 파란 의자만은 색을 칠하지 못하도록 의자를 갖고 가출을 하는데요. 피터는 어디로 갔을까요?

피터에게 동생이 생겼어요. 피터는 어른들의 사랑을 독차지하다 동생에게 모든 관심과 애정을 빼앗겼다는 마음에 심술이 나지요. 그래서 가출을 결심해요. 과자, 강아지에게 줄 비스킷, 장난감 악어, 파란 의자를 가지고 집 밖으로 나섭니다. 멀리 가지는 못했어요. 화난 마음을 알아주기 바라는 마음이었지요. 하지만 피터는 곧 깨달아요. 어렸을 때 앉았던 파란 의자가 이제 자신에게 맞지 않는다는 것을요. 이로써 피터는 동생을 돌봐주어야 하는 존재로 인식하게 됩니다. 복잡하고 속상했던 마음이 한순간에 해소되면서 마음이 밝아지는 피터. "네가 형(오빠, 누나, 언니)이니까 동생을 돌봐야지"라는 말로 설득이 되지 않는 큰아이와 소통할 수 있는 도구를 만난 것 같아 엄마의 마음도 밝아집니다.

#동생 #질투 #성장

그림책으로 마음을 들여다보아요

무엇이
보이니?

+ 주인공은 몇 살로 보여?

+ 이곳은 어디인 것 같아?

+ 표지에 서 있는 아이는 어떤 표정을 짓고 있을 것 같아?

+ 아기가 있네? 누굴까?

왜 그렇게
생각하니?

+ 피터는 동생이 태어났을 때 어떤 마음이었지?

+ 화가 난 피터는 어떻게 했지?

+ 피터는 가출할 때 어떤 것들을 챙겨 나갔지?

+ 피터가 동생을 돌봐주어야겠다고 생각한 이유는 뭘까?

만약에
말이야

+ 피터처럼 속상한 마음이 들 때 나라면 어떻게 했을 것 같아?

+ 내가 피터라면 동생이 태어났을 때 어떤 기분이 들까?

+ 피터에게 해 주고 싶은 말이 있니?

+ 나에게도 피터의 파란 의자 같은 물건이 있니?

+ 피터에게 의자를 물려받은 동생은 어떤 기분일까?

 나도 궁금해요

엄마에게 마음껏 질문하는 시간을 가져 보아요.

 쌤의
한마디

동생을 경쟁 상대가 아닌 정서를 공유할 수 있는 대상으로 여기게 하려면 동생에게 도움을 줄 수 있는 기회를 만들어 주세요. 이런 경험이 누적되면 정서적으로 풍요롭고 여유 있는 상태에서 동생을 인식하게 됩니다.

내가 고른 문장은?

엄마와 아이가 각자 책에서 마음에 드는 문장을 고르고 이유를 나눠 보세요.

 함께하는 놀이

# 누구에게 줄까?

동생에게 물려줄 물건을 찾아보아요.

**준비물** 내가 갖고 있는 물건

**1** 지금 사용하고 있는 물건 중에 작아지거나
필요 없어진 물건들을 찾아보세요.

**2** 찾은 물건을 동생에게 주거나 필요할 만한
주변 이웃에게 나누어 주세요.

 TIP  나에게 필요하지 않은 물건이 누군가에게는 소중한 물건이 될 수 있음을
경험하게 해 주세요. 이를 통해 느끼는 나눔의 기쁨은 아이의 내적 성숙을
돕습니다.

엄마, 내 마음이 흩어져요

# 고함쟁이 엄마

유타 바우어 글·그림 | 이현정 옮김 | 비룡소

난이도 ★☆☆

엄마펭귄이 소리를 지르자 너무 놀라 온몸이 흩어져버린 아기펭귄의 이야기예요. 엄마가 소리지를 때 아이의 놀란 심정과 아이를 아끼는 엄마의 마음이 함께 녹아 있습니다. 그런데 아기펭귄은 무사히 몸을 찾을 수 있을까요?

아기 펭귄을 우악스럽게 잡아끄는 엄마의 뒷모습에서 뭔가 심상치 않은 분위기가 느껴지나요? 엄마가 아기 펭귄에게 소리를 지릅니다. 그 소리에 놀란 아기 펭귄은 이리저리 흩어져 날아갑니다. (지나치게 황당한 설정일까요? 아이에게 소리 질렀던 때가 떠올라 책을 읽는 내내 마음이 편하지 않네요.) 머리는 우주에, 몸은 바다에, 날개는 밀림에, 부리는 산꼭대기에, 꼬리는 거리 한가운데 떨어졌답니다. 흩어진 몸을 찾아 다니다가 지친 아기 펭귄에게 엄마가 다가옵니다. 몸을 다 찾아 꿰매서 가져오고 있었죠. 마지막 엄마의 따뜻한 한마디와 밝게 웃는 그림이 어우러져 엄마와 아기 펭귄 사이의 긴장감을 해소해 줍니다. 비슷한 경험이 있다면 아이와 이야기 나누어 보고 상처 받은 아이의 마음을 어루만지는 시간으로 삼아 보세요.

#엄마 #미안함 #진심

그림책으로 마음을 들여다보아요

무엇이
보이니?
+ 엄마와 아기 펭귄은 어디로 가고 있는 걸까?
+ 아기 펭귄의 표정이 어떤 것 같아?
+ 표지 색깔은 왜 주황색일까?
+ 비룡소 출판사에서 나온 다른 책을 혹시 알고 있니?

왜 그렇게
생각하니?
+ 아기 펭귄의 몸이 왜 이리저리 흩어졌을까?
+ 펭귄의 몸은 어디로 갔지?
+ 몸을 찾을 수 없었던 이유가 뭐지?
+ 사하라 사막에서 어떤 장면을 보았지?

만약에
말이야
+ 엄마 펭귄처럼 누군가에게 소리를 질러본 적이 있니?
+ 소리를 질렀을 때 상대방은 어떻게 반응했어?
+ 엄마가 고함을 지를 때 어떤 기분이 들어?
+ 엄마가 화났을 때 나에게 어떻게 말해 주면 좋겠어?

 나도 궁금해요
엄마에게 마음껏 질문하는 시간을 가져 보아요.

 쌤의
한마디
육아를 하다 보면 아이에게 고함을 칠 때가 있죠. 아이가 위험한 장난을 하거나 떼를 쓰고 고집을 부릴 때와 같은 상황 말이요. 부모의 언성이 높아진 상황에서 아이는 불안과 공포를 느낄 수 있습니다. 따라서 상황이 정리되면 아이를 사랑하는 마음에는 변함이 없다는 메시지를 꼭 전해 주세요.

**내가 고른 문장은?**

엄마와 아이가 각자 책에서 마음에 드는 문장을 고르고 이유를 나눠 보세요.

 엄마

 아이

 **함께하는 놀이**

# 눈으로 하는 이야기

서로의 눈빛으로 마음을 읽어 보아요.

**준비물** 알람 시계

❶ 알람 시계를 3분으로 맞춰 놓으세요.

❷ 시작을 알리면서 말없이 눈으로만 3분 동안
이야기합니다. 눈을 보며 서로에게 하고 싶은
말을 마음속으로 전해 보세요.

❸ 어떤 마음을 읽었는지 느낀 대로 서로
이야기해 보세요.

(TIP) 눈을 마주본다는 것은 상대방에게 집중한다는 관심의 표현이므로 아이는
부모로부터 따뜻한 관심과 애정을 전달받습니다.

BOOK
024

가족의 뜨거운 사랑과 희생

# 엄마의 의자

베라 B. 윌리엄스 글 · 그림 | 최순희 옮김 | 시공주니어

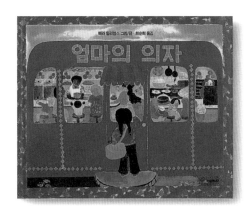

난이도 ★★★

불이 나서 세간이 다 타 버린 후 이웃들의 도움으로 살림을 다시 장만할 수 있었지만, 엄마가 일하고 돌아와 쉴 수 있는 의자는 마련하지 못한 주인공의 이야기예요. 가족들은 푹신한 안식처가 될 엄마의 의자를 마련할 수 있을까요?

집이 불 타 버렸어요. 할머니와 엄마 그리고 주인공 아이는 갈 곳을 잃었죠. 고맙게도 이웃의 도움으로 아담한 공간과 살림살이를 마련합니다. 가족 모두에게 얼마나 아프고 힘든 시간일까요. 하지만 절망하지 않고 할머니와 엄마 그리고 주인공은 작은 유리병에 동전을 모으기 시작합니다. 일터에서 돌아온 엄마가 편안히 쉴 수 있는 안락한 의자를 사기 위해서지요. 그렇게 엄마의 의자는 가족의 작은 소망이 되었어요. 드디어 가구 가게에 가서 마음에 드는 푹신한 의자를 샀습니다. 낮에는 할머니가 쉬실 수도 있고 저녁에는 엄마가 일을 마치고 돌아와 쉬실 수 있지요. 가족에게 쉴 곳이 생겨 행복합니다. 큰 재난을 극복하고 행복을 찾아가는 가족의 이야기가 마음을 따스하게 만들어 줍니다.

#가족 #희생 #의지

그림책으로 마음을 들여다보아요

무엇이
보이니?

+ 표지 그림은 어떤 상황일까?

+ 아이는 몇 살 정도 되어 보여?

+ 의자는 어떨 때 필요한 물건이지?

+ 우리 집에는 어떤 의자가 있니?

왜 그렇게
생각하니?

+ 아이의 집에 갑자기 무슨 일이 일어났어?

+ 살 곳이 없어진 아이의 가족에게 이웃들은 어떻게 해 주었지?

+ 아이의 가족은 왜 돈을 모으기 시작했어?

+ 돈을 모아서 어디로 갔지?

+ 불타 버린 집을 보고 가족들은 어떤 생각을 했을까?

만약에
말이야

+ 우리 가족이 같은 일을 당했다고 생각하면 마음이 어때?

+ 누군가를 위해 희생하거나 돈을 모아 본 적이 있니?

+ 엄마의 의자를 사러 갔을 때 가족들은 어떤 마음이었을까?

+ 나에게 가족은 어떤 의미야?

 나도 궁금해요

엄마에게 마음껏 질문하는 시간을 가져 보아요.

 쌤의
한마디

독립심과 자립심을 갖춘 성인으로 커 갈 수 있도록 돕는 것이 육아의 가장 큰 목표라고 할 수
있습니다. 아이가 가족을 도울 수 있는 일을 알아보고 스스로 할 수 있는 일은 책임감 있게
해낼 수 있도록 도와주세요.

내가 고른 문장은?

엄마와 아이가 각자 책에서 마음에 드는 문장을 고르고 이유를 나눠 보세요.

 엄마

 아이

 함께하는 놀이

# 할 수 있다!

가족을 위해 할 수 있는 일을 찾아보아요.

**준비물** 종이, 펜

① 아빠, 엄마, 형제, 자매를 위해 할 수 있는 일을
생각해 봅니다.

② 생각한 내용을 글로 적거나 그림으로 그려 보세요.
그리고 잘 보이는 곳에 걸어 두고 꾸준히 해 나갈 수
있도록 격려해 주세요.

TIP   집안일에 참여하는 과정을 통해 아이는 생활 지능을 높이고 협동의
즐거움과 의미를 알아갑니다.

BOOK
**025**

진정한 가족의 의미

# 엄마 아빠가 생긴 날

제이미 리 커티스 글 | 로라 코넬 그림 | 조세현 옮김 | 비룡소

난이도 ★★★

"내가 태어났던 날 어땠는지 이야기해 주세요."
자신이 입양되던 날의 이야기를 이미 잘
알고 있는 어린 소녀가 엄마 아빠에게 가족이
되기까지의 과정을 또 듣고 싶어 조릅니다. 엄마
아빠가 들려주는 이야기를 아이의 입말로 위트
있게 표현한 책입니다.

앨범을 들여다보던 소녀가 엄마 아빠에게 자기가 태어난 날에 대한 이야기를 해
달라고 합니다. 이미 알고 있는 이야기이지만 자기가 엄마 아빠에게 와서 얼마나
큰 기쁨을 주는 존재가 되었는지 듣고 또 들으며 마음에 새기고 싶어 하는 듯합니
다. "아주 조그만 나를 보고 아주아주 커다란 웃음이 나왔다고요?" "내 이름을 불
렀을 때 어땠는지 이야기해 주세요. 행복해서 눈물이 났다고요?" "나를 낳아 준 엄
마는 나를 기르기에는 너무 어렸다고요?" 아이의 말과 등장인물들의 표정에서 감
동이 그대로 묻어납니다. 무거울 수 있는 주제를 담담하고 위트 있게 표현한 이 책
은 입양 가족에 대한 편견 어린 시선을 갖지 않게 해 줍니다.

#입양 #다양한_가족 #선입견

그림책으로 마음을 들여다보아요

<table>
<tr><td>

무엇이
보이니?

</td><td>

+ 그림 속 아이와 강아지는 무엇을 보고 있니?

+ 왜 밤하늘을 보고 있을까?

+ 노란 왕관에 털목도리를 하고 있는 아이는 지금 어떤 상황일까?

+ 엄마 아빠가 생긴 날을 기억하니?

+ 왜 제목을 '내가 태어난 날'이라고 하지 않고 '엄마 아빠가 생긴 날'이라고 지었을까?

</td></tr>
<tr><td>

왜 그렇게
생각하니?

</td><td>

+ 주인공의 엄마 아빠는 어떻게 생겨났어?

+ 주인공은 어떤 것들이 궁금했지?

+ 엄마 아빠는 어떻게 대답해 주었지?

</td></tr>
<tr><td>

만약에
말이야

</td><td>

+ 입양이라는 말을 들어 본 적 있니?

+ 다양한 가족 형태에 대해 알고 있니?

+ 내가 주인공이라면 엄마 아빠에 대해 어떤 마음이 들까?

</td></tr>
</table>

 나도 궁금해요

엄마에게 마음껏 질문하는 시간을 가져 보아요.

 쌤의 한마디

다양한 가족의 형태가 아이에게는 숨기고 싶은 마음의 짐이 될 수 있습니다. 흔들리지 않는 관계 속에서 돌봐 줄 것이라는 믿음을 전해주세요. 이러한 정서적 지지는 자신의 모습을 다름으로 받아들일 수 있는 여유를 선물할 거예요.

**내가 고른 문장은?**

엄마와 아이가 각자 책에서 마음에 드는 문장을 고르고 이유를 나눠 보세요.

함께하는 놀이

# 나의 어린 시절

사진을 찍을 당시 상황에 대해 이야기해 보아요.

**준비물** 사진, 종이, 펜

1. 어릴 적 사진을 보면서 어떤 상황인지 함께 이야기 나눠 보세요.

2. 종이 한 면에 사진을 붙이고 사진 아래에 엄마 아빠가 해 준 이야기를 요약해 적어 보세요.

강원도 계곡에서 물고기 잡고
시원하게 물놀이했던 때 기억하지?
정말 재미있었는데^^

TIP 자신의 성장 과정을 사진이나 영상을 통해 돌아보는 시간은 건강한 자아를 형성하는 데 도움이 됩니다. 또한 이렇게 성장하기까지 많은 사람의 도움을 받았음을 알고 감사한 마음을 가질 수 있습니다.

BOOK
**026**

사랑한다는 말의 힘

# 내가 아빠를 얼마나 사랑하는지 아세요?

샘 맥브래트니 글 | 아니타 제람 그림 | 김서정 옮김 | 베틀북

난이도 ★☆☆

아빠 토끼와 아기 토끼가 서로를 얼마나 사랑하는지 표현하는 모습을 그린 사랑스러운 책이에요. 양팔을 아무리 벌려 봐도 아기 토끼는 아빠 토끼보다 더 크게 벌릴 수가 없지요. 아기 토끼는 아빠를 사랑하는 자신의 마음을 어떻게 표현할까요?

아기 토끼는 자신이 아빠를 얼마나 사랑하는지 아빠가 알고 있는지 궁금해서 아빠에게 묻습니다. "아빠, 내가 아빠를 얼마나 사랑하는지 아세요?" 잘 모르겠다고 답하는 아빠에게 아기 토끼는 양 팔을 힘껏 벌리며 말합니다. "이만큼요." 그런데 아빠 토끼는 훨씬 더 긴 팔을 힘껏 벌리며 "아빠는 너를 이만~큼 사랑한단다." 하고 말해요. 아기 토끼는 아빠가 굉장하다고 생각해요. 그 뒤로도 아빠와 한참 사랑 경쟁을 하던 아기 토끼가 졸린 눈을 감으면서 "나는 아빠를 달까지 가는 길만큼 사랑해요." 하고 말하자 아빠는 "아가야, 아빠는 달까지 갔다가, 다시 돌아오는 길만큼 널 사랑한단다."라고 합니다. 사랑 표현의 최강자 아빠와 아기 토끼를 보면 사랑을 표현하고픈 마음이 절로 들 거예요.

#표현 #사랑 #가족

 **그림책으로 마음을 들여다보아요**

**무엇이 보이니?**
+ 아빠의 귀를 만지고 있는 아기 토끼는 어떤 기분일까?
+ 아빠 하면 떠오르는 단어가 있니?
+ 아빠에 대한 사랑을 표현하는 방법에는 어떤 것들이 있을까?

**왜 그렇게 생각하니?**
+ 아기 토끼가 아빠를 사랑한다는 표현 중에 마음에 드는 표현 골라 볼까?
+ 아빠가 아기 토끼에게 이야기한 것 중 듣고 싶은 말이 있니?

**만약에 말이야**
+ 아빠와 즐겁게 시간을 보냈던 경험을 이야기해 볼까?
+ 아빠와 함께 가 보고 싶은 곳이 있니?
+ 내가 아빠라면 아이에게 어떤 말을 들으면 기분이 좋을 것 같아?
+ 아빠가 어떨 때 나를 사랑한다고 느끼니?
+ 사랑한다는 표현을 하면 어떤 점이 좋을까?

 **나도 궁금해요**
엄마에게 마음껏 질문하는 시간을 가져 보아요.

 **쌤의 한마디**
아빠가 자녀 교육에 적극적으로 참여할 때 아이의 학업과 사회성, 정서에 의미 있는 영향을 준다는 연구 결과는 익히 알고 있을 거예요. 자녀를 위해 하루 30분이라도 열정을 다해 놀아 주세요.

내가 고른 문장은?

엄마와 아이가 각자 책에서 마음에 드는 문장을 고르고 이유를 나눠 보세요.

 엄마

 아이

 함께하는 놀이

# 기차만큼 빨라

말 잇기 놀이를 해 보아요.

**준비물** 단어 카드

1 책에 나온 단어를 쓴 단어 카드를 준비해 주세요.

2 주어로 사용할 단어에는 '만큼'을 붙여 준비해 주세요.
예. 오빠만큼, 코끼리만큼, 기차만큼

3 상대는 그 뒤에 말을 이어 붙입니다.
예. 멋져, 많이 먹어, 빨라

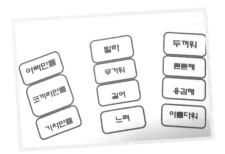

 TIP '만큼'이라는 단어를 사용해 대상의 양적, 질적 크기 비교 표현을 배워 볼 수 있는 언어 놀이입니다. 문장 호응 관계와 단어가 지닌 어감을 느낄 수 있어요.

BOOK
027

할머니와 보내는 알콩달콩 재미난 일상

# 할머니 엄마

이지은 글 · 그림 | 웅진주니어

난이도 ★★☆

엄마를 대신하는 할머니로 인해 생기는 다양한 에피소드가 담겨 있습니다. 엄마의 빈자리를 대신하는 할머니에게 아쉬운 마음이 있긴 하지만 주인공은 자신을 위해 애쓰는 할머니가 계셔서 참 감사합니다.

할머니는 직장 다니느라 바쁜 엄마를 대신해 지은이의 일상을 함께해요. 할머니는 엄마 없는 빈자리를 느끼고 허전해하는 지은이의 마음을 달래 주기 위해 칼국수를 만들어 기분을 풀어 주지요. 그런데 운동회 날, 할머니는 엄마 대신 달리기를 하다 넘어져 꼴찌를 하고 말아요. 할머니는 속상해하는 지은이를 위해 시장에서 크로켓을 사 먹입니다. 다시 젊어지면 안 되냐고 묻는 지은이에게 할머니는 그래 보자라고 말하며 지은이의 마음을 다독이지요. 엄마의 빈자리를 느끼지 않도록 헌신하는 할머니의 수고가 마음 깊이 느껴집니다. 꽃무늬 스웨터처럼 따뜻하고 포근한 할머니의 존재에 대해 다시금 생각해 보게 됩니다.

#할머니 #따뜻함 #헌신

그림책으로 마음을 들여다보아요

무엇이
보이니?
+ '할머니 엄마'는 어떤 의미인 것 같아?
+ 할머니 하면 어떤 단어가 떠올라?
+ 할머니가 들어가는 노래를 아니?
+ 할머니와 재미있게 지낸 기억이 있니?

왜 그렇게
생각하니?
+ 엄마가 안 계셔서 속상해하는 지은이에게 할머니는 무엇을 해 주었어?
+ 지은이 할머니는 어떤 분이셔?
+ 운동회에서 할머니는 어떻게 하셨지?
+ 지은이는 달리기 시합 중 넘어진 할머니를 보고 어떤 마음이 들었을까?

만약에
말이야
+ 지은이 할머니는 어떤 분이셔?
+ 내가 지은이라면 달리기를 하다가 넘어진 할머니께 어떤 말을 해 주었을 것 같아?
+ 할머니는 지은이에게 어떤 마음을 가지고 있을까?
+ 할머니께 해 드리고 싶은 말이 있니?

 나도 궁금해요
엄마에게 마음껏 질문하는 시간을 가져 보아요.

 쌤의
한마디

아이에게 양육자가 여러 명 있는 경우, 많은 사랑을 줄 수 있지만 동시에 다양한 지시와 통제로 인해 혼란을 줄 수 있습니다. 따라서 여러 명의 양육자로부터 아이가 혼돈을 느끼지 않도록 양육자 간에 충분한 대화가 선행되어야 합니다. 이를 통해 양육의 기본 방향과 원칙을 세우고 양육하는 것이 필요합니다.

내가 고른 문장은?

엄마와 아이가 각자 책에서 마음에 드는 문장을 고르고 이유를 나눠 보세요.

 엄마

 아이

 **함께하는 놀이**

# 텔레파시가 통했어!

서로의 생각을 맞혀 보아요.

**준비물** 화이트보드 또는 종이, 펜

❶ 그림책에 나온 단어들 중 한 단어를 생각하고
   상대방에게 첫 글자를 말해 줍니다.

❷ 하나 둘 셋 하면 동시에 생각한 단어를 말합니다.

❸ 맞히면 '텔레파시'라고 외치고 화이트보드나 종이에
   텔레파시가 통한 단어들을 적고 세어 보세요.

TIP 사랑하는 사람의 마음을 알아냈다는 기쁨은 도파민을 자극하는 즐거운
    언어 활동입니다. 그림책 내용에 대한 이해를 바탕으로 한 텔레파시 놀이는
    책 내용을 이해하고 기억하려는 동기를 부여합니다.

BOOK
**028**

나에게 걸음마를 가르쳐 준 할아버지를 위해

# 오른발, 왼발

토미 드 파올라 글 · 그림 | 정해왕 옮김 | 비룡소

난이도 ★★★

할아버지와 손자의 훈훈한 이야기를 담은
책이에요. 할아버지가 걷지 못하게 되자 보비는
어릴 적 할아버지가 자신에게 가르쳐 준 대로
오른발, 왼발 하며 걸음마를 가르쳐 드립니다.
연세 드신 할아버지 할머니를 떠올리게 되네요.

보비는 할아버지와 많은 추억이 있습니다. 할아버지에게 걸음마를 배우고 할아버지와 함께 블록 쌓기 놀이를 했지요. 그러던 어느 날 할아버지가 아무도 알아보지 못하신다는 소식을 전해 들은 보비는 마음이 울적해졌습니다. 처음에는 움직이지 못하시는 할아버지가 낯설었지만 보비는 차차 할아버지와 소중한 시간을 쌓아갑니다. 예전 같지는 않지만 할아버지는 조금씩 회복하셨고, 보비의 어깨를 짚어 일어나 걸을 수도 있게 되었어요. 할아버지가 보비에게 어떻게 걷는 법을 가르쳤는지 알려 달라고 하자 보비는 "할아버지가 내 어깨를 이렇게 짚고요, 난 말했어요. '오른발, 왼발. 따라해 보세요'라고요." 하고 말합니다. 어릴 때 할아버지가 가르쳐 준 대로 말이죠. 무거운 주제를 감동적인 필체로 그려낸 작품입니다.

#할아버지 #가족 #걸음마

그림책으로 마음을 들여다보아요

**무엇이 보이니?**

- ✛ 제목을 읽어 볼까?
- ✛ 할아버지가 나오는 다른 책을 알고 있니?
- ✛ 그림 속 할아버지와 아이는 어떤 관계인 것 같아?
- ✛ 둘의 표정을 보아 어떤 기분인 것 같아?
- ✛ '오른발, 왼발'이라는 말은 주로 언제 사용하지?

**왜 그렇게 생각하니?**

- ✛ 보비의 이름은 어떻게 지은 걸까?
- ✛ 보비가 마지막 블록을 쌓을 때 할아버지가 한 행동은 무엇이지?
- ✛ 보비는 할아버지가 아파서 누워 계실 때 어떻게 행동했지?
- ✛ 보비는 할아버지를 어떻게 도와드렸어?

**만약에 말이야**

- ✛ 보비처럼 할아버지와 즐겁고 의미 있는 시간을 보낸 경험이 있니?
- ✛ 나에게 할아버지는 어떤 분이야?
- ✛ 내가 그림책 속 할아버지라면 보비에게 어떤 마음이 들까?
- ✛ 가족 중에 나에게 이런 도움을 준 사람이 있니?
- ✛ 내가 가족을 위해 도움을 준 적이 있니?

 나도 궁금해요

엄마에게 마음껏 질문하는 시간을 가져 보아요.

 쌤의 한마디

도덕성이 높은 집단의 아이들은 도덕 수준이 평균적인 아이들에 비해 양심, 공감, 이타성과 같은 정서적인 면에서 높은 수치를 보이고 이와 함께 인지적 측면에서도 우수하다는 연구 결과가 있습니다. 자제력, 책임감, 분별력, 공정성 면에서도 높은 평가를 받는 아이들은 도덕성이 높은 집단의 아이들이었습니다.

엄마와 아이가 각자 책에서 마음에 드는 문장을 고르고 이유를 나눠 보세요.

**함께하는 놀이**

# 닮았네, 닮았어!

할아버지와 닮은 점을 찾아보아요.

**준비물**  할아버지 사진

할아버지와 나
어디가 닮았을까?

① 할아버지 사진을 보고 나와 닮은 점을 찾아 이야기해
   보세요.

② 외모뿐 아니라 성격, 습관, 걸음걸이 같은 것들 중에서도
   닮은 구석을 찾아보세요.

**TIP**  나의 소중한 뿌리에 대해 알 수 있는 활동입니다.

BOOK
**029**

모든 순간을 함께한 엄마의 세레나데

# 언제까지나 너를 사랑해

로버트 먼치 글 | 안토니 루이스 그림 | 김숙 옮김 | 북뱅크

난이도 ★★★

엄마의 자장가를 들으며 행복한 잠을 청하는 아이가 자라 소년이 되고, 어른이 됩니다. 그 곁에서 늘 노래를 불러주는 어머니. "너를 사랑해 언제까지나." 반복되는 자장가가 따스하고 포근합니다. 엄마의 따뜻한 사랑을 그린 책입니다.

이 책은 엄마가 아이를 안고 가만히 노래를 불러 주는 장면으로 시작해요. 아기는 자라서 장난꾸러기가 되었다가 십대 소년이 되어 이상한 친구들을 사귀고 이상한 옷을 입고 이상한 음악을 들어요. 때로 엄마는 마치 동물원에 와 있는 기분이 들지만 밤이 되어 소년이 잠들고 나면 아들의 침대 머리맡으로 다가가 등을 토닥거리며 노래를 불러 주어요. 소년은 자라 어른이 되고 엄마는 아들의 집을 찾아가 잠든 아들에게 노래를 불러 줍니다. 시간이 흘러 나이가 든 엄마는 더 이상 노래를 불러 줄 수가 없게 됩니다. 아들은 어머니 방에 들어가 노래를 부르죠. "사랑해요, 어머니 언제까지나." 그리고 아들은 자신의 딸아이에게 엄마의 자장가를 불러 줍니다. 내리사랑을 잘 표현한 책이에요.

#인생 #자장가 #내리사랑

그림책으로 마음을 들여다보아요

**무엇이 보이니?**

+ 표지 그림과 어울리는 음악이 있을까?
+ 아기는 몇 살 정도 되어 보여?
+ 엄마 하면 어떤 단어가 떠올라?
+ 내가 어렸을 때 생각이 나니?

**왜 그렇게 생각하니?**

+ 엄마는 아이가 잘 때 어떻게 해 주었어?
+ 아이가 자라 성인이 되었을 때 엄마는 어떻게 해 주었어?
+ 엄마가 늙어서 더 이상 노래를 부르지 못하게 되자 아들은 어떻게 했어?
+ 아들은 딸아이에게 어떤 노래를 불러 주었지?

**만약에 말이야**

+ 엄마 아빠가 자주 불러 주는 노래가 있니?
+ 나는 엄마 아빠가 무엇을 어떻게 할 때 사랑한다고 느껴?
+ 내가 엄마라면 아이에게 어떤 노래를 불러 주고 싶어?
+ 엄마 아빠에게 불러 주고 싶은 노래가 있니?

 나도 궁금해요

엄마에게 마음껏 질문하는 시간을 가져 보아요.

 **쌤의 한마디**

음악 교육의 목적은 심미적 감상과 자기표현에 있습니다. 음악을 듣고 자신의 감정을 신체나 언어 또는 노래로 표현하는 과정을 통해 심미안과 창의적 표현력이 발달하지요. 아이가 어릴수록 전자음보다는 자연에 가까운 소리를 들려 주고 엄마의 목소리로 동요를 불러 주는 것이 가장 좋습니다.

내가 고른 문장은?

엄마와 아이가 각자 책에서 마음에 드는 문장을 고르고 이유를 나눠 보세요.

 함께하는 놀이

# 노래 솜씨 뽐내기

노래 자랑 시간을 가져 보아요.

**준비물** 마이크, 카메라, 음악

① 노래 자랑을 진행할 사회자를 정하세요.

② 노래할 순서를 정한 후 신청곡을 공유해 주세요.

③ 노래를 부를 때 나머지 가족은 경청합니다.

TIP    음악은 자신의 감정과 기분을 표현하는 한 방법입니다. 가족 앞에서 노래를
하면서 자신감과 자기표현 능력을 기를 수 있습니다.

BOOK
**030**

할아버지 인생과 함께하는 나의 인생

# 할아버지의 이야기 나무

레인 스미스 글 · 그림 | 김경연 옮김 | 문학동네

난이도 ★★☆

손자가 할아버지가 가꾼 정원을 거닐며
인생에 대해 이야기하는 책이에요.
할아버지의 인생과 갖가지 모양으로 가꿔진
정원의 모습이 절묘하게 어우러집니다.
인생의 정원으로 함께 떠나 보세요.

"아주아주 옛날 우리 증조할아버지가 태어났을 땐…"으로 시작하는 이야기 옆에
커다란 아기 모양의 나무가 등장합니다. 그 뒤로도 손자는 할아버지의 인생 여정
을 상징하는 나무들이 잘 가꾸어진 정원을 거닙니다. 전쟁을 겪은 이야기, 할머니
를 만나 결혼한 이야기, 자녀와 손자 손녀를 보게 되는 이야기까지 한 사람의 역사
가 정원에 고스란히 담겨 있네요. 기억력이 좋던 할아버지가 요즘은 무언가 자꾸
잊어버립니다. 증손자는 밀짚모자를 두고 정원을 가꾸고 있는 할아버지께 밀짚모
자를 가져다 드리고는 자신도 정원을 가꾸는데, 나무가 밀짚모자를 쓴 할아버지
모양이네요. 미술관에 온 듯한 그림과 깊은 감동을 주는 이야기를 따라가다 보면
삶의 희로애락을 새삼 느끼게 됩니다.

#인생 #가족 #기억

그림책으로 마음을 들여다보아요

<table>
<tr><td>무엇이<br>보이니?</td><td>
<ul>
<li>'이야기 나무'가 뭘까?</li>
<li>표지에 초록색이 많이 보이는데 초록색은 어떤 느낌을 주니?</li>
<li>할아버지를 떠올리면 어떤 느낌이 들어?</li>
<li>할아버지가 등장하는 다른 그림책을 알고 있니?</li>
</ul>
</td></tr>
<tr><td>왜 그렇게<br>생각하니?</td><td>
<ul>
<li>할아버지는 어렸을 때 어떻게 지냈지?</li>
<li>할아버지가 청년이었을 땐 어떤 일들을 겪었지?</li>
<li>할아버지가 노인이 되었을 때 어떤 일들이 있었지?</li>
</ul>
</td></tr>
<tr><td>만약에<br>말이야</td><td>
<ul>
<li>내가 할아버지 나이가 되면 어떤 일들이 가장 기억에 남을까?</li>
<li>책 속 할아버지는 나무 조각을 잘하시네. 우리 할아버지는 무엇을 잘하시는지 알고 있니?</li>
<li>우리 할아버지의 모습 중 닮고 싶은 부분이 있니?</li>
</ul>
</td></tr>
</table>

 나도 궁금해요

엄마에게 마음껏 질문하는 시간을 가져 보아요.

---

 쌤의
한마디

모방은 창조의 지름길입니다. 좋은 작품을 감상한 후 자신의 느낌과 생각을 표현할 기회를 주세요. 미술관을 자주 가 보고 자신이 좋아하는 작품에 대해 설명해 보는 경험을 통해 미적 감각을 키워 나갈 수 있습니다.

---

내가 고른 문장은?

엄마와 아이가 각자 책에서 마음에 드는 문장을 고르고 이유를 나눠 보세요.

 **함께하는 놀이**

# 내가 만드는 이야기 나무

나만의 이야기 나무를 만들어 보아요

**준비물** 밀가루, 물, 물감

1 할아버지가 만든 이야기 나무 중 가장 마음에 드는 것을 골라 그 이유를 설명해 보세요.

2 밀가루 반죽으로 내가 원하는 나무 혹은 나뭇잎을 만들고, 물감으로 색칠해 보세요.

 TIP 밀가루가 물을 만나 형태가 변화하는 과정을 경험함으로써 물질의 물리적 변화에 대한 과학적 사고의 기초를 익힐 수 있습니다.

# 책 제목 보물찾기

아이들이 좋아하는 보물찾기는 대근육 활용 능력과 언어 능력을 높여 주는 놀이이므로 가정에서 자주 하면 좋습니다. 적극성과 집중력을 높일 수 있고 팀을 나누어 하면 협동심도 기를 수 있답니다. 아직 글자를 읽지 못하는 아이에게는 글자에 대한 감각과 글을 읽고 싶은 욕구를 갖게 도와줍니다.

**준비물** 책 제목을 쓴 종이

**놀이 순서**

① 종이에 책 제목을 써요. 아직 글자를 모르는 경우 힌트가 될 만한 그림을 그려요. 한 명당 5장 정도 찾을 수 있게 해 주면 좋아요.

② 보물 종이를 숨길 한 명을 정하고 나머지 가족은 눈을 가리고 기다려요. (5분 내로 찾을 수 있도록 난이도를 조절해 주세요.)

③ 보물 종이를 다 숨겼으면 찾기 시작해요.

④ 시간을 정해 종이를 찾고 시간이 다 되면 모여 자신이 찾은 보물 종이를 소개해요.

⑤ 제일 많이 찾은 사람 혹은 특정 제목의 책을 찾은 사람에게 상을 주어요.

# 5

# 친구

아이의 친구 관계를
이해하고 도와주고 싶을 때
들려주는 이야기

우리의 힘을 보여 주는 다섯 친구

# 재주 많은 다섯 친구

양재홍 글 | 이춘길 그림 | 보림

난이도 ★★★

다양한 재능을 가진 친구들이 힘을 합해 힘센 호랑이와 싸워 이기는 내용을 담은 책이에요. 혼자는 극복하기 어려운 힘든 일이라도 함께할 누군가가 있다면 얼마든지 극복할 수 있다는 용기를 심어 줍니다.

옛날에 아기를 간절히 원하는 할머니, 할아버지가 살았어요. 간절히 기도한 끝에 땅속 단지에서 손이 크고 힘센 아이가 태어납니다. 단지에서 나와 이름을 단지손이라 지었지요. 장성한 단지손이는 훌륭한 사람이 되기 위해 세상 구경을 나섭니다. 길을 가던 중 곳곳에서 각기 다른 능력을 가진 친구들을 만나게 되는데요. 힘센 단지손이는 콧김이 센 콧김손이, 오줌을 많이 누는 오줌손이, 배를 메고 다니는 배손이, 무쇠 신을 신고 다니는 무쇠손이와 함께하게 됩니다. 다섯 친구가 쉬어 갈 집을 찾았는데 하필 그곳이 호랑이 소굴이지 뭐예요. 여러 마리의 호랑이들이 덤비는 장면은 긴장감을 고조시킵니다. 다섯 친구는 힘을 합해 무서운 호랑이들을 물리칩니다. 호랑이를 이기는 장면이 주는 쾌감을 함께 느껴 보세요.

#협동 #친구 #공동체

그림책으로 마음을 들여다보아요

| 무엇이 보이니? | + 호랑이의 표정이 어때 보여? |
| | + 다섯 친구는 각각 어떤 특징이 있지? |
| | + 전래 동화에 많이 나오는 동물들을 알고 있니? |

| 왜 그렇게 생각하니? | + 단지손이는 친구들을 어떻게 만나게 되었지? |
| | + 호랑이를 어떻게 물리쳤지? |
| | + 맨 마지막에 만난 친구는 누구야? |

| 만약에 말이야 | + 친구란 무엇일까? |
| | + 친구와 함께하면 어떤 점이 좋아? |
| | + 함께하면 기분 좋은 친구는 어떤 친구야? |
| | + 친구에게 마음을 전할 수 있는 방법에는 어떤 것이 있을까? |

 나도 궁금해요

엄마에게 마음껏 질문하는 시간을 가져 보아요.

 쌤의 한마디

이 세상에는 다양한 역할이 있다는 것을 알려 주세요. 그리고 아이에게는 어떤 역할이 있는지, 그 역할이 얼마나 중요한지, 누군가의 역할이 없어지면 어떻게 될지 다양한 사람을 예로 들면서 생각해 보는 시간을 갖게 하면 함께하는 삶의 중요성을 깨닫게 됩니다.

**내가 고른 문장은?**

엄마와 아이가 각자 책에서 마음에 드는 문장을 고르고 이유를 나눠 보세요.

**함께하는 놀이**

# 내 손바닥이 세!

손바닥 놀이로 균형 감각을 키워 보아요.

**준비물** 튼튼한 손

① 서로 손바닥을 맞대고 섭니다.

② 심판이 "시작"을 외치면 손바닥에 힘을 줘서 상대를 넘어뜨립니다.

③ 손바닥 힘을 1-10까지 단계로 나눠 몇 단계의 힘을 줬는지 숫자로 표현해 보세요.

**TIP** 손바닥 힘만으로 상대방을 넘어뜨리려면 신체 균형 감각과 힘 조절 능력, 순발력, 판단력 등 다양한 능력이 필요합니다. 힘의 크기를 숫자로 표현해 보면서 숫자에 대한 감각을 높일 수 있습니다.

관습을 넘어 다양성을 받아들이는 이야기

# BOOK 032 프레드릭

레오 리오니 글 · 그림 | 최순희 옮김 | 시공주니어

난이도 ★★★

겨울이 다가오자 밤낮없이 양식을 모으는 들쥐들과 달리 일은 하지 않고 햇살과 색깔, 이야기를 모으는 프레드릭의 이야기예요. 개미와 배짱이를 떠올리게 되지만, 프레드릭은 노는 게 아니었어요. 프레드릭이 모은 햇살과 색깔과 이야기는 어떻게 쓰이게 될까요?

추운 겨울이 다가오기 전, 들쥐 가족들은 겨울에 먹을 양식을 준비하느라 정신이 없어요. 밤낮없이 열심히 일하는 들쥐 가족 옆에 프레드릭은 한가로이 누워 있네요. 들쥐 가족이 프레드릭에게 왜 일하지 않냐고 묻자 프레드릭은 당당하게 겨울에 필요한 햇살과 색깔과 이야기를 모으고 있다고 말합니다. 겨울이 다가오고 모아 두었던 양식이 떨어진 들쥐들은 프레드릭을 찾아옵니다. 프레드릭은 들쥐들에게 눈을 감고 색깔을 상상해 보라고 합니다. 여름에 보았던 꽃과 열매와 맑은 날씨와 네잎클로버를 상상해 보라고 하죠. 모두의 얼굴에 미소가 피어나기 시작해요. 프레드릭의 상상력이 찬란하게 빛났던 그 여름으로 돌아갈 수 있게 해 주네요.

#다름 #인정 #다양성

**그림책으로 마음을 들여다보아요**

| 무엇이<br>보이니? | + 쥐가 무엇을 하고 있는 것 같아? |
| --- | --- |
| | + 왜 빨간 꽃을 들고 있을까? |
| | + 쥐가 나오는 다른 그림책을 본 적이 있니? |
| | + 쥐는 어떤 것을 먹지? |

| 왜 그렇게<br>생각하니? | + 들쥐들이 열심히 일할 동안 프레드릭은 무엇을 했지? |
| --- | --- |
| | + 다른 들쥐들은 왜 프레드릭을 못마땅하게 생각했지? |
| | + 겨울이 오고 먹을 양식이 부족해지자 들쥐들은 프레드릭에게 무엇을 해 보<br>라고 했지? |
| | + 들쥐들은 프레드릭에게 어떤 점을 고마워했지? |

| 만약에<br>말이야 | + 이 그림책과 비슷한 이야기를 알고 있니? |
| --- | --- |
| | + 내가 프레드릭이라면 여름에 무엇을 했을 것 같아? |
| | + 프레드릭에게 별명을 지어 준다면? |
| | + 들쥐들에게 별명을 지어 준다면? |
| | + 프레드릭처럼 조금 다른 행동을 하는 친구를 보면 어떤 생각이 드니? |

 **나도 궁금해요**

**엄마에게 마음껏 질문하는 시간을 가져 보아요.**

 **쌤의<br>한마디**

창의적인 사고는 다양한 생각에서 시작됩니다. 한 가지 대상을 보고 떠오르는 생각을 자
유롭게 이야기해 볼 수 있는 분위기를 만들어 주세요. 그리고 아이가 이야기한 것들을 새롭
게 조합해 보세요.

내가 고른 문장은?

엄마와 아이가 각자 책에서 마음에 드는 문장을 고르고 이유를 나눠 보세요.

함께하는 놀이

# 나는 프레드릭

프레드릭이 되어 이야기를 만들어 보아요.

**준비물** 종이, 연필, 색연필, 녹음기

❶ 한 사람이 먼저 이야기를 지어냅니다.

❷ 다음 사람이 앞 이야기의 뒷부분을 지어냅니다.

❸ 돌아가면서 만든 이야기를 모아 글과 그림으로
   꾸며 보세요. 녹음을 해서 오디오북으로 만들어
   봐도 좋아요.
   (이야기의 결말은 다 같이 상의해서 만들어도 좋습니다.)

TIP

이야기 모으기 놀이를 통해 문장 간 호응 관계와 자연스러운 이야기 흐름을
이해할 수 있습니다. 또한 논리적 연결성과 상상력, 창의력에 날개를 달아줄
수 있는 기회를 제공합니다.

BOOK
033

이해와 배려를 알아 가요

# 샌드위치 바꿔 먹기

라니아 알 압둘라 왕비 · 켈리 디푸치오 글 | 트리샤 투사 그림 | 신형건 옮김 | 보물창고

난이도 ★★★

주인공 셀마와 릴리는 서로의 샌드위치에 대해
비난하는 말을 했다가 크게 싸우게 됩니다. 그렇지만
서로의 샌드위치를 먹어 보며 상대방을 이해하고
존중하는 마음을 갖게 됩니다. 아이들에게 서로
다른 문화를 이해하고 존중하는 법을 알려 주는
그림책입니다.

셀마와 릴리는 많은 것을 함께하는 절친한 친구예요. 하지만 서로 이해하지 못하
는 것이 하나 있어요. 바로 점심시간에 먹는 샌드위치예요. 서로 말은 하지 않지만
상대방의 샌드위치가 역겹다고 생각하거든요. 결국 땅콩버터 샌드위치와 후무스
샌드위치 전쟁이 일어나고 둘은 교장 선생님께 불려 가죠. 이를 계기로 둘은 상대
방의 샌드위치를 바꿔 먹어 보는데요. 맛있어서 깜짝 놀라죠. 서로 다른 문화를 상
징하는 샌드위치를 깊이 알기 전에는 오해를 하게 되고, 알고 나면 이해하게 된다
는 깨달음을 주는 책입니다. 서로 다른 문화를 이해하는 것은 이처럼 샌드위치를
바꿔 먹기부터 시작되는 것인지도 모르겠습니다. 이해하는 작은 말과 행동이 우
리 삶에 얼마나 필요한 것인지 이 그림책을 통해 확인해 보세요.

#이해 #존중 #타문화

그림책으로 마음을 들여다보아요

무엇이
보이니?

+ 친구와 무언가를 바꾸어 본 적이 있니?
+ 둘이 손을 잡고 있는데 어떤 기분인 것 같아?
+ 두 친구는 왜 샌드위치를 바꿔 먹었을까?

왜 그렇게
생각하니?

+ 셀마와 릴리는 왜 싸우게 되었어?
+ 두 친구는 어떻게 화해할 수 있었지?
+ 두 친구는 교장 선생님에게 어떤 학교 행사를 제안했지?

만약에
말이야

+ 친구와 싸워 본 적이 있니?
+ 친구의 마음을 상하게 하는 말을 한 적이 있니?
+ 친구와 싸운 뒤 어떻게 화해하니?
+ 어떻게 화해하는 것이 좋을까?
+ 내가 교장 선생님이라면 두 친구에게 무슨 이야기를 해 줄 것 같아?

 나도 궁금해요

엄마에게 마음껏 질문하는 시간을 가져 보아요.

 쌤의
한마디

친구와 갈등이 생겼을 때 갈등이 일어난 상황에서 아이가 느꼈던 힘든 감정을 잘 듣고 공감해 주세요. 그런 후에 좀 떨어져서 상황을 볼 수 있도록 말로 표현해 보도록 하면 이성적 판단 능력을 기를 수 있습니다.

내가 고른 문장은?

엄마와 아이가 각자 책에서 마음에 드는 문장을 고르고 이유를 나눠 보세요.

 엄마

 아이

 함께하는 놀이

# 친구야! 친구야!

친구에게 해 주고 싶은 말을 생각해 보아요.

**준비물** 종이, 연필

① 친구 이름을 적어 바구니에 넣어 두세요.

② 바구니에서 종이 한 장을 꺼내 종이에 있는 이름을 읽고 그 친구에게 들려주면 좋을 말을 생각해서 말해 보도록 하세요.

TIP 다양한 사회를 경험하기 시작하는 유아기 아이들은 단체 생활에 어려움을 겪는 경우가 종종 있어요. 칭찬하는 말을 생각하고 표현해 보는 것은 친구 관계를 원활히 맺도록 돕습니다.

BOOK
034

좁고 답답한 장갑 안 동물들의 나눔과 양보

# 장갑

V. 투르코바 편저 | 에우게니 M.라쵸프 그림 | 배은경 옮김 | 한림출판사

난이도 ★★★

우크라이나 민화 '장갑'의 내용을 그린 책이에요. 따뜻한 장갑 안에 동물들이 모여 살게 되는 이야기입니다. 한 마리 한 마리 모일수록 장갑 안은 비좁아질 텐데도 동물들은 누구나 장갑 안에 들어올 수 있도록 합니다. 장갑 안에는 몇 마리의 동물이 들어갈 수 있을까요?

겨울이 춥고 긴 우크라이나와 잘 어울리는 이야기입니다. 어느 날 할아버지가 땔감을 마련하기 위해 숲으로 가다가 장갑 한 짝을 떨어뜨립니다. 그것을 발견한 들쥐가 장갑 안으로 들어가고, 잠시 후 개구리가 와서 같이 지내도 되냐고 물어봐요. 그다음에는 토끼, 여우, 곰… 동물들이 장갑 안으로 들어갑니다. 한 마리씩 들어올 때마다 답답하고 비좁지만 조금씩 양보하면서 함께 따뜻한 시간을 보내지요. 그런데 잠시 후 멀리서 할아버지가 다가오는 소리가 들려요. 장갑 안에 있던 동물들은 장갑에서 빠져나와 뿔뿔이 흩어집니다. 책장을 넘길 때마다 아이들은 '장갑 안에 몇 마리나 더 들어갈까?' 호기심이 생깁니다. 좁은 곳에서도 함께 따뜻함을 공유하며 사는 모습에 금세 마음이 훈훈해집니다.

#양보 #상생 #공유

**그림책으로 마음을 들여다보아요**

**무엇이 보이니?**
+ '우크라이나'라는 나라에 대해 들어 본 적이 있어?
+ 장갑을 다른 용도로 사용할 수 있을까?
+ 표지 그림을 보면 어느 계절인 것 같아?
+ 표지 속 날씨는 어떤 것 같아?

**왜 그렇게 생각하니?**
+ 누가 장갑을 떨어뜨리고 갔지?
+ 누가 제일 먼저 장갑에 들어갔지?
+ 제일 마지막에 장갑에 들어간 동물은 누구일까?
+ 할아버지가 장갑을 찾으러 오자 동물들은 어떻게 했어?

**만약에 말이야**
+ 내가 갖고 있는 물건 중에 동물들이 들어가기 좋을 만한 것이 있을까?
+ 마지막으로 멧돼지가 왔을 때 장갑 안에 있던 동물들의 마음이 어땠을까?
+ 내가 들쥐라면 다른 동물들이 계속 들어올 때 어떻게 하라고 했을까?
+ 장갑 주인인 할아버지가 동물들이 한데 모여 있는 것을 보았다면 어떤 반응을 보였을까?

 **나도 궁금해요**
엄마에게 마음껏 질문하는 시간을 가져 보아요.

 **쌤의 한마디**

자기 주장을 명확하게 하지 못하는 아이에게는 생각을 말하라고 다그치기보다 자신의 생각을 표현하는 것이 왜 필요한지 설명해 주는 것이 좋습니다. 친구가 자신에게 부당한 대우를 했을 때 속상한 감정을 표현하는 언어와 태도를 익힐 수 있도록 가르치고 기다려 주세요.

**내가 고른 문장은?**

엄마와 아이가 각자 책에서 마음에 드는 문장을 고르고 이유를 나눠 보세요.

함께하는 놀이

# 장갑 디자이너

나만의 장갑을 디자인해 보아요.

**준비물** 비닐 장갑, 유성펜

① 비닐 장갑에 패턴을 만들거나 한글, 알파벳,
숫자 등을 적어 보세요.

② 내가 하는 모든 것이 나만의 디자인이 된다는
점을 강조하며 장갑을 완성하도록 해 주세요.

TIP  규칙적인 패턴을 만들어 그려 봄으로써 반복과 규칙성이라는 수학적
개념을 이해할 수 있습니다.

# BOOK 035

# 누에콩의 침대

나카야 미와 글·그림 | 유문조 옮김 | 웅진주니어

난이도 ★★☆

누에콩이 양보와 배려의 기쁨을 알아가는 과정을 그린 책이에요. 누에콩이 누구에게도 빌려주지 않을 정도로 아끼는 침대를 잃어버리면서 겪게 되는 일이 사랑스럽게 그려졌어요. 누에콩은 아끼던 침대를 되찾을 수 있을까요?

푹신푹신한 누에콩 침대가 부러웠던 초록풋콩, 완두형제콩, 껍질콩, 땅콩은 누에 콩의 침대에서 자고 싶다고 조르지만 누에콩은 침대를 빌려주지 않아요. 그러던 어느 날 누에콩의 침대가 없어졌어요. 친구들은 누에콩에게 서로 자기 침대를 빌려주려고 하지만 누에콩은 어떤 침대도 마음에 들지 않았어요. 침대를 찾아 나선 누에콩은 메추라기가 누에콩 침대 위에 알을 품고 있는 것을 보게 되지요. 누에콩은 침대 안에 있던 메추라기 알들이 알에서 깨어나기를 기다렸다가 드디어 침대를 되찾습니다. 집으로 돌아온 누에콩은 친구들을 불러 모두 함께 침대에서 달콤한 잠을 청합니다. 자신의 물건에 대한 애착이 생기기 시작한 아이들에게 자연스럽게 양보와 배려의 기쁨을 알게 해 주는 책입니다.

#양보 #배려 #함께

그림책으로 마음을 들여다보아요

무엇이
보이니?

+ 누에콩이 뭘까?
+ 누에콩의 침대는 무엇을 말하는 걸까?
+ 누에콩은 지금 어떤 기분인 것 같아?

왜 그렇게
생각하니?

+ 친구들이 누에콩에게 다가와 무엇을 부탁했어?
+ 누에콩이 침대를 잃어버렸을 때 친구들은 어떻게 했지?
+ 메추라기가 누에콩 침대에 알을 품고 있을 때 누에콩은 어떻게 했어?

만약에
말이야

+ 내가 누에콩이라면 메추라기를 보고 어떻게 했을까?
+ 나의 소중한 것을 다른 사람에게 빌려준 적이 있니?
+ 그때 기분이 어땠어?
+ 누에콩에게 침대를 빌려 달라고 했다가 거절당한 친구는 어떤 기분이었을까?

 나도 궁금해요
엄마에게 마음껏 질문하는 시간을 가져 보아요.

 쌤의
한마디

아이들이 또래 관계를 잘 맺고 유지하도록 하기 위해서는 양육자와 먼저 다양한 갈등 상황에서 대처하는 방법과 태도를 익혀야 합니다. 부모가 자녀의 속상한 마음을 충분히 공감해 주고 얼마든지 해결할 수 있는 문제라는 생각을 심어 주면 친구들과의 관계에서도 유연한 태도를 취할 수 있습니다.

내가 고른 문장은?

엄마와 아이가 각자 책에서 마음에 드는 문장을 고르고 이유를 나눠 보세요.

# 캐릭터가 나타났다!

나만의 캐릭터를 만들어 보아요.

**준비물** 종이, 색연필

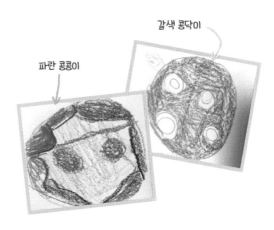

갈색 콩닥이

파란 콩콩이

① 주위에 있는 평범한 물건들을 둘러보세요. 좋아하는 음식도 좋아요.

② 그중에 생명력을 불어넣고 싶은 물건 하나를 선택해 주세요.

③ 선택한 물건을 그리되 눈, 코, 입, 손, 발 등을 그려 나만의 캐릭터를 완성한 후 이름을 붙여 주세요.

TIP 무생물에 생명력을 불어넣는 활동이에요. 나만의 느낌을 담아 캐릭터의 성격과 이름을 지어 보는 과정에서 상상력과 창의력, 어휘력 확장이 이루어집니다.

외톨이가 환영받는 친구가 되기까지

# 나는 갈색이야

줄리아 쿡 글 | 브리짓 반스 그림 | 공경희 옮김 | 찰리북

난이도 ★★☆

친구들이 자신을 좋아하지 않는다고 생각하는 갈색이가 자존감을 찾아가는 이야기를 담고 있습니다. 오랜 시간 아이들을 상담해 온 교사가 친구 사귀기를 어려워하는 아이들을 위해 쓴 책으로, 친구를 사귀는 데 좋은 길잡이가 될 거예요.

갈색 색연필 갈색이는 자신의 모습이 마음에 들지 않습니다. 미술 시간에도 잘 사용되지 않는 자신이 보잘것없고 늘 못나 보이죠. 친구들이 자신을 좋아하지 않는 것 같아 먼저 다가가지도 못합니다. 늘 자신 없어 하는 갈색이에게 다른 색연필 친구들이 중요한 이야기를 해 주네요. 친구를 사귀려면 먼저 자기 자신과 친구가 되어야 한다고요. 자기를 좋아하지 않으면서 친구가 좋아해 주기를 바랄 수는 없다고요. 그리고 다른 친구의 마음을 생각해 보라고 말합니다. 갈색이는 친구의 이야기를 듣고 자신에게서 장점을 찾고 친구들에게 먼저 다가가려고 노력하지요. 갈색이의 시도가 친구 사귀는 것을 어려워하는 아이에게 작은 도움이 될 수 있기를 바랍니다.

#외로움 #친구 #자존감

그림책으로 마음을 들여다보아요

| 무엇이<br>보이니? | + 외톨이가 뭘까? |
| | + 갈색이는 지금 어떤 기분인 것 같아? |
| | + 갈색 하면 떠오르는 단어가 있니? |
| | + 나와 어울리는 색은 무슨 색일까? |

| 왜 그렇게<br>생각하니? | + 갈색이는 무엇 때문에 힘들어 했지? |
| | + 갈색이를 도와주기 위해 친구들은 어떤 이야기를 해 주었지? |
| | + 갈색이는 어떻게 바뀌었어? |

| 만약에<br>말이야 | + 외톨이라고 생각한 적이 있니? |
| | + 내가 갈색이라면 어떨 것 같아? |
| | + 친구 사귀기가 힘들었던 적이 있니? |
| | + 갈색이에게 어떤 말을 해 주면 친구 사귀기가 쉬워질까? |
| | + 갈색이에게 다른 이름을 지어 주면 어떨까? |
| | + 친구와 잘 지내려면 어떻게 해야 할까? |

 나도 궁금해요

엄마에게 마음껏 질문하는 시간을 가져 보아요.

 쌤의
한마디

또래 친구들에게 호감을 얻는 아이들은 친구들의 이야기에 잘 반응해 준다는 특징이 있습니다. 아이의 이야기에 적절하게 반응하면서 대화하는 시간을 점점 늘이는 것은 아이가 상대방의 이야기를 경청하는 태도를 기르는 데 도움이 됩니다.

내가 고른 문장은?

엄마와 아이가 각자 책에서 마음에 드는 문장을 고르고 이유를 나눠 보세요.

 엄마

 아이

 함께하는 놀이

# 눈 감고 그리기

눈을 감고 그리면 무엇이 다른지 느껴 보아요.

**준비물** 종이, 크레파스나 색연필

① 갈색이의 모습을 자세히 관찰하세요.

② 눈을 감고 갈색이를 그려 보세요.

③ 이번에는 눈을 뜨고 갈색이를 그려 보세요.

④ 두 장을 비교해 보고 어떤 차이가 있는지 이야기해
보세요. 눈을 감고 그릴 때와 뜨고 그릴 때 어떤
차이가 있었는지도 이야기해 보세요.

TIP 눈을 감고 그림을 그려보거나 물건을 만져 보는 활동은 다른 감각을 좀 더
적극적으로 활용할 수 있게 해 줍니다. 동시에 시각이라는 감각이 얼마나
소중한지에 대해 생각할 수 있습니다.

# 좋아하는 책 소개

재미있게 읽은 책을 준비해 한 명씩 돌아가며 소개합니다. 엄마 아빠도 책을 준비해서 같이 소개해 주세요. 부모님이 소개하는 책이 아이들 눈높이에 맞지 않을 수도 있고 이해하기 어려운 주제일 수도 있겠지요. 하지만 아이들은 이 시간을 통해 부모님이 책을 대하는 자세와 소개하는 방법, 다양하게 구사하는 어휘 등을 통해 새로운 자극을 받게 될 거예요.

**준비물** 각자 인상 깊게 읽은 책

**놀이 순서**

① 자신이 소개할 책을 가지고 자리에 모입니다.

② 사회자를 정해요. 가족 구성원 모두 한 번씩 돌아가면서 하거나 제비뽑기로 순서를 정할 수도 있어요.

③ 자기 순서에 소개할 책을 가지고 나와 자유롭게 소개해요. (그림을 그려도 좋고, 퀴즈를 내도 좋아요.)

④ 듣는 사람은 소개한 책 내용에 관한 질문을 생각해 보고 책 소개가 끝나면 질문을 해요.

⑤ 책 소개를 한 사람은 자신이 소개한 시간에 열심히 듣고 적극적으로 참여해 준 가족에게 선물을 주어요. (간식, 자신이 좋아하는 장난감, 볼 뽀뽀 어떤 것도 좋아요.)

# 6

# 즐거움

그림책만이 줄 수 있는 유머를
경험해 볼 수 있는 이야기

BOOK
**037**

이렇게 사랑스러운 코뿔소를 판다고요?

# 코뿔소 한 마리 싸게 사세요!

쉘 실버스타인 글·그림 | 지혜연 옮김 | 시공주니어

난이도 ★★☆

《아낌없이 주는 나무》의 저자가 쓰고 그린 책이에요. 나무의 쓰임처럼 코뿔소의 다양한 쓰임을 소개하는, 상상력이 돋보이는 책 속으로 들어가 보세요. 코뿔소의 다양한 모습이 기대 이상의 즐거움을 줍니다.

코뿔소 한 마리를 집에서 키우면 어떨까? 상상해 볼 수 있는 요소가 가득한 책입니다. 제목부터 재미가 폴폴 풍깁니다. 집 안을 둘러보면 코뿔소가 쓸모 있는 곳이 많을 거라면서 시작하는 그림책에는 한 장 한 장 넘길 때마다 상상하지도 못했던 코뿔소의 다양한 모습이 소개됩니다. 코뿔소의 날카로운 코가 깡통을 따 주기도 하고 바다에서는 상어를 연상시키게도 하고 캄캄한 밤을 밝혀 주는 스탠드가 되어 주기도 하고 줄넘기 줄을 잡아 주는 일도 척척 해내지요. 넉넉하고 두툼한 몸집은 무시무시한 해적 역할을 성공적으로 해내는 일등공신이고, 따뜻하고 푹신한 소파나 쿠션이 되기도 하지요. 여러모로 치명적인 매력을 자랑하는 코뿔소를 만나 보세요. 한 마리 키워 볼까? 하는 생각이 들 거예요.

#동물 #유머 #상상

그림책으로 마음을 들여다보아요

무엇이
보이니?
+ 코뿔소를 본 적이 있어?
+ 코뿔소 하면 어떤 느낌이 들어?
+ 어떤 동물을 키워 보고 싶어?

왜 그렇게
생각하니?
+ 코뿔소 뿔은 어떤 역할을 할 수 있을까?
+ 코뿔소의 어떤 모습이 재미있어?
+ 코뿔소의 두툼한 몸집은 어떤 일을 하는 데 도움이 될까?
+ 코뿔소와 비슷한 느낌이 드는 동물이 있니?

만약에
말이야
+ 나에게 코뿔소를 사라고 하면 어떨 것 같아?
+ 나에게 코뿔소가 있다면 어떤 놀이를 하고 싶어?
+ 어떤 동물을 집에서 길러 보고 싶어?
+ 내가 따라해 보고 싶은 코뿔소의 모습이 있니?

 나도 궁금해요
엄마에게 마음껏 질문하는 시간을 가져 보아요.

 쌤의
한마디
유태인은 무에서 유를 만드는 유일한 것은 지식이라고 생각합니다. 지식은 누구에게도 도둑
맞지 않을 소중한 자산이므로 어려서부터 책 읽는 습관을 들이는 데 힘을 쓰고 학교에서는 질
문을 많이 하라고 강조합니다.

내가 고른 문장은?

엄마와 아이가 각자 책에서 마음에 드는 문장을 고르고 이유를 나눠 보세요.

 엄마

 아이

 함께하는 놀이

# 내가 좋아하는 동물

좋아하는 동물을 소개해 보아요.

**준비물** 동물 사진, 종이, 연필, 사인펜

❶ 좋아하는 동물 사진을 종이에 붙이고 이름을
   지어 주세요.

❷ 이름 붙인 동물의 성격, 좋아하는 것, 싫어하는
   것, 잘하는 것 등을 소개해 보세요.

TIP 다양한 동물 중 자신이 좋아하는 동물을 소개하고 특징과 생김새, 먹이,
배설물 등을 조사하고 소개해 보는 과정을 통해 탐구력과 관찰력을 키울 수
있습니다.

재미없는 교수님과 엉뚱 폭발 앵무새들의 숨바꼭질 놀이

# 앵무새 열 마리

퀀틴 블레이크 글 · 그림 | 장혜린 옮김 | 시공주니어

난이도 ★★☆

반복되는 일상이 지루해 탈출한 앵무새들과 앵무새 주인 뒤퐁 교수가 새들을 찾아다니는 이야기예요. 숨바꼭질을 하는 앵무새들을 보면서 아이는 자신이 했던 숨바꼭질 놀이를 생각하고 함께 즐거워할 수 있습니다. 뒤퐁 교수는 앵무새를 찾을 수 있을까요?

뒤퐁 교수님은 앵무새 열 마리를 키우고 있어요. 아침이 되면 벌떡 일어나 '늘 하던 대로' 준비를 하고 온실로 가서 앵무새들에게 이렇게 외칩니다. "안녕, 나의 멋진 깃털 친구들!" 똑같은 일상, 똑같은 대화가 지루해진 앵무새들은 깨진 유리창을 통해 모두 도망가 버려요. 교수님은 앵무새를 찾기 위해 부엌으로 가지만 찾지 못합니다. 침실에서도 목욕탕에서도 화장실에서도 다락방 안에서도 뒤퐁 교수님은 앵무새를 찾을 수 없어요. '진짜 없었을까요?'라는 문장이 페이지마다 나타나 그림 속에서 앵무새를 찾아보는 재미가 있지요. 앵무새를 세어 보면서 숫자와 친해질 수 있도록 구성한 것은 또 다른 흥밋거리랍니다. 톡톡 튀는 발상이 주는 재미와 유머로 그림책과 한층 더 가까워질 수 있습니다.

#숫자 #앵무새 #숨바꼭질

그림책으로 마음을 들여다보아요

**무엇이 보이니?**
+ 표지에 있는 앵무새는 몇 마리일까?
+ 앵무새를 본 적이 있니?
+ 앵무새의 특징은 뭘까?
+ 새와 함께 살면 어떤 일이 생길까?
+ 앵무새를 흉내 내어 볼까?

**왜 그렇게 생각하니?**
+ 교수님은 아침에 일어나서 무슨 일을 하지?
+ 앵무새들은 왜 도망갔을까?
+ 교수님은 앵무새를 찾기 위해 어디로 갔지?
+ 교수님은 왜 앵무새를 찾지 못했을까?
+ 앵무새는 어디에 숨어 있었지?

**만약에 말이야**
+ 앵무새가 있다면 어떤 놀이를 하고 싶어?
+ 앵무새에게 어울리는 노래가 있을까?
+ 내가 앵무새라면 교수님을 어떻게 놀래켜 줄까?
+ 우리 집에 앵무새가 100마리 있다면 어떨까?
+ 어느 부분이 제일 재미있었어?

 나도 궁금해요

엄마에게 마음껏 질문하는 시간을 가져 보아요.

 **쌤의 한마디**

낮을 많이 가리는 아이는 여유를 가지고 단계적으로 새로운 환경에 적응하도록 돕는 것이 중요합니다. 성격적, 기질적으로 쉽게 마음을 열지 못하는 아이에게 조급한 마음으로 재촉하면 아이는 압박감 때문에 더 소극적인 아이로 성장할 수 있습니다.

내가 고른 문장은?

엄마와 아이가 각자 책에서 마음에 드는 문장을 고르고 이유를 나눠 보세요.

함께하는 놀이

# 청기 올려! 백기 내려!

청기 백기 게임으로 집중력을 높여 보아요.

**준비물** 청기, 백기

① 청기와 백기를 양손에 하나씩 드세요.

② 깃발을 들지 않은 사람이 청기와 백기를 내리고
올리도록 명령합니다.

③ 깃발을 든 사람은 명령에 따라 빨리 깃발을
내렸다 올렸다 합니다.

TIP 앵무새처럼 다른 사람의 말을 따라 하는 동시에 지시를 정확하게 따르는
놀이는 집중력 향상에 도움을 줍니다.

BOOK
039

조지는 정말 아픈 걸까?

# 짖어봐 조지야

줄스 파이퍼 글·그림 | 조숙은 옮김 | 보림

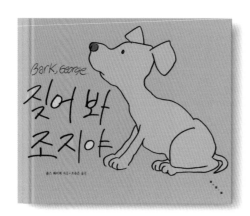

난이도 ★☆☆

강아지답게 짖지 않고 다른 동물들 소리를 내는 조지가 걱정스러운 엄마는 의사에게 조지를 데려갑니다. 의사는 조지의 몸 안에서 다른 소리를 내는 동물들을 꺼내는데요. 조지는 엄마의 바람대로 멍멍! 하고 짖을 수 있을까요?

조지는 귀엽고 활발한 강아지예요. 그런데 짖을 때 내는 소리가 여느 강아지와 달라요. 엄마는 조지에게 강아지는 '멍멍' 짖어야 한다고 친절하게 가르쳐 주지만 쉽게 고쳐지지 않자 조지를 의사 선생님에게 데리고 갑니다. 의사 선생님은 고양이 소리를 내는 조지의 목에 손을 넣고는 고양이를 꺼내요. 이렇게 오리, 돼지, 소를 차례로 꺼내고 엄마는 이 모든 광경을 옆에서 보고 있다가 고꾸라지고 말아요. 의사 선생님이 다시 짖어 보라고 했더니 조지가 드디어 멍멍 하고 짖습니다. 엄마는 기뻐하며 집으로 가는 길에 조지에게 짖어 보라고 합니다. 사람들 사이를 지나가던 조지에게서 엄마의 기대와는 달리 '안녕'이라는 소리가 나오네요. 강아지가 꼭 멍멍이라고 짖어야 할까? 하는 물음을 재치있게 풀어 나가는 책입니다.

#다름 #엉뚱함 #기발함

그림책으로 마음을 들여다보아요

무엇이
보이니?

+ 강아지가 나오는 그림책 중에 기억나는 것이 있어?

+ 조지의 표정이 어떤 것 같아?

+ 조지가 어떤 소리를 낼 것 같아?

+ 조지의 성격은 어떨 것 같아?

왜 그렇게
생각하니?

+ 조지 엄마가 조지에게 짖어 보라고 했을 때 조지는 어떤 소리를 냈지?

+ 조지 엄마는 조지를 어디로 데리고 갔어?

+ 의사 선생님은 조지를 어떻게 고쳐 주었지?

+ 조지가 치료받는 동안 엄마는 어떻게 되었지?

+ 조지가 사람들을 만나자 어떻게 인사했어?

만약에
말이야

+ 조지는 마지막 장면에서 왜 사람들에게 '안녕'이라고 짖었을까?

+ 조지에게 별명을 지어 준다면?

+ '안녕'이라고 인사하는 강아지가 내 옆에 있다면 어떨까?

 나도 궁금해요

엄마에게 마음껏 질문하는 시간을 가져 보아요.

 쌤의
한마디

기질은 선천적인 부분입니다. 아이가 자는 것, 먹는 것에 예민하다면 이것을 타고난 기질로 인정하고 감정적으로 대응하지 않도록 주의해야 합니다. 아이의 상황을 이성적으로 이해하고 예민함이 문제가 될 경우를 예측해 미연에 대비하는 것이 좋습니다.

**내가 고른 문장은?**

엄마와 아이가 각자 책에서 마음에 드는 문장을 고르고 이유를 나눠 보세요.

 **함께하는 놀이**

# 뿍뿍뿍! 내가 하고 싶은 말

뿍뿍이로 감정을 표현해 보세요.

**준비물** 뿍뿍이

❶ 조지가 화났을 때, 엄마를 부를 때, 간식을 달라고 할 때, 산책 나갔을 때 등등 조지의 상황을 말해 주세요.

❷ 아이는 뿍뿍이로 조지의 입장이 되어 마음을 표현합니다.

 **TIP** 다양한 재료를 이용해 소리를 만들고 듣는 활동은 청각적 민감성을 길러주고 다양한 소리를 구분하고 표현하는 능력을 높입니다.

BOOK
040

무엇이든 상상하는 만큼

# 파란 의자

클로드 부종 글 · 그림 | 최윤정 옮김 | 비룡소

난이도 ★☆☆

물건 하나로 어디까지 상상할 수 있을까요? 이 책은 온갖 상상력을 발휘해 사막 한가운데 있는 파란색 의자로 할 수 있는 모든 것을 해 보는 에스카르빌과 샤부도의 이야기예요. 아이들을 유연한 사고의 세계로 떠날 수 있게 해 주는 책이 될 거예요.

삭막한 사막을 걷고 있던 에스카르빌과 샤부도는 멀찌감치 보이는 푸르스름한 물체를 발견합니다. 파란 의자였죠. 그들은 의자를 보자마자 의자 밑으로 들어가 미소를 짓고 의자를 눕혀 경주용 자동차, 구급차, 헬리콥터, 비행기를 상상하지요. 그러고는 의자를 타고 물에 떠 있는 상상을 하며 상어 피하기 놀이를 합니다. 의자는 무엇이든 상상하는 대로 변신합니다. 의자 하나로 이렇게 많은 것을 상상할 수 있다니! 그런데 의자 놀이에 푹 빠져 있을 때 낙타가 등장해 의자는 앉기 위한 물건이라고 일침을 놓네요. 아이들이 상상의 나래를 펼치고 있을 때 제동을 거는 어른의 모습 같지 않나요? 또 다른 사물들은 아이들의 상상 속에서 어떤 모습으로 변신할 수 있을까? 기대하게 만드는 책입니다.

#상상 #의자 #시선

그림책으로 마음을 들여다보아요

**무엇이 보이니?**
+ 제목이 왜 '파란 의자'일까?
+ 표지에 보이는 두 동물은 무슨 생각을 하고 있는 걸까?
+ 제목을 다시 짓는다면 어떤 제목을 붙이고 싶어?

**왜 그렇게 생각하니?**
+ 에스카르빌과 샤부도는 사막에서 무엇을 발견했지?
+ 파란 의자를 보고 가장 먼저 한 일은 무엇이었을까?
+ 파란 의자는 무엇이 될 수 있다고 이야기했어?
+ 재미있게 의자로 놀고 있을 때 낙타가 나타나 뭐라고 했지?

**만약에 말이야**
+ 책에서 제일 재미있었던 부분이 어디야?
+ 나라면 파란 의자를 가지고 어떤 놀이를 했을까?
+ 내가 낙타라면 파란 의자를 보고 무슨 이야기를 했을 것 같아?
+ 상상력이 뭐라고 생각해?

 나도 궁금해요
엄마에게 마음껏 질문하는 시간을 가져 보아요.

 쌤의 한마디

탈무드에 이런 말이 있습니다. "모든 생물 중에서 인간만이 웃는다. 인간 중에서도 현명한 사람일수록 유머가 넘친다." 웃긴 이야기, 재미나는 이야기를 통해 아이들에게 유머 감각을 키워 주세요.

내가 고른 문장은?

엄마와 아이가 각자 책에서 마음에 드는 문장을 고르고 이유를 나눠 보세요.

함께하는 놀이

# 무엇이 될까?

물건의 다양한 모양을 생각해 보아요.

**준비물** 의자처럼 주위에서 흔히 볼 수 있는 사물

❶ 주변에 있는 사물 중 하나를 골라 보세요.

❷ 그 사물을 무엇으로 쓸 수 있을지 상상해 보세요.

　예. 컵은 모자, 마이크, 도깨비 뿔, 꼬리, 배 등
　다양한 것을 떠오르게 하죠.

TIP  원래 가지고 있는 용도 이외에 다른 용도를 상상해 보고 또 다른 물건과
결합했을 때 나타날 수 있는 변화를 상상해 보는 시간을 통해 창의력이
자랍니다.

# 내가 제일 좋아하는 주인공

이야기를 이끌어가는 주인공과 주변 인물을 소개하는 놀이입니다. 예를 들어 《방귀쟁이 며느리》에 나오는 며느리, 남편, 시아버지, 《짖어봐 조지야》의 조지와 엄마, 《도서관에 간 사자》의 사자, 관장님 등 자신이 좋아하는 캐릭터를 소개해 보아요. 이를 통해 가족 구성원의 성향과 기호를 알 수 있고 시각의 차이도 경험할 수 있어요. 또한 책 속 주인공을 입체감 있게 보는 능력도 생깁니다.

**준비물** 재밌게 읽은 책, 주인공을 그린 그림

**놀이 순서**

① 가족이 한 명씩 나와서 자신이 미리 뽑아 둔 책에 등장하는 캐릭터를 소개해요. 이때 캐릭터의 성격이나 모습, 행동을 수수께끼로 내면 놀이에 더 몰입할 수 있어요.

② 다른 가족이 캐릭터를 맞히면 소개한 이유에 대해서도 이야기해 주어요.

③ 가족 중 한 명은 화이트보드에 가족들이 말한 캐릭터를 적어 놓아요.

④ 우리 가족이 제일 많이 소개한 최고의 캐릭터 셋을 뽑아 보세요.

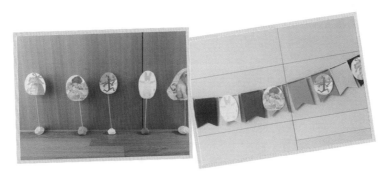

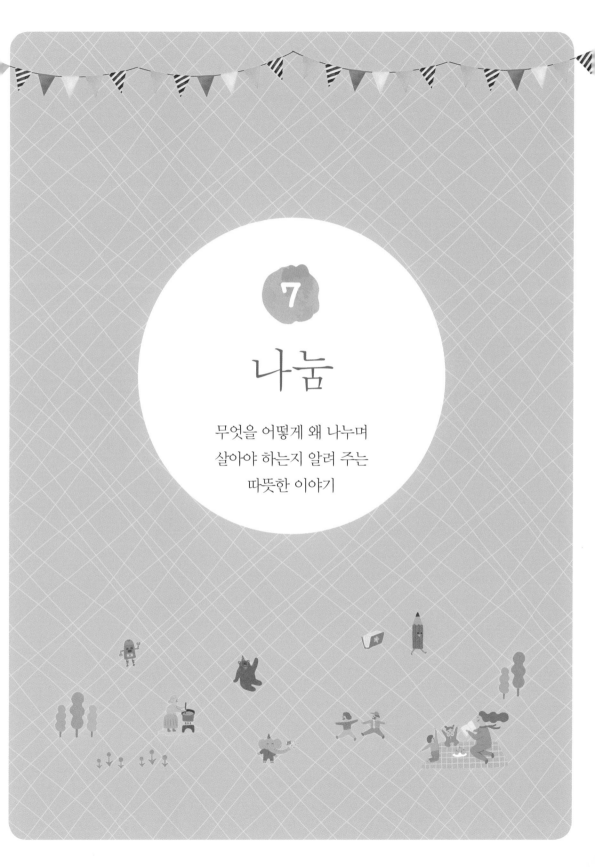

# 7

# 나눔

무엇을 어떻게 왜 나누며
살아야 하는지 알려 주는
따뜻한 이야기

BOOK
041

음식을 나누는 따뜻한 마음

# 텅 빈 냉장고

가에탕 도레뮈스 글·그림 | 박상은 옮김 | 한솔수북

난이도 ★★★

더불어 사는 것이 얼마나 풍요로운지 시각적으로 잘 표현한 책이에요. 집에 먹을 거라고는 비틀어진 당근 세 개가 전부인 거리의 악사 앙드레이 할아버지가 윗층에 사는 나빌 아저씨에게 가 보지만 나빌 아저씨에게도 달걀 두 개와 치즈 한 조각뿐입니다. 할아버지와 나빌 아저씨는 배를 채울 수 있을까요?

하루 종일 바쁘게 지낸 사람들은 먹을 것을 준비할 여유가 없었어요. 거리의 악사 앙드레이 할아버지에게도 말라빠진 당근 세 개밖에 없지요. 그래서 윗층으로 올라갑니다. 윗층에 사는 이웃 나빌 아저씨에게는 달걀 두 개와 치즈 한 조각이, 3층 산드로에게는 피망과 쪽파, 4층 아가씨네는 토마토 다섯 개, 5층 할머니는 버터와 우유, 밀가루를 가지고 있어요. 이 재료로 파이를 만들자는 할머니의 제안에 모두 신나게 파이를 만들기 시작해요. 함께 음식을 만들고 길거리로 나와 시끌벅적 음식을 나누어 먹습니다. 이때 앙드레이 할아버지는 잠에서 깨어났어요. 꿈을 꾼 것이지요. 식탁 위에는 말라빠진 당근 세 개만이 놓여 있네요. 떠날 채비를 하는 할아버지에게 나빌 아저씨의 목소리가 들려옵니다. "우리 같이 저녁 먹을까요?"

#함께 #이웃 #음식

 그림책으로 마음을 들여다보아요

<br>

**무엇이 보이니?**

✤ 표지 그림을 보면 무엇이 떠올라?

✤ 어떤 내용일 것 같아?

✤ 볼로냐 라가치상은 무슨 상일까?

✤ 제목이 주는 느낌은 어때?

<br>

**왜 그렇게 생각하니?**

✤ 아파트에 사는 사람들은 재료를 모아 어떻게 하기로 했지?

✤ 할아버지가 꿈이라는 것을 알고 떠나려 할 때 누가 찾아왔어?

✤ 할아버지는 어떤 저녁 식탁을 그리워하고 있지?

<br>

**만약에 말이야**

✤ 함께 음식을 만들면 어떤 기분이 들어?

✤ 혼자 먹을 때와 같이 먹을 때의 차이는 뭘까?

✤ 다른 사람에게 내가 힘이 될 수 있다는 생각을 해 본 적이 있어?

✤ 외롭다는 생각을 해 본 적이 있어?

✤ 내가 나눌 수 있는 것은 무엇이 있을까?

<br>

 나도 궁금해요

**엄마에게 마음껏 질문하는 시간을 가져 보아요.**

<br>

 **쌤의 한마디**

자녀와 함께 책을 읽으면서 느끼는 다양한 감정과 정서를 표현하고 나누는 시간은 아이가 자신의 감정을 좀 더 분명하게 이해하고 타인의 감정에 공감할 수 있도록 돕습니다. 또 생각한 것을 이야기하는 연습은 주도적인 독서에 도움을 줍니다.

**내가 고른 문장은?**

엄마와 아이가 각자 책에서 마음에 드는 문장을 고르고 이유를 나눠 보세요.

# 우리 집 냉장고엔 뭐가 있을까?

함께 나눠 먹을 만한 음식을 찾아보아요.

**준비물** 냉장고

① 앙드레이 할아버지가 우리 집에 찾아온다면
무엇을 나누어 주면 좋을까 생각해 봅니다.

② 냉장고를 열어 나누어 먹을 수 있는 재료를
찾아보고 개수도 세어 보아요.

③ 제일 많은 것과 제일 적은 것, 다른 사람들이
제일 좋아할 만한 것들을 찾아보아요.

TIP 다양한 식재료의 생김새와 촉감, 냄새, 소리 등을 경험하고 개수를 세어
보는 활동은 아이가 오감을 활용하고 수에 대한 개념을 키울 수 있게
도와줍니다.

같이 산다는 것의 가치

# BOOK 042

# 거인 아저씨 배꼽은 귤 배꼽이래요

후카미 하루오 글·그림 | 이영준 옮김 | 한림출판사

난이도 ★★☆

배꼽이 없는 걸 항상 아쉬워하는 거인 아저씨가 귤로 배꼽을 만들면서 일어나는 이야기예요. 귤을 좋아하는 아저씨에게 먹히기 싫었던 귤 하나가 아저씨의 배꼽이 되어 드릴 테니 먹지 말아 달라고 부탁을 하는데요. 귤은 거인 아저씨의 배꼽이 될 수 있을까요?

귤을 좋아해서 겨울 내내 귤을 까먹는 거인 아저씨는 배꼽이 없어 늘 아쉬웠어요. 그러던 중 귤 하나가 자신이 아저씨의 배꼽이 되겠으니 먹지 말아 달라고 합니다. 그런데 아저씨의 배꼽이 된 귤은 여기저기 자꾸 부딪혀서 배꼽 노릇을 하기 싫어져 도망을 칩니다. 도망치는 귤과 귤을 잡으러 다니는 거인 아저씨의 엉뚱한 모습에 웃음이 절로 납니다. 쫓기던 귤은 귤나무가 될 꿈을 꾸고 귤나무에게 귤나무가 되는 방법을 묻습니다. 귤나무가 되려면 씨가 되어 땅에 뿌려지면 된다는 답을 들은 귤은 아저씨에게 자신을 먹고 씨를 흙에 심어 달라고 합니다. 그러면 매일 귤을 먹을 수 있다고요. 과연 귤의 꿈은 이루어졌을까요?

#도움 #공생 #배려

그림책으로 마음을 들여다보아요

| 무엇이<br>보이니? | + 거인 아저씨는 어떤 기분인 것 같아?<br>+ 귤을 배꼽으로 삼으면 어떨 것 같아?<br>+ 거인 아저씨는 왜 귤을 배에 붙이려고 했을까? |
|---|---|
| 왜 그렇게<br>생각하니? | + 귤은 왜 거인 아저씨 배꼽이 되기 싫었을까?<br>+ 귤은 어디로 도망갔지?<br>+ 귤을 도와준 친구는 누구였어?<br>+ 귤은 무엇이 되고 싶었지?<br>+ 귤은 아저씨를 위해 어떻게 했지? |
| 만약에<br>말이야 | + 내가 거인 아저씨라면 무엇으로 배꼽을 만들어 보고 싶어?<br>+ 귤은 왜 귤나무가 되고 싶었을까?<br>+ 거인 아저씨에게 하고 싶은 말이 있다면? |

 나도 궁금해요

엄마에게 마음껏 질문하는 시간을 가져 보아요.

 쌤의
한마디

소근육 발달에 도움이 되는 집안일이 많습니다. 빨래 개기, 자기가 먹은 수저 씻기, 바닥
에 떨어진 휴지나 머리카락 줍기, 식사 전 숟가락 젓가락 놓기, 신발 빨기 같은 활동은 자
립심을 키우는 데도 도움이 됩니다.

내가 고른 문장은?

엄마와 아이가 각자 책에서 마음에 드는 문장을 고르고 이유를 나눠 보세요.

함께하는 놀이

# 귤 옮기기

귤을 옮겨 보아요.

**준비물** 귤, 접시, 숟가락, 젓가락, 국자

① 귤을 올릴 도구를 각자 준비하세요.

② 한 사람의 도구에 먼저 귤을 올리세요.

③ 다른 사람이 갖고 있는 도구에 귤을 떨어뜨리지 않고 옮겨 보세요.

TIP  무언가를 떨어뜨리지 않고 옮기는 활동은 소근육 발달에 좋습니다. 또한 자신이 어느 정도 양을 옮길 수 있을지를 미리 가늠하고 행동에 옮기는 과정에서 메타 인지가 활성화됩니다.

소중한 것을 나누는 삶

# 고라니 텃밭

김병하 글 · 그림 | 사계절

난이도 ★★☆

김씨 아저씨는 가족을 위해 텃밭을 열심히 가꿉니다. 그런데 밤이 되면 고라니가 와서 심어 놓은 상추와 쑥갓을 먹어 치워 애써 가꾼 텃밭이 엉망이 되고 마네요. 과연 아저씨는 고라니에게서 텃밭을 안전하게 지킬 수 있을까요?

화가 김씨 아저씨는 시골에 작업실을 마련하면서 텃밭 농사를 시작했어요. 텃밭에는 가족이 좋아하는 것들을 심었어요. 힘은 들지만 수확할 날을 기대하며 열심히 텃밭을 가꿉니다. 그런데 이게 웬일일까요? 밤사이 고라니가 와서 먹어 버린 거예요. 아저씨는 텃밭에 울타리와 허수아비를 세워 두지만 그것도 소용이 없자 화가 많이 나서 새총을 가지고 나가 고라니를 기다립니다. 드디어 나타난 고라니를 향해 새총을 당기는 순간! 아저씨는 놀라 새총을 내려놓을 수밖에 없었어요. 어미 고라니와 새끼 고라니들이 함께 있어서 차마 새총을 쏠 수 없었던 거죠. 결국 아저씨는 텃밭을 둘로 나누어 고라니에게 반을 내어 줍니다. 제목이 왜 아저씨의 텃밭이 아니라 고라니 텃밭인지 이해가 되네요.

#나눔 #생명 #동물보호

그림책으로 마음을 들여다보아요

무엇이
보이니?
+ 고라니를 본 적이 있니?
+ 고라니는 무엇을 물고 있어?
+ 고라니는 누구를 보고 있어? 어떤 표정인 것 같아?
+ 아저씨의 표정을 보니 어떤 상황인 것 같아?

왜 그렇게
생각하니?
+ 김씨 아저씨는 텃밭에 어떤 채소를 심었을까?
+ 아저씨는 왜 채소를 심은 다음 날 화가 났을까?
+ 김씨 아저씨는 채소밭이 엉망이 된 것을 보고 어떻게 했지?
+ 고라니 가족을 보고 김씨 아저씨는 텃밭을 어떻게 만들었어?

만약에
말이야
+ 고라니가 채소를 먹었다는 것을 알고 울타리를 만든
  아저씨의 마음은 어땠을까?
+ 아저씨는 고라니 가족을 보고 무슨 생각을 했을까?
+ 나에게 소중한 것을 다른 사람이나 생명에게 나누어 본 적이 있니?

 나도 궁금해요

엄마에게 마음껏 질문하는 시간을 가져 보아요.

 쌤의
한마디

동물도 하나의 귀한 생명이라는 사실을 알 수 있도록 반복해서 이야기해 주세요. 생명을
존중하는 태도와 약한 동물을 돕고 보살피려는 마음을 가진 후에야 반려동물과도 잘 교감
할 수 있습니다.

### 내가 고른 문장은?

엄마와 아이가 각자 책에서 마음에 드는 문장을 고르고 이유를 나눠 보세요.

**함께하는 놀이**

# 나의 작은 텃밭

상추를 심어 보아요.

**준비물** 상추 모종, 흙

❶ 준비한 상추 모종을 흙에 심으세요.
 (화분이나 텃밭이 없다면 스티로폼이나
 페트병을 재활용해도 좋습니다.)

❷ 상추가 자라는 모습을 매일 사진으로
 찍어 관찰해 보세요.

**TIP** 식물의 성장에 대한 이해와 함께 자신의 노력이 어떤 결과를 가져오는지
확인함으로써 성취감을 느낄 수 있습니다.

BOOK
**044**

배려와 온기로 가득한 곳

# 세상에서 가장 맛있는 자장면

이철환 글 | 장호 그림 | 주니어RHK

난이도 ★★★

눈 오는 겨울 밤, 자장면집을 찾은 삼 남매에게 자장면과 탕수육을 만들어 주는 주인 아주머니의 훈훈한 이야기를 담은 책이에요. 삼 남매가 자장면을 두 그릇 시킵니다. 큰 누나는 배가 아프다며 자기 것은 시키지 않는데요. 남매는 배부르게 자장면을 먹을 수 있을까요?

눈이 펑펑 내리는 배경에 서로 다른 표정의 삼 남매. 벙긋벙긋 함박웃음을 짓고 있는 막내, 수줍게 얼굴을 가리고 웃는 둘째, 걱정스러운 표정으로 조심스럽게 문을 잡고 있는 첫째의 얼굴에서 그 사연이 궁금해집니다. 삼 남매는 자장면을 먹으러 식당으로 들어가요. 첫째가 자장면 두 그릇을 주문하고 동생들에게는 배가 아파서 못 먹는다고 말하죠. 이 모습을 보고 있던 주인아주머니는 아이들에게 다가와 자신을 엄마 친구라고 소개하며 반갑다며 음식을 그냥 주어요. 사실 아주머니는 아이들을 알지 못했지만, 부모가 없다고 동정하듯 음식을 주면 아이들이 마음 상할까 봐 아이들의 대화를 듣고 이름을 알아내 알은체한 것이었죠. 주인아주머니의 남다른 배려가 오래도록 마음에 남는 책이에요.

#배려 #나눔 #자장면

그림책으로 마음을 들여다보아요

<table>
<tr><td>

무엇이
보이니?

</td><td>

✦ 표지 그림을 보니 어느 계절인 것 같아?

✦ 세상에서 가장 맛있는 음식이 뭐라고 생각해?

✦ 아이들은 지금 어떤 기분인 것 같아?

✦ 세 명의 아이들은 어떤 관계일까?

</td></tr>
<tr><td>

왜 그렇게
생각하니?

</td><td>

✦ 첫째는 왜 자장면을 두 그릇만 주문했을까?

✦ 주인아주머니는 아이들에게 왜 자장면을 그냥 주었을까?

✦ 주인아주머니가 자신을 엄마 친구라고 말한 이유가 뭘까?

✦ 아이들은 주인아주머니에게 어떤 마음을 가졌을까?

</td></tr>
<tr><td>

만약에
말이야

</td><td>

✦ 내가 주인이라면 아이들에게 어떻게 했을까?

✦ 나는 어떤 나눔을 한 적이 있어?

✦ 왜 나누면서 살아야 할까?

✦ 주인아주머니에게 어떤 점을 배울 수 있을까?

✦ 누군가 나에게 친절을 베풀었을 때 나는 어떻게 해?

</td></tr>
</table>

 나도 궁금해요

 엄마에게 마음껏 질문하는 시간을 가져 보아요.

---

쌤의
한마디

책을 좋아하는 아이로 키우려면 아이의 흥미와 관심거리를 관찰한 후 아이가 흥미로워하
는 분야의 책을 보여 주세요. 그리고 가능하다면 하루에 한 권이라도 부모의 목소리로 책
을 읽어 주세요.

---

내가 고른 문장은?

엄마와 아이가 각자 책에서 마음에 드는 문장을 고르고 이유를 나눠 보세요.

 엄마

 아이

 **함께하는 놀이**

# 반짝이는 문장 만들기

책에 있는 단어로 다른 문장을 만들어 보아요.

**준비물** 《세상에서 가장 맛있는 자장면》 그림책, 종이, 연필, 가위

❶ 책에 있는 문장 중 마음에 드는 문장들을 고르세요.

❷ 고른 문장을 종이에 쓴 후, 어구 단위로 잘라 섞으세요.

❸ 섞은 종이들을 모아 똑같은 문장 혹은 완전히 새로운
문장으로 만들어 보세요.

TIP 마음에 와 닿았던 문장을 한 번 더 읽고 기억해 보는 활동은 문학적 감수성을
높이고 더 나아가 책을 즐기는 독자로 이끌어 주는 원동력이 됩니다.

BOOK
045

음식 나누는 기쁨

# 할머니의 식탁

오게 모라 글 · 그림 l 김영선 옮김 l 위즈덤하우스

난이도 ★★☆

할머니가 토마토 스튜를 끓이는 냄새에 이끌려 이웃들이 하나둘 찾아옵니다. 할머니는 찾아온 사람들에게 스튜를 기꺼이 나누어 주는데요. 나눠 주다 보니 할머니가 먹을 스튜가 없네요. 할머니는 무엇으로 허기를 채울까요?

오무 할머니는 커다란 냄비 가득 걸쭉한 토마토 스튜를 끓입니다. 맛있는 냄새가 온 동네에 퍼졌는지 냄새에 이끌려 사람들이 할머니를 찾아옵니다. 꼬마 친구가 제일 먼저 찾아와 스튜를 한 그릇 얻어가고 그 뒤로 경찰관, 핫도그 장수 아저씨를 비롯해 다양한 직업을 가진 이웃들이 찾아와요. 그들 모두에게 한 그릇씩 나누어 주다 보니 커다란 냄비가 텅 비어 버렸네요. 난처한 할머니의 표정 뒤로 문 두드리는 소리가 들립니다. 누구일까요? 스튜를 얻어먹은 이웃들이 각자 준비한 음식을 가지고 다시 와서 함께 풍성한 저녁 식탁을 나눕니다. 스튜가 줄어드는 것을 보고 걱정했던 아이들이 책장을 덮으면서 안도와 나눔의 기쁨을 함께 느낄 수 있는 책입니다.

#할머니 #나눔 #식탁

그림책으로 마음을 들여다보아요

무엇이
보이니?

+ 할머니의 표정이 어떤 것 같아?
+ 할머니는 어느 나라 사람 같니?
+ 그림에서 어떤 냄새가 날 것 같아?
+ 할머니가 어떤 음식을 만들고 있으면 좋겠어?
+ 우리 할머니가 만든 음식 중에 어떤 음식이 제일 맛있어?

왜 그렇게
생각하니?

+ 할머니 집에 왜 이웃들이 찾아왔을까?
+ 할머니는 이웃들을 어떻게 대해 주었지?
+ 이웃들이 다시 할머니를 찾아왔을 때 할머니는 어떻게 했지?
+ 이웃들은 무엇을 준비해 왔을까?

만약에
말이야

+ 내가 가진 것 중에 나눌 수 있는 것은 무엇일까?
+ 내가 할머니라면 스튜를 모두 나누어 주었을까?
+ 내가 싫어하는 사람이 와서 무언가 나누어 달라고 하면 어떻게 할까?
+ 얻어 먹기만 하고 자기 것은 나눠 주지 않는 이웃이 와서 스튜를 달라고
  하면 어떨까?

 나도 궁금해요
 엄마에게 마음껏 질문하는 시간을 가져 보아요.

쌤의
한마디

양육자가 먼저 자신의 자존감이 건강하게 서 있는지 확인하고 점검해 보세요. 자신에
대해 긍정적으로 생각하는 연습을 하고 부족한 점에 대해서는 있는 그대로 인정하고 받아
들이는 태도가 필요합니다.

내가 고른 문장은?

엄마와 아이가 각자 책에서 마음에 드는 문장을 고르고 이유를 나눠 보세요.

함께하는 놀이

# 할머니 이름으로 삼행시

할머니의 성함을 기억해 보아요.

**준비물** 종이, 연필, 색연필

① 친할머니, 외할머니의 이름을 씁니다. (이름에 담긴 의미도 알면 좋겠죠?)

② 이름이 익숙해지면 삼행시를 지어 보세요.

③ 삼행시가 담긴 종이를 이쁘게 꾸며 선물해 보세요.
(할머니 대신 할아버지로 바꾸어 진행해도 좋습니다.)

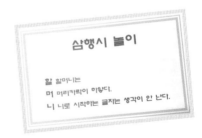

삼행시 놀이

할 할머니는
머 머리카락이 이쁘다.
니 니로 시작하는 글자는 생각이 안 난다.

TIP

삼행시 짓기는 아이들이 매우 좋아하고 재미있어 하는 언어활동 중 하나입니다. 제한과 정답이 없는 활동은 창의성, 다양성, 융통성, 표현력을 기르며 이와 함께 자신감을 높여 줍니다.

BOOK
**046**

추억이 담긴 옷

# 빨간 줄무늬 바지

채인선 글 | 이진아 그림 | 보림

난이도 ★★☆

일곱 살 해빈의 빨간 줄무늬 바지가 작아지자 동생 해수가 바지를 물려 입습니다. 그 이후로도 빨간 줄무늬 바지는 모양을 바꾸어 가며 여행하듯 여러 아이들이 입게 되는데요. 빨간 줄무늬 바지의 마지막 주인은 누가 될까요?

아이를 키워 보니, 철마다 훌쩍 크는 아이에게 꼭 맞는 옷 사다 입히는 일이 생각보다 신경이 많이 쓰이더군요. 물론 돈도 많이 들고요. 그래서인지 부모님은 맏이인 제 옷을 동생들에게 모두 물려 입히셨어요. 형제가 많은 집안에서 옷을 물려 입는 일은 당연한 일이었지요. 빨간 줄무늬 바지는 해빈이 엄마가 동대문 시장에서 산 옷이에요. 해빈이 엄마는 빨간 줄무늬 바지를 해빈이에게 작아질 때까지 입히다가 동생 해수, 다음에는 사촌동생 현민, 해수 친구 남동생 종익이에게 물려주지요. 그리고 빨간 줄무늬 바지는 해빈이가 어른이 되어 낳은 봄이라는 딸에게 돌아옵니다. 심스 태백의 《요셉의 작고 낡은 오버코트가…?》(베틀북)를 함께 읽어도 좋겠어요.

#물려_입기 #재활용 #절약

그림책으로 마음을 들여다보아요

무엇이
보이니?

✦ 표지에 나온 바지는 몇 살 정도 아이가 입으면 맞을 것 같아?

✦ 나에게도 비슷한 옷이 있니?

✦ 바지를 만져 보면 어떤 느낌일 것 같아?

✦ 빨간 줄무늬 바지만 색을 칠하고 나머지 옷은 흑백으로 연하게 표현한 이유가 있을까?

왜 그렇게
생각하니?

✦ 엄마는 누구를 위해 바지를 샀지?

✦ 해빈이에게 작아진 바지는 누구에게 갔지?

✦ 왜 해빈이 엄마는 빨간 줄무늬 바지를 다른 사람에게 주었을까?

✦ 바지가 해빈이의 딸 봄이에게 다시 돌아왔을 때 해빈이는 어떤 기분이 들었을까?

만약에
말이야

✦ 옷을 물려주거나 물려 입어 본 적이 있니?

✦ 그럴 때 어떤 기분이 들어?

✦ 왜 옷을 물려줄까?

✦ 평소에 다른 사람에게 나의 것을 나누어 본 적이 있니?

✦ 왜 바지 물려 입는 이야기를 그림책으로 만들었을까?

 나도 궁금해요

엄마에게 마음껏 질문하는 시간을 가져 보아요.

 쌤의
한마디

아이가 돈의 의미를 알아가는 시기가 되면 합리적이고 규모 있는 소비에 대해 알려 주어야 합니다. 저축을 해야 한다는 것요. 용돈을 어떻게 관리해야 할지 이야기 나누어 보고 아이 명의의 통장을 만들어 어릴 때부터 저축하는 습관을 길러 주는 것이 좋습니다.

내가 고른 문장은?

엄마와 아이가 각자 책에서 마음에 드는 문장을 고르고 이유를 나눠 보세요.

 엄마

 아이

 함께하는 놀이

# 빨간 줄무늬 바지는 어디로?

뒤에 이어질 이야기를 만들어 보아요.

준비물 종이, 연필, 색연필

① 지금까지 빨간 줄무늬 바지가 어떻게 옮겨 갔는지 기억을 더듬어 봅니다.

② 또 누구에게 가서 어떤 일이 생길지, 옷이 닳으면 어떻게 할지 등 상상력을 발휘해 그림도 그리고 글도 써 봅니다.

 TIP

되돌아온 빨간 줄무늬 바지는 이제 어디로 갈까요? 정답이 없는 이야기 짓기 활동은 언어에 대한 자신감, 상상력, 창의력을 높입니다.

BOOK
**047**
작은 나눔이 큰 따뜻함으로
# 감자 이웃

김윤이 글 · 그림 | 고래이야기

난이도 ★★☆

할아버지는 텃밭에서 키운 감자를 아파트 이웃들에게 나눠 줍니다. 그 날 저녁 감자를 받은 이웃들은 온기와 정성으로 맛 좋은 음식을 만들고 약속이라도 한 듯 할아버지에게 음식을 건넵니다. 할아버지의 작은 나눔이 아파트 전체 온도를 바꾸었네요.

감자 이웃? 무슨 의미일까 제목에서 궁금증이 팡팡 솟아요. 103호 할아버지는 아파트 앞 텃밭에 감자를 심어 키우고 있어요. 가을이 되어 감자 수확을 한 할아버지는 아랫집 윗집 옆집 벨을 누르며 감자를 나누어 줍니다. 토실토실 여문 햇감자를 받아 든 이웃들은 낯설어 하다가 곧 소박한 미소를 건네며 감사 인사를 해요. 감자는 닭볶음탕, 감자전, 구운 감자, 감자조림, 카레 등 각 가정의 손맛과 이야기가 담긴 맛 좋은 음식으로 다시 태어납니다. 이웃 덕분에 할아버지의 저녁 식탁 또한 푸짐해진 감자 이웃 이야기입니다. 이웃을 생각하고 나누는 할아버지의 아름다운 마음이 아파트 엘리베이터와 현관의 모습까지 바꾸었네요.

#이웃 #나눔 #온기

그림책으로 마음을 들여다보아요

**무엇이 보이니?**

+ 감자로 만든 음식 중 좋아하는 요리가 있니?
+ 이웃이란 무슨 뜻일까?
+ 표지 그림을 보면 사람들이 무엇을 하고 있는 것 같아?
+ 왜 감자를 표지 한가운데 놓았을까?

**왜 그렇게 생각하니?**

+ 103호 할아버지는 수확한 햇감자를 어떻게 했어?
+ 할아버지는 왜 감자를 이웃에게 나누어 주었지?
+ 감자를 받은 이웃들은 어떻게 했지?
+ 아파트 주민들에게 어떤 변화가 생겼지?

**만약에 말이야**

+ 내가 가진 것을 나누면 어떤 일이 생길까?
+ 주변 이웃과 친구에게 나눠 주고 싶은 것이 있니?
+ 할아버지에게 감자를 받았다면 어땠을 것 같아?
+ 103호 할아버지와 비슷한 사람을 알고 있니?
+ 어떻게 하면 주변 이웃과 따뜻한 관계를 맺을 수 있을까?

 나도 궁금해요

**엄마에게 마음껏 질문하는 시간을 가져 보아요.**

 **쌤의 한마디**

편식을 지금 당장 극복해야 하는 일로 생각하면 참 답답하고 어려워집니다. 먹기 싫어하는 아이에게 억지로 먹이는 일은 까싸움으로 쉽게 번지지요. 쉽지는 않지만 언젠가 바뀔 수 있는 문제라고 생각하고 천천히 개선해 가도록 해요.

내가 고른 문장은?

엄마와 아이가 각자 책에서 마음에 드는 문장을 고르고 이유를 나눠 보세요.

함께하는 놀이

# 소리 만들기

채소에서 어떤 다양한 소리가 나는지 잘 들어 보아요.

**준비물** 다양한 채소, 녹음기

① 감자, 고구마, 오이, 당근, 양배추, 무 같은
   채소를 잘라 준비합니다.

② 준비한 채소를 씹으면서 녹음합니다.

③ 녹음한 것을 들으며 어떤 채소를 씹을 때 난
   소리였는지 맞혀 봅니다.

TIP  소리의 차이를 구별하고 표현하면서 집중력과 표현력을 기를 수 있고,
다양한 식재료에 대한 관심도 높일 수 있습니다.

BOOK
048

나만의 친구, 장수탕 선녀님과 즐거운 시간

# 장수탕 선녀님

백희나 글 · 그림 | 책읽는곰

난이도 ★★☆

낡은 목욕탕에 간 덕지에게 선녀님이 나타나 생긴 일을 담은 이야기예요. 온전히 덕지에게 집중해서 함께 놀아 주는 선녀님에게 고마워서 덕지는 요구르트를 드립니다. 그런데 냉탕에서 열심히 논 덕분에 감기에 걸리고 마는데요. 덕지의 감기는 금방 나을까요?

《구름빵》 저자 백희나 작가의 그림책이에요. 선녀님의 표정, 덕지 엄마의 무심한 표정, 덕지의 시퍼런 콧물에서 눈길을 떼기 어려울 거예요. 배경은 아주 오래된 동네 목욕탕이에요. 덕지라는 여자 아이가 냉탕에서 신나게 헤엄치며 놀고 있는데 이상한 할머니가 나타나요. 자신을 선녀라고 소개하는 할머니와 덕지는 냉탕에서 재미있게 놀기 시작합니다. 폭포수 아래서 버티기, 바가지 타고 물장구치기, 탕 속에서 숨 참기. 덕지는 선녀님에게 자기 몫의 요구르트를 기꺼이 드립니다. 덕지는 그날 밤 밤새 열이 나 끙끙 앓고 말아요. 그런데 꿈에 선녀 할머니가 나타나 거짓말처럼 덕지의 감기를 싹 낫게 해 줍니다. 목욕탕에 선녀님이? 아이들의 상상 속 세계에서는 충분히 가능한 일이죠.

#선녀 #상상 #보답

그림책으로 마음을 들여다보아요

무엇이
보이니?

+ 할머니 표정을 보니 기분이 어떤 것 같아?
+ 선녀가 나오는 그림책이나 이야기를 알고 있니?
+ 표지 그림은 어떻게 만든 것 같아?
+ 선녀님이 있는 곳은 어디인 것 같아?

왜 그렇게
생각하니?

+ 덕지는 장수탕 가는 것을 왜 좋아해?
+ 냉탕에서 누구를 만났지?
+ 선녀 할머니와 뭐 하면서 놀았지?
+ 덕지는 선녀 할머니에게 무엇을 드렸지?
+ 밤에 덕지에게 무슨 일이 일어났지?

만약에
말이야

+ 덕지처럼 내가 가진 것을 다른 사람에게 양보해 본 적이 있니?
+ 선녀 할머니와 덕지는 서로를 어떻게 생각할까?
+ 목욕탕에서 선녀 할머니를 만난다면 뭘 하면서 놀고 싶어?

 나도 궁금해요

엄마에게 마음껏 질문하는 시간을 가져 보아요.

 쌤의
한마디

보상을 할 때는 외적 보상이 아닌 목표 달성을 위한 행위 자체가 갖고 있는 의미를 파악
하고 동기부여가 될 수 있도록 해야 합니다. 결과보다는 과정에 중점을 둔 보상을 함으로
써 결과에 연연하지 않고 자신의 노력과 과정을 즐기고 자기 주도력을 형성할 수 있도록 도
와주세요.

내가 고른 문장은?

엄마와 아이가 각자 책에서 마음에 드는 문장을 고르고 이유를 나눠 보세요.

 함께하는 놀이

# 요구르트 병의 변신

다 마신 요구르트 병으로 무엇을 만들까?

**준비물** 요구르트 병, 셀로판 테이프, 접착제 등

❶ 깨끗이 씻은 빈 요구르트 병으로 무엇을 만들 수
있을지 생각해 봅니다.

❷ 나비, 자동차, 비행기, 배 등 만들고 싶은 모양을
마음껏 만들어 봅니다.

**TIP** 이 활동으로 생각을 입히면 얼마든지 다양하고 창의적인 작품이 가능함을
경험하는 동시에 융합과 통합의 개념을 이해하게 됩니다. 또한 주변에서
쉽게 볼 수 있는 재활용품에 대해 생각해 보는 계기로 삼을 수 있습니다.

BOOK
049

케이크 만들기 대소동이 남긴 것들

# 모두를 위한 케이크

다비드 칼리 글 | 마리아 덱 그림 | 정화진 옮김 | 미디어창비

난이도 ★★☆

오믈렛이 먹고 싶은 생쥐가 달걀을 찾아 나서면서 생긴 일을 담은 책이에요. 동물 친구들은 각자 가진 재료를 모아 케이크를 완성합니다. 이제 먹을 일만 남았는데, 생각해 보니 생쥐는 아무 재료도 보태지 않았네요. 생쥐도 케이크를 먹을 수 있을까요?

생쥐는 오믈렛이 먹고 싶었어요. 그래서 가장 중요한 재료인 달걀을 빌리러 이웃에 사는 지빠귀를 찾아가 묻지요. "혹시 달걀 있니?" 달걀은 없지만 밀가루는 가지고 있는 지빠귀는 생쥐와 의논해 케이크를 만들기로 해요. 밀가루, 버터, 설탕, 사과, 계피, 건포도 그리고 마침내 달걀 한 개를 구하는 데 성공한 생쥐와 친구들은 케이크를 만들어요. 폭신폭신한 케이크를 만들었으니 이제 나눠 먹을 차례! 어떻게 나누어야 할까요? 아무것도 내놓지 않은 생쥐에게도 나누어 주어야 할까요? 하지만 생쥐가 달걀이 있냐고 묻지 않았다면 케이크를 만들 수 있었을까요? 친구들은 고민 끝에 모두 함께 나누어 먹자는 결론을 내립니다. 모두가 행복한, 나눔에 대해 생각해 볼 수 있는 책이에요.

#공평 #나눔 #협동

그림책으로 마음을 들여다보아요

무엇이
보이니?

+ 생쥐는 무엇을 하고 있는 것 같아?

+ 쥐가 나오는 다른 그림책을 알고 있니?

+ 케이크는 주로 언제 먹지?

+ 내가 좋아하는 케이크를 말해 볼까?

왜 그렇게
생각하니?

+ 생쥐는 무엇이 먹고 싶었지?

+ 생쥐와 친구들은 어떤 재료들을 얻었지?

+ 케이크를 어떻게 나누어 먹었지?

+ 동물 친구들은 왜 생쥐에게도 케이크를 나누어 주기로 했을까?

만약에
말이야

+ 생쥐에게 케이크를 나누어 주지 않았다면 어땠을까?

+ 이후 생쥐와 친구들은 어떻게 되었을까?

+ 이 책과 비슷한 그림책을 알고 있니? 어떤 내용이니?

+ 공평이 뭘까?

 나도 궁금해요

엄마에게 마음껏 질문하는 시간을 가져 보아요.

 쌤의
한마디

창의력의 기초는 관찰입니다. 새로운 아이디어를 만들어 내려면 대상이 갖고 있는 특징에
대한 정보부터 살펴야 하기 때문이죠. 관찰력을 높이기 위해서 관심 있는 대상을 지속적
으로 살필 수 있어야 합니다.

내가 고른 문장은?

엄마와 아이가 각자 책에서 마음에 드는 문장을 고르고 이유를 나눠 보세요.

 함께하는 놀이

## 케이크 디자이너

상자로 내가 원하는 케이크를 만들어 보아요.

**준비물** 다양한 크기의 상자, 상자를 꾸밀 종이와 색칠 도구, 풀

❶ 케이크를 꾸밀 다양한 도구(색연필, 사인펜, 반짝이 풀, 색종이 등)를 준비하고 자유롭게 꾸며 봅니다.

❷ 다양한 크기의 상자에 장식을 붙입니다.

❸ 박스를 크기 순서대로 쌓아 케이크를 완성합니다.

 TIP 상자가 원래 용도 이외에 다양한 용도와 다양한 형태로 변형될 수 있음을 경험할 수 있습니다.

BOOK
**50**

하찮아 보이지만 꼭 필요한 일

# 마더 테레사

이사벨 산체스 베가라 글 | 나타샤 로젠베르크 그림 | 박소연 옮김 | 달리

난이도 ★★★

나눔, 헌신, 봉사의 대명사라고 할 수 있는 마더 테레사 수녀의 이야기입니다. 평생 도움이 필요한 사람을 위해 살았던 테레사 수녀의 감동적인 이야기를 통해 작은 마음도 큰 사랑의 힘을 발휘할 수 있음을 깨닫게 될 거예요.

아그네스는 어린 시절부터 다른 사람을 잘 돕는 따뜻한 아이였어요. 아그네스의 부모님은 불쌍하고 가난한 사람들을 돕는 분들이었고 아그네스에게도 늘 다른 사람을 도와야 한다고 가르쳤지요. 아그네스는 인도에서 온 신부님을 통해 자기가 하고 싶은 일이 무언지 깨닫게 되었어요. 수녀가 된 아그네스는 '테레사'로 세례명을 짓고 인도로 갔어요. 처음에는 학교에서 아이들을 가르치다 직접 거리로 나가 죽어가는 사람들을 돌보며 사랑을 실천하기 시작해요. 종교가 다른 인도 힌두교인들은 그녀에게 선입견을 가지고 거리를 두지만 그녀의 변함없는 희생과 실천은 사람들의 마음을 감동시켰어요.

#봉사 #실천 #희생

그림책으로 마음을 들여다보아요

**무엇이 보이니?**
+ 마더 테레사라는 이름을 들어 본 적이 있니?
+ 어떤 일을 한 사람인 것 같아?
+ 수녀는 어떤 종교와 관련이 있을까?

**왜 그렇게 생각하니?**
+ 아그네스는 어렸을 때 어떤 특징이 있었지?
+ 아그네스의 부모님은 어떤 분이셨어?
+ 아그네스는 인도로 가서 어떤 일을 했지?
+ 인도인들이 아그네스를 밀어낼 때 아그네스는 어떻게 했지?

**만약에 말이야**
+ 나도 누군가를 도와본 적이 있니?
+ 나를 희생한다는 건 어떤 걸까?
+ 자신의 몸을 희생하고 다른 사람을 위해 나눔을 실천한 또 다른 사람을 알고 있니?

 나도 궁금해요
엄마에게 마음껏 질문하는 시간을 가져 보아요.

 쌤의 한마디

타인에 대한 관심과 이해, 배려는 살아가는 데 꼭 갖추어야 할 덕목이지요. 우리 아이들이 공감력과 감수성을 키울 수 있도록 평소에 다른 사람의 상황과 마음을 들여다보는 시간을 마련해 주세요.

내가 고른 문장은?

엄마와 아이가 각자 책에서 마음에 드는 문장을 고르고 이유를 나눠 보세요.

 엄마

 아이

 함께하는 놀이

# 멋진 인물 소개

마더 테레사를 소개해 보아요.

준비물 동영상을 찍을 수 있는 휴대폰

① 책을 읽고 마더 테레사에 대해 정리해 봅니다.

② 새로운 인물을 취재하는 기자처럼 마더 테레사를 소개하는 모습을 녹화합니다.

TIP 읽은 내용을 소개하는 활동은 내용을 정확하게 이해하고 중심 메시지를 파악하는 능력을 향상시킵니다. 필요한 어휘를 적절하게 사용해 보면서 어휘력과 문장 구성력을 키울 수 있습니다.

# 그림책 장면을 꾸며 보아요

그림책 배경이나 그림책에 나온 물건 등을 만들어 보는 시간이에요. 그림책에 나온 장면 중 만들고 싶은 장면에 대해 이야기를 나누어 보아요. 예를 들어《무지개 물고기》의 배경이 되는 바닷속,《구룬파 유치원》에 나오는 구룬파가 만든 커다란 구두,《수박 수영장》의 수박 수영장 등을 가족이 힘을 모아 만들어 보아요. 그림이라는 2차원을 3차원 현실 속에 구현하는 과정을 통해 공간지각력, 협동심, 창의력, 문제해결력 등을 높일 수 있습니다.

**준비물** 상의해서 결정한 그림책, 만들어 볼 장면에 필요한 도구들

**놀이 순서**

① 가족이 상의해서 책을 고르고 만들 것을 정해요.

② 필요한 재료를 구해서 모아 놓아요.

③ 어떻게 만들면 좋을지 이야기를 나누고 역할을 분담해요.

④ 책 내용을 상기시킬 수 있도록 관련된 음악을 틀어 놓거나 오디오북을 들려주어도 좋아요.

⑤ 만들면서 재미있었던 점, 힘들었던 점 등을 이야기해 보고 사진을 찍어 가족 밴드나 블로그에 업로드해 두면 더할 나위 없이 훌륭한 기록이 되겠지요.

# 8

# 지혜

지식과 지혜가 자랄 수 있도록
도와주는 이야기

인생에 대한 온기와 기대

# 큰 고양이 작은 고양이

엘리샤 쿠퍼 글 | 엄혜숙 옮김 | 시공주니어

난이도 ★★☆

혼자 살고 있던 큰 고양이가 작은 고양이에게
일상을 살아가는 법을 행동으로 하나씩 보여
줍니다. 작은 고양이도 자라 큰 고양이가
되고, 다 자란 고양이는 새 고양이에게 나답게
살아가는 법을 보여 줍니다. 함께 살아간다는
것이 무엇인지 알아가도록 돕는 책입니다.

유아기 아이들은 원초적으로 죽음에 대한 두려움을 갖는다고 합니다. 게다가 상
상력이 발달하면서 두려움을 더 키우기도 하죠. 이 책은 이렇게 발달 과정에서 일
어날 수 있는 죽음이라는 질문에 대해 자연스럽게 이야기를 나눌 수 있게 해 줍니
다. 작은 고양이가 자라서 큰 고양이가 되고 큰 고양이가 죽음을 맞이하면서 또 다
른 작은 고양이는 큰 고양이로 자라납니다. 삶과 죽음이라는 철학적 문제를 아이
들이 간결한 구조 속 몇 문장으로 온전히 이해하기는 어려울 수 있어요. 죽음이 두
려움과 공포를 몰고 오는 충격적인 사건일 수 있지만 시각에 따라 인생의 한 부분
으로 이해할 수 있는 과정임을 생각할 수 있게 도와주고 싶다면, 이 책을 권합니다.

#죽음 #생명 #순환

그림책으로 마음을 들여다보아요

무엇이
보이니?

✚ 표지 속 두 고양이는 무슨 이야기를 나누고 있는 것 같아?

✚ 큰 고양이는 누구를 의미할까?

✚ 작은 고양이는 누구를 의미할까?

✚ 칼데콧 아너 상을 수상한 책이라고 해. 상을 받은 다른 책을 알고 있니?

왜 그렇게
생각하니?

✚ 큰 고양이는 작은 고양이에게 무엇을 가르쳐 주었어?

✚ 고양이가 서로 헤어질 때 무엇을 느꼈어?

✚ 새로운 고양이가 오자 어떤 기분이 들었어?

만약에
말이야

✚ 작가는 왜 고양이를 주인공으로 글을 썼을까?

✚ 죽음에 대해 생각해 본 적 있니?

✚ 가슴 뭉클한 부분이 있니?

✚ 이 책을 누구에게 권하고 싶어?

 나도 궁금해요

엄마에게 마음껏 질문하는 시간을 가져 보아요.

 쌤의
한마디

아이에게 가까운 이의 죽음에 대해 설명하는 일은 쉽지 않습니다. 그렇다고 애매한 말로 피하는 것은 아이에게 도움이 되지 않습니다. 솔직하고 자연스럽게 설명하고 충분히 슬퍼하는 시간을 가질 수 있게 해 주세요. 애도는 반드시 필요한 치유의 과정입니다.

**내가 고른 문장은?**

엄마와 아이가 각자 책에서 마음에 드는 문장을 고르고 이유를 나눠 보세요.

 엄마

 아이

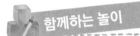 **함께하는 놀이**

# 다른 이야기 만들기

그림에 나만의 이야기를 덧입혀 보아요.

**준비물** 그림책, 종이, 색칠 도구

1 가장 마음에 드는 페이지를 펼쳐 보세요.

2 펼친 페이지에 있는 그림을 따라 그려 보세요.

3 그림에 맞춰 내가 원하는 이야기를 적어
   보세요. (글쓰기가 서툰 아이라면 원하는 이야기를
   말로 표현해도 좋습니다.)

 **TIP** 다른 이야기를 만들어 보는 활동을 통해 창작의 즐거움을 느끼고 다양한
어휘를 익힐 수 있습니다. 언어활동에 자신감과 즐거움을 느낄 수 있도록
도와주세요.

모습은 달라도 마음까지 다르진 않아

# 악어오리 구지구지

천즈위엔 글 · 그림 | 박지민 옮김 | 예림당

난이도 ★★☆

오리 품에서 태어나고 자란 악어오리 구지구지의 이야기입니다. 생김새는 악어이지만, 하는 짓은 오리인 구지구지랍니다. 다른 악어들은 구지구지에게 자기들이 오리를 잡아먹을 수 있도록 오리를 데려오라고 하는데요. 고민에 빠진 구지구지가 자아를 찾아가는 여정을 함께해 보아요.

책 표지를 한 장 넘기면 오리 그림자들이 걸어가는 모습이 보여요. 맨 앞에는 몸집이 가장 큰 오리, 뒤를 이어 작은 아기 오리들이 걸어가고 마지막에는 악어 한 마리가 따라 가고 있어요. '미운 오리 새끼'가 연상되는 그림입니다. 엄마 오리가 알을 품을 때 어디선가 알 하나가 데굴데굴 굴러와 그 알도 같이 품게 된 것이지요. 알에서 악어가 태어났지만 오리 가족 중 그 누구도 신경 쓰지 않아요. 하루는 오리 가족이 악어떼를 만납니다. 구지구지는 맛있는 오리들을 데리고 오라고 하는 악어들의 부탁에 고민했지만 결국 오리 대신 돌덩이를 던집니다. 돌덩이를 오리인 줄 알고 덥석 문 악어들은 이빨이 몽땅 부러져 도망갔고 오리 가족은 호숫가를 빙빙 돌며 한바탕 춤을 추네요.

#가족 #이해 #다름

**그림책으로 마음을 들여다보아요**

**무엇이 보이니?**
+ 오리가 악어에게 책을 읽어 주는 모습을 보니 어때?
+ '악어오리'라니 무슨 의미일까? 어떤 동물을 뜻하는 걸까?
+ 오리가 나오는 그림책을 본 적 있어?
+ 작가 이름이 천즈위엔인데 어느 나라 사람인 것 같아?

**왜 그렇게 생각하니?**
+ 엄마 오리가 알을 품을 때 무슨 일이 있어났어?
+ 구지구지의 이름을 왜 이렇게 지었지?
+ 악어들이 구지구지를 보고 어떻게 하라고 했지?
+ 구지구지는 가족을 구하기 위해 어떻게 했지?

**만약에 말이야**
+ 구지구지는 오리 가족들과 지낼 때 불편한 점은 없었을까?
+ 내가 엄마 오리라면 구지구지가 알에서 깰 때 무슨 생각을 했을까?
+ 내가 구지구지라면 악어들의 부탁을 받았을 때 어떻게 했을까?

 **나도 궁금해요**
엄마에게 마음껏 질문하는 시간을 가져 보아요.

 **쌤의 한마디**
사랑 받은 아이의 뇌와 그렇지 않은 아이의 뇌를 관찰한 결과, 크기와 색깔에서 큰 차이를 보였답니다. 유아기에 충분한 사랑과 관심은 정서뿐만 아니라 인지 발달에 있어 큰 차이를 만듭니다.

내가 고른 문장은?

엄마와 아이가 각자 책에서 마음에 드는 문장을 고르고 이유를 나눠 보세요.

 함께하는 놀이

# 가족 별명 짓기

가족의 특징을 찾아보아요.

**준비물** 종이, 필기도구

① 둘러앉아 서로를 관찰하고 특징을 가만히 생각합니다.

② 각자 생각한 특징을 그리거나 적습니다.

③ 적은 내용을 갖고 별명을 짓습니다.

④ 별명을 이야기해 줍니다.

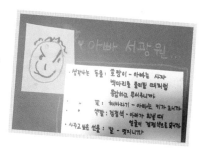

TIP 평소에 눈여겨보지 않던 모습을 관찰하고 어울리는 이름을 지어 보는
시간은 서로에 대한 새로운 시각을 넓혀 줍니다.

BOOK
**053**

지혜롭게 산다는 것은…

# 삼년고개

정혜원 글 | 토리 그림 | 하루놀

난이도 ★★★

삼년고개에서 넘어져 몸져 눕고 만 아버지를 벌떡 일어나게 한 셋째 아들의 지혜가 돋보이는 책입니다. 아들의 어떤 지혜가 김 서방을 살렸을까요? 같은 상황도 어떻게 보느냐에 따라 상황이 완전히 뒤바뀔 수 있다는 것을 깨닫게 합니다.

옛날 옛적 산골 마을에 김 서방이 아들 삼 형제와 함께 살고 있었어요. 그곳에는 넘어지면 삼 년밖에 살지 못한다는 삼년고개가 있었죠. 친구의 생일잔치에 초대를 받은 김 서방은 삼년고개를 넘지 않으려고 길을 돌아서 친구에게 갔어요. 하지만 올 때는 날이 어두워져 삼년고개를 넘을 수밖에 없었어요. 어쩔 수 없이 삼년고개를 넘어가던 김 서방은 그만 넘어지고 말았어요. 김 서방은 이제 삼 년밖에 살지 못한다는 생각에 마음이 힘들어 몸져누웠답니다. 그때 아들이 이런 이야기를 합니다. 삼년고개에서 한 번 넘어지면 삼 년을 산다고 했으니 열 번 넘어지면 삼십 년을 사는 게 아니냐고 말이죠. 이 말을 들은 김 서방은 갑자기 머리가 환해지더니 병이 씻은 듯이 나았답니다.

#지혜 #긍정 #아이디어

196

그림책으로 마음을 들여다보아요

무엇이
보이니?
+ 고개가 무슨 뜻일까?
+ 전래 동화 중 재미있게 읽은 내용을 소개해 줄래?
+ 표지 그림과 어울리는 음악은 어떤 것이 있을까?

왜 그렇게
생각하니?
+ 김 서방은 왜 삼년고개를 넘어가게 되었어?
+ 왜 삼년고개라는 이름이 붙었을까?
+ 아들은 김 서방에게 어떻게 해 보라고 했지?

만약에
말이야
+ 지혜가 무엇이라고 생각하니?
+ 김 서방처럼 너무 힘들고 속상했던 경험이 있니?
+ 그럴 때 어떻게 했어?

 나도 궁금해요
엄마에게 마음껏 질문하는 시간을 가져 보아요.

 쌤의
한마디
아이는 자신의 문제를 함께 해결해 나가기 위해 애쓰는 사람이 곁에 있다는 것을 아는
것만으로도 문제를 훨씬 가볍게 느낍니다. 문제를 적극적으로 해결하고자 하는 마음도 생
겨 납니다.

**내가 고른 문장은?**

엄마와 아이가 각자 책에서 마음에 드는 문장을 고르고 이유를 나눠 보세요.

함께하는 놀이

# 거꾸로 읽으면?

거꾸로 읽은 단어를 맞혀 보아요.

**준비물** 그림책

① 한 사람이 그림책을 보면서 단어를 골라
   거꾸로 말합니다.

② 다른 한 사람이 그 단어를 맞힙니다.

③ 누가 누가 빨리 맞히는지 시간을 재어 보세요.

때어뮈데인난장

TIP
워킹 메모리를 활성화시키는 활동으로 전두엽의 기능을 향상시킵니다..
전두엽은 이성적 사고와 판단, 추상적 사고, 창의성과 관련된 역할을 하는
영역으로, 워킹 메모리 놀이는 두뇌발달에 도움이 됩니다.

BOOK
054

복이란 무엇일까?

# 복 타러 간 총각

김세실 글 | 최민오 그림 | 시공주니어

난이도 ★★★

복을 타러 서천서역국으로 길을 떠난 총각이 가는 길에 만난 사람들의 부탁을 받고 그 부탁을 들어주는 과정을 그린 이야기입니다. 우리가 그토록 얻기 원하는 '복'은 물건처럼 주고받는 것이 아님을 깨닫게 해 주는 책입니다.

한 마을에 복이 없어 사람들의 가여움을 한 몸에 받는 석순이라는 총각이 있었어요. 석순은 서천서역국에 가면 복을 탈 수 있다는 말을 듣고 먼 길을 떠납니다. 복을 타러 가는 길에 처녀, 노인, 이무기를 만나 도움을 받고, 자신들의 고민에 대한 해답을 찾아 달라는 부탁을 받습니다. 석순은 그들의 부탁을 받고 서천서역국으로 가서 부처님을 만납니다. 부처님은 석순이 이미 복을 받았으니 그냥 돌아가라는 말만 합니다. 석순은 다른 이에게 받은 부탁을 잊지 않고 부처님에게 답을 구합니다. 돌아오는 길에 처녀, 노인, 이무기를 다시 만나 고민에 대한 해결책을 전해 주고 이무기에게서 여의주, 노인에게서 금덩어리를 받고, 처녀와는 혼인하여 행복하게 살게 됩니다.

#마음 #복 #옛이야기

그림책으로 마음을 들여다보아요

| 무엇이<br>보이니? | + 총각이 무슨 뜻일까? |
| | + 복이 뭐라고 생각해? |
| | + 표지에 나온 그림 속으로 들어가면 어떤 소리가 들릴 것 같아? |
| | + 총각의 모습을 왜 흑백으로 표현했을까? |

| 왜 그렇게<br>생각하니? | + 총각은 왜 길을 나섰을까? |
| | + 서천서역국은 어떤 나라일까? |
| | + 총각에게 누가, 어떤 부탁을 했지? |
| | + 부처님은 총각에게 어떤 말을 해 주었지? |

| 만약에<br>말이야 | + 자신이 궁금했던 복에 대한 답을 얻지 못하고 돌아서는 총각의 마음은 어땠을까? |
| | + 내가 총각이라면 부처님이 그냥 돌아가라고 했을 때 어땠을 것 같아? |
| | + 처녀와 결혼한 총각은 이후에 어떻게 살았을까? |

 나도 궁금해요

엄마에게 마음껏 질문하는 시간을 가져 보아요.

 쌤의<br>한마디

자녀를 과도하게 염려해 어려움을 당하지 않도록 미리 상황을 차단하고 모든 문제를 해결해 주는 일이 계속되면 아이는 참고 견뎌내는 과정을 배우기 어렵습니다. 또한 자신의 선택을 신뢰하지 못해 지속적으로 부모를 의존하게 됩니다. 부모의 눈에 문제가 보여도 해결해 주려하기보다 기다리면서 지켜보는 시간이 아이에게 도움이 됩니다.

## 내가 고른 문장은?

엄마와 아이가 각자 책에서 마음에 드는 문장을 고르고 이유를 나눠 보세요.

# 복을 나누어 주는 행복한 사람

준비물  가족 수만큼의 복주머니, 종이, 연필

❶ 가족 한 명 한 명에게 위로가 되는 덕담을 씁니다.

❷ 각자 쓴 덕담을 복주머니에 넣습니다.

❸ 한 명씩 돌아가며 덕담을 뽑아 읽어 봅니다.

상대방의 기분을 좋게 하거나 상하게 하는 말을 구분하면서 아이는 사회성과 감수성 발달을 이룹니다. 인간관계를 풍요롭고 따뜻하게 만드는 언어를 사용하는 습관을 들이도록 도와주세요.

BOOK
055

눈먼 생쥐들의 코끼리 대탐험

# 일곱 마리 눈먼 생쥐

에드 영 글 · 그림 | 최순희 옮김 | 시공주니어

난이도 ★★☆

일곱 마리 눈먼 생쥐가 연못가에서 이상한 것을
발견합니다. 매일 한 마리씩 연못가에 가서
살펴보고 추측하는 모습을 보면 웃음이 납니다.
생쥐들이 발견한 것의 정체는 무엇일까요?

일곱 마리 눈먼 생쥐가 코끼리 다리를 만져 보는 것으로 이야기는 시작됩니다. 생
쥐들은 앞이 보이지 않으니 코끼리 다리를 기둥으로, 코를 뱀으로, 꼬리를 창으로
추측하는 엉뚱한 상황이 펼쳐지지요. 생쥐들의 대화를 읽는 아이들은 어이가 없
는 표정으로 어김없이 '바보 아니야?'라는 말을 동시에 내뱉어요. 말도 안 되는 추
측을 하는 생쥐들이 어리석어 보이겠죠. 생쥐들은 각자 긴 꼬리를 치켜세우고 앞
에 있는 것이 무엇인지 알아보려고 하지만 부분만으로는 전체를 알 수 없습니다.
아무리 아는 척을 해도 참된 지혜는 전체를 통찰하는 데서 나온다는 교훈을 전하
고자 하는 작가의 의도를 직관적으로 파악할 수 있는 책입니다.

#부분과_전체 #통찰력 #어리석음

그림책으로 마음을 들여다보아요

**무엇이 보이니?**

+ 표지에서 가장 눈에 띄는 게 뭐야?
+ 생쥐를 왜 검정색으로 표현했을까?
+ 생쥐 꼬리는 어떤 상태와 감정을 드러내고 있는 것 같아?
+ 표지 배경을 검정색으로 칠한 이유는 뭘까?
+ 뒤표지에 나온 생쥐들은 무슨 이야기를 나누는 것 같아?

**왜 그렇게 생각하니?**

+ 생쥐는 무엇이 궁금했을까?
+ 코끼리 등을 무엇으로 착각했지?
+ 코끼리를 다르게 관찰한 생쥐는 누구였지?

**만약에 말이야**

+ 작가는 왜 생쥐와 코끼리를 주인공으로 등장시켰을까?
+ 내가 작가라면 누구를 주인공으로 등장시키고 싶어?
+ 내가 일곱 마리 생쥐 중 한 마리라면 어떤 생쥐인 것 같아?
+ 이 책에서 또 다른 교훈을 생각해 볼 수 있을까?

 나도 궁금해요

엄마에게 마음껏 질문하는 시간을 가져 보아요.

 **쌤의 한마디**

행동과 반응이 전반적으로 느린 아이를 다른 아이와 비교하는 것은 아이 마음에 치명적인 상처를 입힐 수 있습니다. 어제보다 나아지는 아이를 격려하고 끈기 있게 기다려 주세요. 느린 아이만이 보고 느낄 수 있는 세상이 있답니다.

내가 고른 문장은?

엄마와 아이가 각자 책에서 마음에 드는 문장을 고르고 이유를 나눠 보세요.

 엄마

 아이

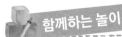 함께하는 놀이

# 어떤 책일까?

책의 일부분만 보고 제목을 맞혀 보아요.

**준비물** 아이가 좋아하는 책, 책을 가릴 물건

① 아이가 좋아하는 그림책 표지를 일부만
　보여 주세요.

② 그림책에 어떤 그림이 있는지, 제목이
　무엇인지 맞혀 보세요.

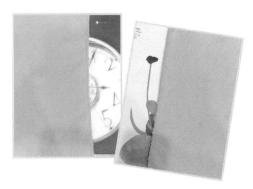

TIP 부분적으로 주어진 정보로 전체를 파악하려면 다양한 정보를 종합적으로
수집하고 판단하는 능력이 요구되지요. 전체와 부분을 총체적으로 볼 수
있는 안목을 기를 수 있습니다.

BOOK
056

왕을 변화시킨 마법사의 지혜로운 거짓말

# 마법사의 예언

호르헤 부카이 글 · 구스티 그림 | 김유진 옮김 | 키위북스

난이도 ★★★

교만하고 독선적인 왕이 자신보다 명망 있는 마법사를 시기 질투하여 꾀를 냅니다. 하지만 마법사의 예언 때문에 마법사와 함께 지내게 되지요. 그 과정에서 왕은 진정한 소통을 배우게 됩니다. 마법사는 대체 어떤 예언을 한 걸까요?

세계에서 가장 강한 왕이 되고 싶은 왕이 있어요. 그 누구도 자신만큼 백성의 존경을 받을 사람은 없다고 생각하던 왕은 백성들의 사랑을 받는 마법사가 있다는 소문을 듣습니다. 왕은 마법사를 시기 질투하여 꾀를 내지만 자신의 꾀에 당하고 말지요. 왕은 마법사의 예언이 두려워 마법사와 함께 생활하기 시작합니다. 누구보다 독단적이고 다른 사람의 말을 들으려고 하지 않았던 왕은 마법사와 함께 살면서 조금씩 변하기 시작해요. 백성은 두려움의 대상으로 여겼던 왕을 존경과 사랑의 대상으로 여기기 시작합니다. 백성의 마음을 얻기 위해 진심으로 소통하고 귀를 기울이게 만든 마법사의 힘, 진정한 리더자로 설 수 있도록 도운 마법사의 지혜에 감탄이 절로 나옵니다.

#지혜 #리더 #변화

그림책으로 마음을 들여다보아요

**무엇이 보이니?**

✚ 마법사는 어떤 능력을 가진 사람일까?

✚ 예언이 무슨뜻일까?

✚ 표지에 나온 사람의 머리에 비해 몸을 크게 그린 이유가 뭘까?

✚ 작가는 스페인 사람이야. 스페인에 대해 알고 있니?

**왜 그렇게 생각하니?**

✚ 왕은 어떤 왕이 되고 싶어 했지?

✚ 마법사는 왕에게 어떤 예언을 했을까?

✚ 왕이 마법사와 같이 지내면서 어떻게 바뀌었지?

**만약에 말이야**

✚ 왕은 어떻게 백성들의 사랑과 존경을 받게 되었을까?

✚ 내가 왕이라면 어떤 왕이 되고 싶니?

✚ 마법사가 다른 예언을 했다면 어떻게 되었을까?

✚ 지혜로운 사람이 되기 위해서는 어떻게 해야 한다고 생각해?

 나도 궁금해요

엄마에게 마음껏 질문하는 시간을 가져 보아요.

 **쌤의 한마디**

양육자가 완벽을 추구하는 성향을 가졌다면 아이에게도 동일한 수준의 요구를 하고 있지 않은지 늘 점검해 보아야 합니다. 아이는 수많은 실수와 실패 속에서 배워 나가는 존재임을 잊지 마세요. 실패를 두려워하지 않아야 도전적인 인생을 만들어 갈 수 있습니다.

내가 고른 문장은?

엄마와 아이가 각자 책에서 마음에 드는 문장을 고르고 이유를 나눠 보세요.

 함께하는 놀이

# 나는 왕이다!

왕관을 만들어 보아요.

**준비물** 두꺼운 종이, 색종이, 사인펜, 풀, 가위

1. 어떤 모양의 왕관을 만들고 싶은지 상상해 봅니다.
2. 상상한 왕관 모양을 종이에 그립니다.
3. 모양대로 자르고 붙여 나만의 왕관을 완성합니다.
4. 왕관을 쓰고 망토를 걸쳐 왕이 된 것처럼 말하고 행동해 봅니다.

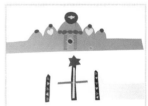

 TIP 역할 놀이는 다양한 사회적 역할에 대한 시각을 넓혀 주며 잠재되어 있는 욕구를 해소할 수 있는 기회를 줍니다.

BOOK
**057**

중요한 것과 중요하지 않은 것

# 김수한무 거북이와 두루미 삼천갑자 동방삭

소중애 글 | 이승현 그림 | 비룡소

난이도 ★★★

운율에 맞춰 읽다 보면 절로 웃음이 나는 길고 긴 이름에 얽힌 이야기입니다. 자식에 대한 애틋한 마음이 고스란히 담긴 소중한 이름이지만, 너무 긴 이름 때문에 겪는 어려움을 통해 과한 사랑은 도리어 해로울 수 있다는 지혜를 전합니다.

자식이 없어 마음 졸이던 영감님은 환갑이 되던 해에 아들 하나를 낳아요. 귀한 자식의 이름을 잘 짓고 싶어 스님과 선비, 농부와 훈장님께 좋은 이름을 부탁합니다. 네 사람에게서 받은 이름을 모두 써서 '김수한무 거북이와 두루미 삼천갑자 동박삭'이 되었어요. 좋은 의미를 다 담은 이름 덕분인지 아이는 건강하게 자라 7살이 됩니다. 그러나 곧 저수지로 놀러갔다가 물에 빠져 위험한 상황에 처하고 맙니다. 동네 아이들이 영감님에게 긴급한 상황을 전하려 하지만 영감님은 이름을 정확하게 부르지 않으면 이야기를 들어주지 않겠다고 해요. 시간은 지체되었고 아이는 숨이 끊어질 위기에 처했죠. 나중에서야 영감님은 자신의 어리석음을 깨닫고 앞으로는 아들의 이름을 '수한무'로 줄여 부르라고 합니다.

#우선순위 #이름 #중요도

그림책으로 마음을 들여다보아요

<table>
<tr><td>

무엇이
보이니?

</td><td>

+ 전래동화 중 재미있게 읽은 책 제목을 얘기해 볼까?
+ '김수한무 거북이와 두루미 삼천갑자 동방삭'은 무슨 의미를 담고 있을까?
+ 아기를 안고 있는 영감님 표정에서 어떤 기분이 느껴지니?

</td></tr>
<tr><td>

왜 그렇게
생각하니?

</td><td>

+ 영감님은 어떤 소원이 있었어?
+ 아들의 이름을 짓기 위해 누구에게 물어 보았지?
+ 긴 이름을 지은 이유가 뭘까?
+ 영감님은 무엇이 중요하다고 깨달았을까?

</td></tr>
<tr><td>

만약에
말이야

</td><td>

+ 김수한무는 자기 이름을 어떻게 생각했을까?
+ 내가 영감님이었다면 아들 이름을 어떻게 지었을까?
+ 영감님에게 해 주고 싶은 말이 있다면?

</td></tr>
</table>

 나도 궁금해요
엄마에게 마음껏 질문하는 시간을 가져 보아요.

 쌤의 한마디

한 가지 습관을 들이기 위해서는 지속적으로 모델링을 보여 주고 격려해 주어야 합니다. 예를 들어 아이가 스스로 양치질을 잘 했다면 "우리 ㅇㅇ(이)는 양치질도 스스로 잘 하고 자기 몸을 잘 돌보네"와 같이 긍정적인 말로 피드백해 주는 것을 잊지 마세요.

내가 고른 문장은?

엄마와 아이가 각자 책에서 마음에 드는 문장을 고르고 이유를 나눠 보세요.

함께하는 놀이

# 내 이름에는요.

이름에 담긴 뜻을 알아보아요.

**준비물** 종이, 연필

**1** 자신의 이름을 적습니다.

**2** 아이의 이름에 담긴 뜻을 가르쳐 줍니다.

**3** 아이의 이름에 담긴 뜻과 이름에 관련된
에피소드를 들려줍니다.

TIP 자신의 이름에 담긴 뜻을 알아보는 과정에서 내가 얼마나 소중하고 가치
있는 존재인지 느낄 수 있기 때문에 높은 자존감이 형성됩니다.

위험한 순간을 빛나는 지혜로

# 치과의사 드소토 선생님

윌리엄 스타이그 글 · 그림 | 조은수 옮김 | 비룡소

난이도 ★★☆

조그마한 쥐 치과 의사 드소토 선생님이 위험을 무릅쓰고 자신보다 훨씬 큰 몸집에 날카로운 이를 가진 여우의 이빨을 치료하는 이야기입니다. 치료가 끝나면 드소토 선생님을 잡아먹으려는 여우는 과연 계획을 이룰 수 있을까요?

자그마한 쥐 치과 의사 선생님에게 이빨이 아픈 여우가 찾아와요. 드소토 선생님은 위험한 동물은 치료하지 않는 것을 원칙으로 일하고 있지만, 아내와 심각하게 고민한 끝에 아픈 여우를 못 본 척하기 어려워 치료해 주기로 합니다. 진심을 다해 아픈 이를 고쳐 주지만 여우는 치료가 끝나면 생쥐를 어떻게 먹어야 맛있을까를 고민합니다. 드소토 선생님도 그 마음을 알기에 아내와 함께 머리를 짜냅니다. 마지막 치료를 끝낸 후 여우의 이빨에 강력한 접착제를 붙입니다. 자기 꾀에 넘어간 여우는 입을 벌리지도 못하고 끙끙거리며 집으로 돌아가지요. 기운 빠진 여우의 뒷모습을 보며 여유로운 미소를 짓는 드소토 선생님 부부의 모습에 긴장했던 독자도 덩달아 안도하게 됩니다.

#지혜 #재치 #위기

그림책으로 마음을 들여다보아요

무엇이
보이니?
+ 치과에 가 본 적이 있니?
+ 생쥐 하면 어떤 단어가 떠오르니?
+ 1995년에 출간된 책이 아직까지 읽히는 이유는 뭘까?

왜 그렇게
생각하니?
+ 드소토 선생님은 사나운 동물들이 오면 어떻게 했지?
+ 여우를 치료해 준 이유는 뭘까?
+ 여우를 치료하면서 드소토 선생님은 무슨 생각을 했지?

만약에
말이야
+ 내가 드소토 선생님이라면 여우가 찾아왔을 때 어떻게 했을 것 같아?
+ 나는 어려움에 처했을 때 어떻게 하니?
+ 여우의 마음을 알았을 때 나라면 어떤 방법을 사용했을 것 같아?
+ 문제를 해결하기 위해 어떤 자세가 필요할까?

 나도 궁금해요
 엄마에게 마음껏 질문하는 시간을 가져 보아요.

쌤의
한마디
치과에서 사용하는 시끄러운 기계음과 소독약 냄새는 아이들을 힘들게 하지요. 치과에 갈
땐 좋아하는 장난감이나 포근한 인형 같은 것을 가지고 가 보세요. 불안한 마음이 진정되
도록 도와줄 거예요.

내가 고른 문장은?

엄마와 아이가 각자 책에서 마음에 드는 문장을 고르고 이유를 나눠 보세요.

 함께하는 놀이

# 오늘은 내가 성우

성우처럼 읽어 보아요.

**준비물** 책, 녹음기

❶ 오늘 읽은 책 내용 중 재미있었던 부분을 고릅니다.

❷ 녹음기를 켜고 발췌한 부분을 성우처럼 다른 목소리로
읽어 봅니다.

❸ 녹음한 목소리를 들어 보세요.

 TIP 책 읽기를 재미있게 할 수 있는 방법 중 하나가 성우처럼 읽어 보는 것입니다.
자신의 목소리를 다시 들어 보는 것만으로 나의 또 다른 모습을 발견할 수
있지요.

BOOK
059

방귀로 망하고 방귀로 흥한 이야기

# 방귀쟁이 며느리

신세정 글 · 그림 | 사계절

난이도 ★★☆

방귀를 뀌지 못해 병색이 짙어가는 며느리에게
시아버지는 호기롭게 방귀를 뀌라고 합니다.
그런데 며느리가 방귀를 뀌자 집이 풍비박산이
나 버리네요. 방귀 한 방으로 집안을 박살 낸
며느리는 어떻게 되었을까요?

방귀라는 말만 들어도 키득키득 웃어 재끼는 우리 아이들에게 '방귀쟁이 며느리'
라는 제목은 단박에 호기심을 불러일으킵니다. 시부모님과 함께 사는 며느리가
방귀를 참다가 병색이 짙어집니다. 이를 안 시아버지는 "방귀를 참으면 쓰간디?
뀌어라, 뀌어." 하십니다. 그런데 방귀를 뀌자 집 안이 풍비박산나 버리죠. 며느리
는 결국 시댁에서 쫓겨나고 말아요. 하지만 이야기는 여기서 끝나지 않습니다. 다
음 이야기는 어떻게 이어질까요? 이 책은 아이들에게 다소 낯선 전라도 사투리로
쓰였어요. 읽다 보면 이야기꾼이 읽어 주는 듯한 재미를 느낄 수 있지요. 구수한
사투리와 익살스러운 그림으로 해학을 한껏 표현한 책입니다.

#방귀 #사투리 #옛이야기

214

그림책으로 마음을 들여다보아요

| | |
|---|---|
| 무엇이<br>보이니? | ✚ 방귀쟁이는 어떤 사람을 말하는 걸까?<br>✚ 며느리는 누가 누구를 부르는 호칭일까?<br>✚ 방귀와 관련된 그림책을 알고 있니?<br>✚ 어떤 내용이 펼쳐질 것 같아? |
| 왜 그렇게<br>생각하니? | ✚ 며느리는 시집 와서 왜 낯빛이 안 좋아졌을까?<br>✚ 시부모님은 며느리에게 어떻게 하라고 했어?<br>✚ 며느리가 방귀를 뀌자 어떻게 되었지?<br>✚ 쫓겨난 며느리에게 어떤 일이 일어났니?<br>✚ 다시 돌아온 며느리에게 가족은 어떻게 대해 주었어? |
| 만약에<br>말이야 | ✚ 며느리는 방귀를 뀌지 못할 때 어떤 마음이었을까?<br>✚ 내가 시부모님이라면 며느리가 방귀를 뀌었을 때 어떻게 했을까?<br>✚ 다른 사람에게 말하기 어려운 버릇이나 습관이 있니? |

 나도 궁금해요

엄마에게 마음껏 질문하는 시간을 가져 보아요.

 쌤의
한마디

다른 사람이 바라보는 나 또는 나에게 기대하는 모습을 내 모습의 일부분으로 흡수하여 형성하는 자아상을 '거울자아'라고 합니다. 다른 사람을 돕는 자신의 모습을 통해 긍정적인 자아상을 형성하고 이타적인 자신의 모습을 더욱 가꿔 가려는 노력을 해야겠습니다.

## 내가 고른 문장은?

엄마와 아이가 각자 책에서 마음에 드는 문장을 고르고 이유를 나눠 보세요.

 엄마

 아이

 함께하는 놀이

# 내가 만들 수 있는 소리

다양한 소리를 만들어 보아요.

**준비물** 녹음기, 냄비, 주걱, 수저, 비닐봉지, 책 등

① 어떤 소리를 녹음할지 생각합니다.

② 서로 보이지 않는 곳에서 생각한 소리를 녹음합니다.

③ 녹음한 소리를 들려주고 무엇으로 어떻게 낸
소리인지 맞혀 봅니다.

 TIP  이 활동을 통해 소리를 민감하게 구분할 수 있고 집중력과 관찰력을
높일 수 있습니다.

기막힌 승부수

# 모자 사세요

에스퍼 슬로보드키나 글 · 그림 l 박향주 옮김 l 시공주니어

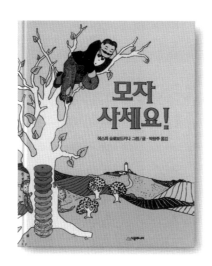

난이도 ★★☆

낮잠을 자다 모자를 모두 잃어버린 모자 장수 아저씨가 모자를 찾기 위해 이런저런 시도를 하면서 벌어지는 이야기를 담은 책입니다. 자신의 행동을 똑같이 따라 하는 원숭이들을 보고 모자를 모두 찾아오는 아저씨의 센스가 돋보입니다.

나무 위, 아슬아슬하게 매달려 있는 신사의 우스꽝스러운 그림을 보니 흥미로운 이야기가 기대되네요. 머리에 모자를 모두 쓰고 모자를 팔러 다니는 모자 장수 아저씨가 하루는 커다란 나무 아래서 잠을 자고 일어났어요. 그런데 모자가 모두 없어지고 말았죠. 알고 보니 원숭이들이 모자를 쓰고 있었어요. 아저씨는 손가락질을 하며 모자를 내놓으라고 합니다. 그러자 원숭이들은 모자 장수와 똑같이 손가락질을 하며 소리를 질러대요. 이번에는 펄쩍펄쩍 뛰니, 원숭이들도 똑같이 펄쩍펄쩍 뜁니다. 원숭이들에게서 모자를 돌려받으려면 어떻게 해야 할까요? 아저씨와 원숭이들의 소통을 리드미컬하게 그린 흥미진진한 책입니다.

#이해력 #통찰력 #흥미

그림책으로 마음을 들여다보아요

**무엇이 보이니?**

+ 아저씨는 왜 나무 위에 올라가 있을까?

+ 모자가 모두 몇 개지?

+ 아저씨는 어떤 일을 하는 사람인 것 같아?

**왜 그렇게 생각하니?**

+ 모자 장수 아저씨는 어디에서 잠이 들었어?

+ 일어나 보니 모자가 어디에 있었지?

+ 아저씨가 모자를 달라고 소리 지르니 원숭이들은 어떻게 했어?

+ 모자 장수 아저씨는 어떻게 모자를 다시 가져올 수 있었지?

**만약에 말이야**

+ 문제가 생겼을 때 나는 무엇을 제일 먼저 해?

+ 내가 모자 장수라면 어떻게 모자를 돌려받았을 것 같아?

+ 원숭이들이 모자를 돌려주지 않고 모자 장수 아저씨의 행동을 그대로 따라 했을 때 아저씨는 어떤 마음이었을까?

 나도 궁금해요

엄마에게 마음껏 질문하는 시간을 가져 보아요.

 쌤의 한마디

"지혜로 향하는 첫걸음은 모든 것에 대해 질문하는 것이고 마지막 걸음은 모든 것을 그대로 수용하는 것이다"라는 말이 있습니다. 질문과 수용, 이 두가지를 제대로 할 줄 아는 아이는 지혜로운 어른으로 자라납니다.

내가 고른 문장은?

엄마와 아이가 각자 책에서 마음에 드는 문장을 고르고 이유를 나눠 보세요.

 함께하는 놀이

# 어떤 모자가 어울릴까?

모자를 만들어 보아요.

**준비물** 모자(또는 모자 사진), 두꺼운 종이, 다양한 꾸밀 것, 가위, 풀, 테이프

❶ 집에 있는 모자들을 꺼내와 보세요. 인터넷에서 다양한 모자 종류를 찾아 보아도 좋습니다.

❷ 가장 마음에 드는 모자를 골라 그립니다.

❸ 오리고 붙여서 모자를 꾸며 완성합니다.

 TIP  2차원 평면을 3차원 입체 형태로 만드는 활동입니다. 이런 활동을 다양하게 해 보는 과정은 공간 개념과 소근육 발달에 도움이 됩니다.

# 그림책도 상을 받아요?
# 우리 가족 그림책 상

칼데콧상, 블로냐상, 뉴베리상 등 좋은 그림책에 주는 상이 있습니다. 우리 집에 있는 책 중 수상작이 있는지 찾아보세요. 상을 받지 않은 책 중에서 나와 우리 가족이 상을 주고 싶은 책을 찾아 그림, 재미, 창의성, 아름다움 등 평가 항목을 만들어 상 이름을 정합니다. 기발한 아이디어상, 예쁜 그림상 등 상 이름을 정해 보아요. 그 과정을 통해 내가 좋아하는 책의 기준이 생기고 취향을 알아갈 수 있습니다. 또한 좋은 그림책을 보는 안목을 기를 수 있답니다.

**준비물** 상을 주고 싶은 책, 종이(상장 크기), 색연필, 사인펜 등

**놀이 순서**

① 수상작 5권과 우리 가족이 상을 주고 싶은 책 5권을 준비합니다.

② 수상작을 보고 어떤 점이 마음에 드는지 왜 상을 받았을지 이야기를 나누어 보아요.

③ 우리 가족이 상을 주고 싶은 책의 상 이름을 정해 보아요.

④ 상 이름을 적은 띠지를 만들어 책을 꾸며보아요.

⑤ 상 받은 책은 잘 보이는 곳에 전시해 두어요.

# 9

# 상상력

끝없는 세계를
경험해 볼 수 있는 이야기

BOOK
061
상상으로 가득한 목욕 시간
# 목욕은 즐거워

교코 마스오카 글 | 하야시 아키코 그림 | 김세희 감수 | 한림출판사

난이도 ★☆☆

아이들의 실생활과 잇닿아 있는 이야기입니다. 목욕을 하고 있는데 갑자기 동물들이 나와 함께 목욕을 즐긴다면 어떨까요? 어쩌면 아이들의 상상 속에서는 정말 가능한 일일 수도 있겠다는 생각이 듭니다.

현실과 상상의 경계가 자유로운 우리 아이들 마음에 쏙 들 만한 그림책이에요. 미끌미끌 비누, 탱글탱글 새하얀 거품, 첨벙첨벙 물소리, 뽀드득 습기 어린 거울은 아이들을 새로운 세상으로 이끕니다. 목욕을 하던 중 생각지도 못했던 거북이, 펭귄, 물개, 하마, 고래가 욕조에서 튀어나오고 미끈한 갈색 바위가 비누를 덥석 삼켜 버려요. 비눗방울 터지는 소리에 놀라는 중에 하마가 불쑥 나타나 상민이의 몸을 깨끗이 씻겨 주지요. 동물 친구들과 신나게 숫자 세기를 하는데 엄마가 들어오자 동물들은 모두 물속으로 숨어 버리고 상민이는 엄마가 준비한 수건 속으로 쏙 들어갑니다. 목욕을 할 때마다 아이들에게 상상할 거리를 던져 주는 책으로 손색이 없습니다.

#상상 #목욕 #자유

그림책으로 마음을 들여다보아요

무엇이
보이니?

+ 하마의 표정이 어떤 것 같아?

+ 하마랑 같이 목욕한다면 어떨 것 같아?

+ 목욕탕을 배경으로 한 또 다른 그림책이 있을까?

왜 그렇게
생각하니?

+ 욕조에서 어떤 동물들이 나왔지?

+ 누가 상민이의 몸을 씻겨 주었지?

+ 엄마가 들어오자 동물들은 어디로 갔어?

만약에
말이야

+ 목욕하는데 갑자기 동물이 튀어나온다면 어떨까?

+ 욕조에서 어떤 동물이 나타나면 좋겠어?

+ 상민이가 목욕하고 있을 때 엄마가 아니라 동생이 들어왔다면 동물들은 어떻게 반응했을까?

+ 상상을 하면 우리 마음에 어떤 일이 생길까?

 나도 궁금해요

엄마에게 마음껏 질문하는 시간을 가져 보아요.

 쌤의
한마디

부모와 다른 기질을 가진 자녀라면 아이가 자신의 기질을 조금 더 편안하게 받아들일 수 있는 환경을 만들어 주어야 합니다. 부모에게는 자신의 기질을 조금씩 바꾸어 아이와 중간 지점을 찾아가려는 노력이 필요합니다.

내가 고른 문장은?

엄마와 아이가 각자 책에서 마음에 드는 문장을 고르고 이유를 나눠 보세요.

 엄마

 아이

 함께하는 놀이

# 욕조에 무엇이 나타날까?

욕조에 나타났으면 하는 것을 그려 보아요.

**준비물** OHP필름, 유성펜

❶ 물에 젖지 않는 OHP 필름에 유성펜으로 그림을 그립니다.

❷ 화장실 벽면이나 욕조 주변에 그림을 붙입니다.

❸ 동물을 씻기면서 자연스럽게 역할 놀이를 합니다.

TIP 직접 그린 그림으로 즐겁고 창의적인 목욕 시간을 보낼 수 있습니다. 욕실에 나타난 동물 친구들과 상상의 세계를 자유롭게 넘나들면서 공간이 주는 특별함을 알 수 있습니다.

BOOK
062

개구리가 하늘을 난다고?

# 이상한 화요일

데이비드 위즈너 글 · 그림 | 비룡소

난이도 ★☆☆

화요일 저녁 8시, 밤 11시를 알리는 글이 전부인, 오로지 그림만으로 이야기에 빠져들게 하는 신비로운 책입니다. 글이 없어 아이의 상상력과 창의력을 더욱 자극할 수 있답니다.

표지에서 신비로운 느낌이 전해져요. 연잎과 연꽃으로 장식된 첫 페이지도 궁금증을 배가시킵니다. 개구리들이 화요일 저녁이 되자 연잎을 타고 날아가요. 사람들이 사는 마을로 날아온 개구리들은 빨래를 난장판으로 만들고 망토처럼 입기도 하고 개들을 쫓아가기도 하죠. 다음 날 아침, 경찰차와 기자들이 와서 연잎을 조사합니다. 그다음 주 화요일 저녁 7시 58분, 돼지들이 날기 시작합니다.

화요일 밤마다 일어나는 기상천외한 상상력 축제! 시각을 알리는 몇 개의 문장이 전부, 오로지 그림으로만 이렇게 흡입력 있고 긴장감 넘치는 책을 완성한 작가의 표현력에 감탄이 절로 나옵니다. 책장을 넘기는 아이의 눈빛과 숨소리에 집중해 보세요.

#상상력 #밤 #신비로움

그림책으로 마음을 들여다보아요

| 무엇이 보이니? | ✦ 표지 그림을 보면 어떤 내용이 나올 것 같아? |
| | ✦ 왜 '이상한 화요일'이라는 제목을 붙였을까? |
| | ✦ 이상한 기분이란 뭘까? 그런 기분을 느껴 본 적 있니? |

| 왜 그렇게 생각하니? | ✦ 개구리들은 화요일 저녁에 어떤 일을 벌였지? |
| | ✦ 개구리들은 언제 사라졌어? |
| | ✦ 다음 날 아침, 사람들은 어떻게 했지? |
| | ✦ 그다음 주 화요일 밤에는 어떤 일이 일어났지? |

| 만약에 말이야 | ✦ 우리 집으로 개구리가 날아온다면 어떨 것 같아? |
| | ✦ 개구리들이 화요일 밤에 한 일 중 무엇이 재미있어 보여? |
| | ✦ 화요일 밤에 나에게도 마법 같은 일이 생긴다면 어떤 일이 생기면 좋겠어? |
| | ✦ 개구리가 아닌 다른 동물을 주인공으로 정한다면 어떤 동물이 좋을까? |

 나도 궁금해요

엄마에게 마음껏 질문하는 시간을 가져 보아요.

 쌤의 한마디

상상력은 도전정신, 호기심, 문제해결력과도 긴밀하게 연결되어 있습니다. 아이가 결과 보다는 과정에 중점을 두고 성취감과 기쁨을 느낄 수 있도록 해 주세요. 상상력을 높이는 열 쇠랍니다.

내가 고른 문장은?

엄마와 아이가 각자 책에서 마음에 드는 문장을 고르고 이유를 나눠 보세요.

 함께하는 놀이

# 개구리처럼 날다

연잎을 타고 나는 개구리처럼 날아 보아요.

**준비물** 이불 또는 큰 타월

① 이불 혹은 큰 타월 가운데 아이가 앉거나 엎드립니다.

② 부모님이 양쪽 끝을 잡고 올려 흔들어 주세요.

③ 집안 곳곳 아이가 원하는 곳으로 날아갈 수 있도록 해 주세요.

**TIP** 가족 간의 스킨십을 자연스럽게 유도하고 균형 감각과 대근육 발달에 도움이 됩니다. 가족과 함께 신나게 몸을 움직이면서 신체적, 심리적 만족감을 느낄 수 있습니다.

도깨비에게 이쁜 얼굴이 생기다니!

# 도깨비를 빨아 버린 우리 엄마

사토 와키코 글 · 그림 | 이영준 옮김 | 한림출판사

난이도 ★☆☆

무엇이든 척척 빨아내는 엄마는 도깨비까지 빨아 버립니다. 빨랫줄에는 상상하지 못한 것들이 빽빽하게 널렸습니다. 깨끗해진 도깨비가 친구들을 우르르 몰고 오는 장면은 재미를 더합니다.

엄마는 오늘도 빨래할 것들을 찾다가 고양이, 개, 슬리퍼와 구두, 우산 등 모든 것을 빨래통에 몰아넣고 빨았어요. 그때 도깨비가 방망이를 찾으러 지나가다가 거미줄처럼 쳐놓은 빨랫줄에 걸렸지요. 이를 본 엄마는 도깨비까지 빨아 버립니다. 눈, 코, 입이 없어지고 몸도 쭈글쭈글해진 도깨비. 이제 어쩌죠? 엄마는 아이들에게 도깨비 얼굴을 예쁘게 그려 달라고 부탁해요. 도깨비는 달라진 자신의 모습이 마음에 쏙 들었답니다. 다음 날 다른 도깨비들이 자신도 예쁘게 만들어 달라며 하늘에서 몽땅 내려옵니다. 엄마는 힘차게 말해요. "좋아, 나에게 맡겨!" 멋지고 당찬 엄마를 통해 상상력과 생동감을 함께 느낄 수 있는 유쾌한 그림책이랍니다.

#상상 #빨래 #유쾌

그림책으로 마음을 들여다보아요

무엇이
보이니?

+ 표지에 뭐가 보이니?
+ 엄마는 어떤 기분인 것 같아?
+ 뒤표지의 아이들은 지금 무슨 생각을 하고 있을 것 같아?
+ 실제로 이렇게 빨래하는 장면을 본 적이 있니?
+ 어떤 내용이 펼쳐질까?

왜 그렇게
생각하니?

+ 도깨비는 왜 내려왔지?
+ 엄마는 왜 도깨비를 빨았을까?
+ 도깨비의 눈, 코, 입이 없어지자 엄마가 어떻게 했지?
+ 다른 도깨비들은 왜 엄마에게 왔을까?

만약에
말이야

+ 내가 만약 도깨비라면 어떤 얼굴로 그려 달라고 하고 싶어?
+ 마음에 들지 않게 그려 줬다면 뭐라고 말할 거야?
+ 매일매일 얼굴이 바뀐다면 어떨 것 같아?
+ 내가 엄마라면 어떤 순서대로 도깨비를 빨아 줄까?

 나도 궁금해요

엄마에게 마음껏 질문하는 시간을 가져 보아요.

 쌤의
한마디

독서 활동은 부모와 자녀의 정서적 유대를 강화할 수 있는 좋은 기회입니다. 따라서 책을 읽
는 과정에서 과한 훈계나 교훈 위주의 결론에 이르지 않도록 주의해 주세요.

### 내가 고른 문장은?

엄마와 아이가 각자 책에서 마음에 드는 문장을 고르고 이유를 나눠 보세요.

 **함께하는 놀이**

# 돌멩이 도깨비

도깨비 얼굴을 상상해 보아요.

**준비물** 돌멩이, 색연필

❶ 밖으로 나가 도깨비의 얼굴이 될 돌멩이를 찾습니다.
  (다양한 질감의 돌멩이를 찾아보세요.)

❷ 돌멩이를 깨끗이 씻어 말린 후, 여러 돌멩이를 만지며
  질감을 느껴 봅니다.

❸ 도깨비 얼굴과 가장 어울리는 돌멩이에 상상 속
  도깨비 얼굴을 그립니다.

**TIP** 다양한 돌멩이의 질감과 색감을 느껴 보고 그 위에 도깨비 얼굴을 그려
보면서 매끈하다, 우둘투둘하다, 거칠거칠하다 등등 다양한 질감에 대한
언어 표현을 익힐 수 있어요.

신비한 상상의 세계

# 괴물들이 사는 나라

모리스 샌닥 글 · 그림 | 강무홍 옮김 | 시공주니어

난이도 ★☆☆

늑대 옷을 입고 장난을 치다가 엄마에게 꾸지람을 듣고 방에 갇혀 버린 맥스. 그런데 갑자기 방이 완전히 새로운 세계로 바뀝니다. 엄마와의 대립을 상상의 세계에서 풀어 나가는 주인공 맥스의 유쾌함을 함께 즐길 수 있는 책입니다.

괴물들이 사는 나라? 아이들은 이런 상상만으로도 입가에 미소가 번지고 눈이 반짝반짝 빛납니다. 주인공 맥스는 늑대 옷을 입고 집 안에서 장난치다가 엄마에게 "이 괴물딱지 같은 녀석!"이라는 꾸지람을 듣지요. 이에 지지 않고 "그럼, 내가 엄마를 잡아먹어 버릴 거야!"라고 응수한 맥스는 방에 갇히고 맙니다. 자칫 우울해질 수 있는 상황을 작가는 신비로운 세계를 등장시켜 감정적 대립 상황을 환기시킵니다. 방에 나무와 풀이 자라기 시작하고 넓은 바다가 등장하지요. 맥스는 배를 타고 괴물들이 사는 나라에 도착해 그곳에서 괴물들의 왕으로 군림합니다. 한참 놀던 맥스도 따뜻한 집이 그리웠는지 괴물들을 뒤로 하고 항해를 해 집으로 돌아옵니다. 돌아간 집에는 따뜻한 저녁 식탁이 준비되어 있습니다.

#상상 #괴물 #유쾌

그림책으로 마음을 들여다보아요

<table>
<tr><td>무엇이<br>보이니?</td><td>
✚ 괴물 발을 왜 사람 발처럼 그렸을까?<br>
✚ 괴물은 지금 무엇을 하고 있는 것 같아?<br>
✚ 이곳에서는 어떤 소리가 들릴 것 같아?<br>
✚ 어떤 냄새가 날 것 같아?<br>
✚ 괴물의 털을 만져 보면 어떤 느낌이 들 것 같아?
</td></tr>
<tr><td>왜 그렇게<br>생각하니?</td><td>
✚ 맥스는 왜 엄마에게 혼이 났을까?<br>
✚ 엄마에게 혼이 난 맥스는 어디로 갔지?<br>
✚ 그곳에서 누구를 만났어?<br>
✚ 처음 만난 괴물들에게 무슨 말을 했지?<br>
✚ 괴물들이 더 놀자고 했을 때 맥스는 뭐라고 했지?
</td></tr>
<tr><td>만약에<br>말이야</td><td>
✚ 엄마한테 혼나면 어떤 기분이 들어?<br>
✚ 괴물들이 사는 나라는 어떨 것 같아?<br>
✚ 내가 맥스라면 엄마에게 혼이 난 후 어디로 가고 싶을 것 같아?<br>
✚ 내가 엄마라면 맥스에게 어떤 말을 해 주고 싶어?
</td></tr>
</table>

 나도 궁금해요

**엄마에게 마음껏 질문하는 시간을 가져 보아요.**

 쌤의 한마디

긍정적인 언어는 아이의 사고를 긍정적으로 이끕니다. 아이가 문제 상황에서 담대하고 유연하게 해결해 나갈 수 있도록 긍정의 언어라는 무기를 장착시켜 주세요.

내가 고른 문장은?

엄마와 아이가 각자 책에서 마음에 드는 문장을 고르고 이유를 나눠 보세요.

함께하는 놀이

# 괴물 별명 짓기

괴물의 이름을 지어 보아요.

준비물  괴물이 나오는 책

❶  괴물이 등장하는 책들을 한데 모읍니다.

❷  책에 나오는 괴물들의 모습을 자세히 관찰하며 특징을 떠올립니다.

❷  관찰한 특징에 어울리는 별명을 지어 줍니다.

TIP  이 놀이는 대상을 자세히 관찰하고 적절한 단어를 생각해 내는 과정이 필요합니다. 이러한 과정은 사물의 특징을 종합적으로 파악하고 적절한 언어를 활용하는 능력을 확장시킵니다.

침대를 날아오르게 하는 주문이 있다면?

# 마법 침대

존 버닝햄 글 · 그림 l 이상희 옮김 l 시공주니어

**난이도 ★☆☆**

밤마다 사용하는 '침대'를 통해 상상의 세계를 펼치는 아이의 마음을 그린 책입니다. 주인공 조지의 할머니는 낡은 마법침대를 버리고 새 침대로 바꿔 주지만, 조지는 마법침대를 차마 버릴 수 없습니다. 조지의 마음은 아이들의 공감을 사기에 충분합니다.

침대를 타고 하늘을 난다니! 상상만으로도 가슴이 두근거립니다. 어릴 때부터 사용하던 침대를 몸에 맞는 것으로 바꾸어야 할 때가 된 조지는 아빠와 함께 중고 가게에서 '마법 침대'를 구입해요. 어쩌다 알아낸 마법 주문은 조지를 한 번도 가 보지 못한 상상의 세계로 데려다주지요. 그곳에서는 요정도 해적도 돌고래도 만날수 있고, 그들과 재미난 놀이도 할 수 있어요. 그러던 어느 날, 조지의 할머니는 조지를 위해 헌 침대(마법 침대)를 버리고 깔끔한 새 침대로 바꾸셨어요. 조지는 그런 할머니가 야속하기만 합니다. 조지는 수거통에서 겨우겨우 마법 침대를 찾아요. 그러곤 마법 침대에 누워 누구보다 편안하고 행복한 미소를 지으며 또 다른 마법의 세계를 상상하네요. 조지는 지금 어떤 상상을 하고 있을까요?

#상상 #마법 #애착

그림책으로 마음을 들여다보아요

| 무엇이<br>보이니? | + 마법 침대가 뭘까?<br>+ 누가 침대 위에 누워 있지?<br>+ 호랑이와 같이 누워 있는 상상을 해 본 적이 있니?<br>+ 내 침대가 마법 침대라면 어떨까? |
|---|---|
| 왜 그렇게<br>생각하니? | + 조지는 왜 침대를 바꿔야 했을까?<br>+ 할머니와 엄마는 조지의 침대를 보고 뭐라고 했어?<br>+ 조지는 마법 침대의 주문을 알게 되자 어떻게 했지?<br>+ 조지의 마법 여행 중 어느 곳이 가장 재미있어 보여?<br>+ 마법 침대가 없어진 걸 안 조지는 어떤 기분이었지? |
| 만약에<br>말이야 | + 나에게 마법 침대가 있다면 어디로 가고 싶어?<br>+ 마법 침대를 움직일 수 있는 주문을 만들어 볼까?<br>+ 내가 엄마라면 조지가 침대를 사 왔을 때 뭐라고 말해 주었을까?<br>+ 조지를 위해 새 침대를 사 온 할머니에게 어떤 말로 위로해 드리면 좋을까? |

 나도 궁금해요

엄마에게 마음껏 질문하는 시간을 가져 보아요.

 쌤의<br>한마디

아이가 책을 읽을 만한 포근하고 아늑한 공간을 마련해 주세요. 책 읽는 시간이 행복하고 따뜻하다는 느낌을 받으면 자연스럽게 책을 좋아하게 됩니다.

내가 고른 문장은?

엄마와 아이가 각자 책에서 마음에 드는 문장을 고르고 이유를 나눠 보세요.

 엄마

 아이

 함께하는 놀이

# 내가 다 맞힐 거야!

설명을 듣고 무엇을 뜻하는지 맞혀 보아요.

**준비물** 종이, 연필

① 두 명이 짝이 되어 한 사람이 먼저 그림책에 나오는 단어 하나를 뽑아 종이에 씁니다.

② 단어를 적은 사람이 그 단어에 대한 퀴즈를 냅니다.
예. 조지가 마법 침대를 타고 이 친구와 놀고 온 날에는 침대가 젖어 있어요. 이 친구는 누구일까요?

TIP 읽은 책의 내용을 다시 상기시키는 활동은 재미를 줄 뿐 아니라 집중력과 기억력을 향상시킵니다.

세상에 그렇게 크고 재미있는 모자가 있다고?

BOOK
066

# 콰글왕글의 모자

에드워드 리어 글 | 헬린 옥슨버리 그림 | 엄혜숙 옮김 | 보림

난이도 ★☆☆

커다란 비버 털모자를 써서 얼굴이 보이지 않는 콰글왕글은 과자 나무 꼭대기에 혼자 앉아 있습니다. 콰글왕글의 모자는 아주 커다래서 카나리아, 개구리, 작은 곰, 파란 원숭이… 수많은 친구들이 와서 집을 지어요. 콰글왕글은 친구들과 어떤 시간을 보냈을까요?

콰글왕글은 과자 나무 위에서 혼자 살고 있어요. 자기 몸의 몇 배나 큰 비버 털모자를 써서 아무도 그의 얼굴을 볼 수 없지요. 콰글왕글은 비버 털모자를 화려하고 아름답게 만들기 위해 레이스와 리본, 단추와 종을 매달았지만 심심하고 재미없는 나날이 계속되었어요. 그때 카나리아 한 쌍이 날아와 콰글왕글의 큰 모자에 집을 짓고, 뒤이어 황새, 오리, 올빼미, 달팽이, 벌, 개구리, 새가 찾아와 모두 모자에 집을 짓습니다. 수많은 친구들이 모자 위에 모두 모여 춤추고 피리 불고 소리 지르며 즐거워합니다. 시끌벅적 행복한 시간을 보내는 콰글왕글과 친구들을 보고 있으면 덩달아 행복해집니다. 영국의 난센스 시인 에드워드 리어가 1969년에 쓴 이 책은 지금까지도 사랑받고 있습니다.

#함께 #행복 #모자

그림책으로 마음을 들여다보아요

**무엇이 보이니?**
+ 모자가 나오는 그림책을 알고 있니?
+ 헬렌 옥슨버리 작가의 그림책을 본 적 있니?
+ 콩글왕글이라는 단어에서 어떤 느낌이 들어?
+ 그림처럼 큰 모자를 본 적이 있니?

**왜 그렇게 생각하니?**
+ 콩글왕글은 어떤 모자를 쓰고 있었지?
+ 콩글왕글은 무엇 때문에 힘들어 했을까?
+ 동물 친구들은 콩글왕글에게 무슨 부탁을 했니?
+ 콩글왕글의 모자는 어떻게 되었지?

**만약에 말이야**
+ 콩글왕글의 모자처럼 크고 화려한 모자가 생긴다면 어떻게 사용할 거야?
+ 내가 콩글왕글이라면 집을 짓고 싶다는 친구들에게 뭐라고 할 것 같아?
+ 외로울 때 나는 어떻게 하지?
+ 주변에 외로워 보이는 사람이 있으면 어떻게 하면 좋을까?

 나도 궁금해요
엄마에게 마음껏 질문하는 시간을 가져 보아요.

 쌤의 한마디

훈육의 목적은 어떤 행동이 잘 한 행동이고 어떤 행동이 하면 안 되는 행동인지에 대한 질서를 세워 주는 것입니다. 따라서 감정을 배제하고 명확한 기준을 단호하게 알려주는 것만으로도 아이의 잘못된 행동의 많은 부분이 교정됩니다.

내가 고른 문장은?

엄마와 아이가 각자 책에서 마음에 드는 문장을 고르고 이유를 나눠 보세요.

함께하는 놀이

# 의성어(소리의 말), 의태어(상태의 말) 모으기

재미있는 의성어와 의태어를 떠올려 보아요.

준비물 화이트보드, 보드마카, 종이

① 의성어와 의태어가 무엇인지 설명해 줍니다.

② 알고 있는 의성어와 의태어를 마구마구 말해 봅니다.

③ 그중 몇 가지를 골라 문장을 만들어 봅니다.

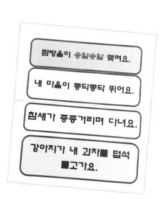

땀방울이 송알송알 맺혔어요.

내 마음이 콩닥콩닥 뛰어요.

참새가 쫑쫑거리며 다녀요.

강아지가 내 과자를 덥석 물고가요.

TIP 언어의 다양성과 즐거움을 경험하게 합니다. 상황에 맞는 의성어를 적용하는 과정에서 주도적으로 언어를 활용하게 됩니다.

BOOK
067

유령들이 밥을 먹는다고?

# 꼬마 유령들의 저녁 식사

자크 뒤케누아 글 · 그림 | 이정주 옮김 | 미디어창비

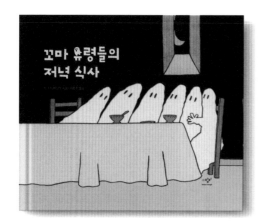

난이도 ★☆☆

귀여운 꼬마 유령들의 즐거운 저녁 식사 시간을 그린 책입니다. 캄캄한 밤, 평범해 보이는 저녁 식탁에서 벌어지는 유쾌하고 신비한 일들은 아이들을 기발하고 흥미로운 상상력의 세계로 초청하기에 충분합니다.

초승달이 뜬 어느 날, 앙리는 친구들을 저녁 식사에 초대해요. 앙리가 준비한 알록달록 주스를 마시자 유령 친구들의 몸은 주스 색깔로 변합니다. 단호박 수프를 먹은 친구는 단호박 색으로, 샐러드를 먹은 친구는 연두색으로, 치즈를 먹을 때는 구멍 뚫린 치즈 모양으로 바뀌어요. 단순하면서도 직관적인 그림과 글은 아이들의 상상력을 자극합니다. 자신이 만든 음식이 누군가에게 뜻하지 않은 즐거운 시간을 선물할 수 있다는 설정과 앙리가 음식을 내올 때마다 "맛있어! 달콤해!"를 외치며 식사 시간을 한층 흥이 나게 만드는 친구들의 호응은 아이들에게 생각할 거리를 던져 줍니다.

#유쾌 #밤 #식사

그림책으로 마음을 들여다보아요

무엇이
보이니?

+ 유령이라는 단어를 들으면 뭐가 생각나?
+ 표지에서 꼬마 유령들의 표정을 보니 어떤 상황인 것 같아?
+ 유령들은 어떤 음식을 좋아할 것 같아?

왜 그렇게
생각하니?

+ 앙리는 유령 친구들을 언제 초대했어?
+ 유령들은 앙리가 준비한 음식을 먹고 어떻게 되었지?
+ 앙리가 준비한 음식을 먹고 친구들은 무슨 말을 해 주었지?

만약에
말이야

+ 유령에게 저녁 식탁을 차려 준다면 어떤 음식을 대접하고 싶어?
+ 내가 유령이라면 어떤 음식을 먹어 보고 싶을 것 같아?
+ 나라면 음식을 먹고 나서 몸이 어떻게 변하면 좋겠어?
+ 왜 유령들은 밤에만 나타날까?

 나도 궁금해요
엄마에게 마음껏 질문하는 시간을 가져 보아요.

 쌤의
한마디

아이들이 직접 간식을 만들어 보도록 도와주세요. 또 평소 자주 먹지 않는 식재료를 사용해
보세요. 이러한 경험들은 간식 시간을 색다르게 즐기는 방법입니다.

내가 고른 문장은?

엄마와 아이가 각자 책에서 마음에 드는 문장을 고르고 이유를 나눠 보세요.

 엄마

 아이

# 무엇을 함께 먹어 볼까?

유령을 위한 저녁 식사를 준비해 보아요.

**준비물** 점토, 일회용 그릇, 색연필, 사인펜, 종이

➊ 유령을 초대한다면 함께 먹고 싶은 음식을 떠올려 봅니다.

➋ 생각한 음식을 다양한 재료를 이용해 만들거나 그려 봅니다.

➌ 음식을 먹고 변할 꼬마 유령을 상상하며 식탁에 보기 좋게
차립니다.

TIP 음식과 몸의 변화에 대한 자유로운 상상을 펼치며 자신만의 논리를 세워
가는 놀이입니다.

BOOK
068

육식 공룡과 초식 공룡의 운명적 만남

# 고 녀석 맛있겠다

미야니시 타츠야 글 · 그림 | 백승인 옮김 | 달리

난이도 ★★★

어쩌다 초식 공룡을 키우게 된 육식 공룡의
이야기입니다. 자기를 아빠로 착각하고 따르는 아기
초식 공룡에게 마음을 빼앗긴 티라노사우르스는
초식 공룡을 잡아먹지 않고 잘 키울 수 있을까요?

"맛있겠다"는 티라노사우르스가 아기 초식 공룡 안킬로사우르스를 보자마자 내
뱉은 말이에요. 그래서 아기 공룡의 이름은 '맛있겠다'가 됩니다. 티라노사우르스
가 아기 공룡을 잡아먹으려는 순간, 아기 공룡은 자신을 "아빠"라고 부르며 살갑
게 대합니다. 티라노사우르스는 작고 귀여운 아기 공룡을 차마 잡아먹지 못하고
아빠가 되어 지극정성으로 키웁니다. 육식 공룡들로부터 아들을 지키기 위해 자
신의 몸에 상처가 생기는 것도 감내하지요. 아빠는 아들이 자신을 보호할 수 있도
록 박치기, 꼬리 사용법, 울부짖는 법 등을 가르쳐 주어요. 그러나 두 공룡은 어쩔
수 없이 이별해야만 하는 순간을 맞이합니다. 천적 관계에 있는 이들이 사랑과 우
정을 나누는 모습은 언제 봐도 가슴이 뭉클합니다.

#공룡 #가족 #사랑

그림책으로 마음을 들여다보아요

무엇이
보이니?
+ 표지를 보니 어느 시대 이야기인 것 같아?
+ 큰 공룡은 어떤 공룡인 것 같아?
+ 큰 공룡 뒤를 쫓아가는 작은 공룡과는 어떤 관계인 것 같아?
+ 공룡은 무엇을 먹고 살았을까?

왜 그렇게
생각하니?
+ 티라노사우르스는 어떻게 아빠가 되었지?
+ 아기 공룡의 이름이 뭐지?
+ 아빠 공룡은 아기 공룡에게 무엇을 가르쳤지? 왜 그랬지?
+ 아빠 공룡은 아기 공룡과 헤어지기 위해 어떻게 했지?

만약에
말이야
+ 내가 아빠 공룡이라면 처음 아기 공룡을 만났을 때 어떻게 했을까?
+ 아빠 공룡은 왜 아기 공룡과의 이별을 준비했을까?
+ 아빠와 아기 공룡의 이별 장면을 보니 어떤 느낌이 들어?
+ 티라노사우르스와 안킬로사우르스처럼 오랫동안 함께할 수 없는 관계인 것을 찾아볼까?

 나도 궁금해요

엄마에게 마음껏 질문하는 시간을 가져 보아요.

 쌤의 한마디

경남 고성군은 세계 3대 공룡발자국 화석 산출지 중 한 곳으로, 공룡 박물관이 있습니다. 알차게 구성된 실내 전시실과 탁 트인 바다를 배경으로 공룡 조각상을 전시해 둔 실외 전시실은 타임머신을 타고 이동한 듯합니다. 아이가 공룡을 좋아한다면 한번 방문해 보는 것도 좋겠지요?

내가 고른 문장은?

엄마와 아이가 각자 책에서 마음에 드는 문장을 고르고 이유를 나눠 보세요.

 함께하는 놀이

# 천적 관계야

천적인 동물을 찾아보아요.

**준비물** 종이, 연필

❶ 잡아먹는 동물을 잡아먹히는 동물에 상대하여 이르는 말이 '천적'입니다. 쥐에게는 고양이가, 개구리에게는 뱀이, 진딧물에게는 무당벌레가 천적이지요. 이런 관계의 동물을 더 찾아보아요.

❷ 천적 관계의 동물을 주인공으로 한 이야기를 만들어 봅니다.

TIP 먹이 사슬을 이해하는 과정에서 생태계 전반에 대한 감각과 지식을 갖게 됩니다.

BOOK
**069**

새로운 언어의 세계로 풍당

# 스몽스몽

소냐 다노프스키 글 · 그림 | 김선희 옮김 | 책빛

난이도 ★★☆

곤곤 별에 사는 스몽스몽이 동동 열매를 따기 위해 집을 나섰어요. 집을 나서자마자 여러 일을 겪는답니다. 새롭게 만나는 친구들과 경험을 통해 자신의 세계를 끊임없이 확장해 나가는 스몽스몽을 따라가다 보면 어느새 생동감 넘치는 낯선 세계에 마음을 빼앗깁니다.

새까만 눈썹에 까만 눈과 까만 코를 가진 인형 같은 모습의 스몽스몽은 아름답고 신비로운 곤곤 별에 살고 있어요. 동그란 열매 동동을 따기 위해 집을 나선 스몽스몽의 모습에 깜짝 놀랄 거예요. 스몽스몽의 목이 아코디언처럼 늘어나거든요. 높은 곳에 있는 열매를 따기에 안성맞춤이지요. 열매를 구하러 가는 과정에 만나는 플롱플롱, 폰폰에게 모든 걸 주고 길을 떠나는 스몽스몽의 여행길은 만나는 것들의 이름 때문인지 꽤 리드미컬합니다. 식물의 뿌리 롱롱, 오목한 그릇 통통 등 처음 들어보는 낱말이 주는 새로운 리듬감은 아이들이 언어로 상상할 수 있는 범위를 확장시켜 줍니다. 낯설지만 사랑스러운 단어와 그림은 두고두고 곱씹게 하는 매력이 있습니다.

#언어 #창조 #리듬감

그림책으로 마음을 들여다보아요

무엇이
보이니?
+ 스몽스몽이라는 말에서 어떤 느낌이 들어?
+ 표지에 나온 아이는 어디에 있는 것 같아?
+ 책 제목을 우리가 다시 지어 볼까?

왜 그렇게
생각하니?
+ 스몽스몽은 왜 길을 떠났을까?
+ 스몽스몽은 길에서 누구를 만났어?
+ 길에서 만난 친구들에게 무엇을 주었지?

만약에
말이야
+ 내 이름과 가족의 이름을 새로운 단어로 바꿔 볼까?
+ 내가 알고 있던 단어를 처음 들어 보는 말로 바꾸니까 어떤 느낌이 들어?
+ 우리 주변에 있는 것들의 이름을 다 바꾼다면 어떨 것 같아?
+ 책 내용 중 바꾸고 싶은 부분이 있니?

 나도 궁금해요
엄마에게 마음껏 질문하는 시간을 가져 보아요.

 쌤의
한마디

국립 어린이과학관 천체 투영관, 국립 과천 과학박물관, 항공우주박물관, 제주항공우주박물
관, 강화옥토끼우주센터, 영월 천문대, 송암스페이스센터 등 천체 박물관은 아이들의 상상
력과 호기심을 북돋아 줍니다. 아이들과 함께 한번쯤 방문해 보는 건 어떨까요?

**내가 고른 문장은?**

엄마와 아이가 각자 책에서 마음에 드는 문장을 고르고 이유를 나눠 보세요.

**함께하는 놀이**

# 나만의 이름 짓기

익숙한 이름에 다른 이름을 붙여 보아요.

**준비물** 포스트잇

① 집 안에 있는 다양한 사물을 둘러보고
특징을 찾습니다.

② 특징과 어울리는 이름을 지어 포스트잇에
적습니다.
예. 냉장고: 싱싱이, 세탁기: 탈탈이

③ 만든 이름표를 사물에 붙입니다.

**TIP** 관찰을 바탕으로 적절한 어휘를 생각해 보는 언어 활동이에요. 이름을 짓게 된 연유를 생각하고 이야기해 보는 과정에서 관찰력과 표현력을 키울 수 있습니다.

가족이니까 다시 만날 수 있겠지?

# 막대기 아빠

줄리아 도널드슨 글 | 악셀 셰플러 그림 | 노은정 옮김 | 비룡소

난이도 ★★☆

아침 운동을 하다 개에게 물려가 여기저기 끌려다니며 모험을 하는 막대기 아빠의 이야기를 담은 책입니다. 한시도 빼놓지 않고 가족들을 생각하는 막대기 아빠의 모습은 우리네 아빠를 떠올리게 합니다. 막대기 아빠는 무사히 가족의 품으로 돌아올 수 있을까요?

막대기 가족의 아빠는 아침 운동을 하다가 개에게 물립니다. "난 막대기 아빠야. 막대기 아빠라고!" 아무리 외쳐도 개에게 막대기는 놀잇감일 뿐입니다. 여자아이에게 막대기 아빠는 나뭇가지 던지기 놀잇감이 되고 모래사장에서는 깃발을 꽂을 깃대가 되지요. 막대기 아빠는 전쟁놀이에 필요한 나무칼이 되기도 하고 공을 치는 방망이가 되기도 해요. 그러다 땔감이 되는 상황에까지 이릅니다. 영영 가족을 볼 수 없을 위기에 처한 막대기 아빠! 다행히 크리스마스 아침에 가족의 품으로 돌아옵니다. 가족을 떠나서도 매 순간 가족을 떠올리는 막대기 아빠가 가족의 품으로 무사히 돌아오는 긴 과정은 '가족 사랑'이 무엇인지 깊이 느끼게 합니다.

#모험 #쓰임새 #가족애

**그림책으로 마음을 들여다보아요**

| **무엇이 보이니?** | ✛ 표지를 보니 무슨 계절인 것 같아? |
| | ✛ 막대기 아빠는 지금 어떤 상황인 것 같아? |
| | ✛ 표지와 어울리는 노래를 불러 볼까? |

| **왜 그렇게 생각하니?** | ✛ 막대기 아빠가 "난 막대기 아빠야"라고 여러 번 소리친 이유가 뭘까? |
| | ✛ 바닷가에서 막대기 아빠에게 무슨 일이 일어났지? |
| | ✛ 막대기 아빠는 산타 할아버지를 어떻게 만났을까? |
| | ✛ 막대기 아빠는 어떻게 집으로 돌아오게 되었지? |
| | ✛ 작가는 왜 아빠를 막대기로 표현했을까? |

| **만약에 말이야** | ✛ 내가 이야기를 만든다면 어떤 것을 주인공으로 만들어 보고 싶어? |
| | ✛ 막대기 아빠를 만난다면 어떤 놀이를 하고 싶어? |
| | ✛ 막대기 아빠에게 해 주고 싶은 말이 있어? |

 **나도 궁금해요**

엄마에게 마음껏 질문하는 시간을 가져 보아요.

 **쌤의 한마디**

계절감을 확연히 느낄 수 있는 여행지를 찾아 떠나는 것은 그 자체만으로도 아이의 기억과 마음에 확실히 각인됩니다. 계절에 따라 여행 계획을 세워 보세요.

### 내가 고른 문장은?

엄마와 아이가 각자 책에서 마음에 드는 문장을 고르고 이유를 나눠 보세요.

함께하는 놀이

# 아이스크림 막대기 가족

다양한 아이스크림 막대기로 가족을 만들어 보아요.

**준비물** 아이스크림 막대기, 사인펜, 색종이

① 아이스크림을 먹고 남은 다양한 모양의 막대기를
  잘 씻어 말려 둡니다.

② 막대기 모양에 따라 가족 구성원을 정합니다.

③ 정한 대로 눈, 코, 입 등을 그립니다.

 표현하고자 하는 대상의 특징을 뽑아내는 과정에서 아이의 개성이
   드러납니다.

# 최고의 아빠를 찾아요

아빠가 주인공으로 등장하는 책이 많이 있어요.《동물원》《내가 아빠를 얼마나
사랑하는 줄 아세요?》《막대기 아빠》《고 녀석 맛있겠다》《김수한무 거북이와
두루미 삼천갑자 동방삭》에 등장하는 아빠들의 모습을 생각해 보아요. 자신이
생각하는 최고의 아빠를 뽑고, 뽑은 이유, 우리 아빠와 비슷한 점과 다른 점 등
을 나누어 보아요. 그리고 우리 아빠만이 갖고 있는 장점 혹은 아빠에게 바라
는 점 등을 이야기해 보세요.

**준비물**　아빠가 등장하는 책

**놀이 순서**

1. 아빠가 등장하는 다양한 그림책을 골라요. 집에 있는 책 중에서 아빠가 등장하는 어떤
   책이라도 좋아요. 아빠라는 한 가지 주제를 모아 읽고 생각하는 것이 포인트예요.
2. 그림책에 등장하는 아빠의 모습과 성격을 알아보고 그림이나 글로 표현해 보아요.
3. 각자 자신이 생각하는 최고의 아빠를 소개하고 가장 많이 소개된 아빠를 최고의 아빠로
   정해 봅니다.

# 10

# 전통문화

삶의 지혜와 해학이 스며 있는
우리 문화 이야기

김치는 어떻게 담그지?

# 오늘은 우리 집 김장하는 날

채인선 글 | 방정화 그림 | 보림

난이도 ★★★

선미네와 생쥐네서 김장 담그는 과정을
재미있게 보여 주는 책입니다. 생쥐네는
선미네 가족이 김장김치 담그는 과정을
그대로 따라해 보면서 방법을 익힙니다.
우리나라 겨울 맞이 전통인 김장 담그는
모습을 생동감 있게 표현했습니다.

가을이 저물어 가면 엄마들은 배추를 준비하지요. 굵은소금과 커다란 그릇도 꺼
냅니다. 선미네는 할머니, 엄마, 선미, 이웃집 아주머니와 함께 김장을 준비합니
다. 이번에는 선미네 뒤꼍에 사는 이웃 생쥐네도 매년 김장김치를 얻어먹는 것이
미안해 김장을 담기로 합니다. 선미네 엄마가 하는 대로 배추를 절이고, 김칫소를
준비해요. 무를 총총 썰고, 마늘을 꽁꽁 찧고, 찹쌀 풀을 퍼르르 끓입니다. 생쥐의
눈을 따라 김치가 어떻게 만들어지는지 설명하는 식으로 이야기가 전개됩니다.
요즘은 함께 모여 김장하는 모습을 찾아보기 어렵지만, 생생한 그림책을 통해 김
치를 만드는 과정뿐 아니라 일손을 나누는 공동체 문화도 경험해 볼 수 있습니다.

#겨울 #김장 #품앗이

그림책으로 마음을 들여다보아요

| 무엇이 보이니? | + 표지에 보이는 사람들의 표정이 어때? |
| | + 항아리는 어떨 때 쓰는 물건일까? |
| | + 왜 가족들이 모두 함께 있을까? |
| | + 김장하는 것을 본 적이 있니? |

무엇이 보이니?

+ 표지에 보이는 사람들의 표정이 어때?
+ 항아리는 어떨 때 쓰는 물건일까?
+ 왜 가족들이 모두 함께 있을까?
+ 김장하는 것을 본 적이 있니?

왜 그렇게 생각하니?

+ 김장 재료에는 무엇 무엇이 있을까?
+ 김장하는 과정을 이야기해 볼까?
+ 왜 김장할 때는 여러 사람이 같이 할까?
+ 김치 종류에는 어떤 것들이 있을까?

만약에 말이야

+ 협동의 좋은 점은 무엇일까?
+ 다른 사람을 도와준 적이 있니?
+ 혼자 하는 것보다 같이 하면 더 좋은 일은 무엇이 있을까?
+ 가족이 다 같이 도우며 할 수 있는 일에는 무엇이 있을까?

 나도 궁금해요
엄마에게 마음껏 질문하는 시간을 가져 보아요.

 쌤의 한마디

책의 마지막에 김치에 대해 알아보는 장이 있습니다. 김치의 유래, 품앗이, 여러 가지 김치의 종류를 알아보면서 우리나라 전통 문화와 음식에 자연스럽게 다가갈 수 있습니다.

**내가 고른 문장은?**

엄마와 아이가 각자 책에서 마음에 드는 문장을 고르고 이유를 나눠 보세요.

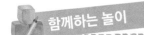
함께하는 놀이

# 우리 집 김치는 이렇게 만드는구나

김치 만드는 방법을 적어 보아요.

**준비물** 스케치북 혹은 공책, 색연필, 연필, 김치 재료

❶ 우리 집 김치는 어떤 순서로 만들어지는지 이야기를 나눕니다.

❷ 준비물, 순서 등을 숙지한 후 과정에 따라 하나씩 적어 우리 집 김치 레시피를 완성합니다.

❸ 레시피에 따라 소량의 김치를 직접 만들어 봅니다.

TIP 요리 활동은 시간과 온도에 따른 재료의 물리적 변화에 대한 이해를 돕고 순서와 인과 관계를 파악하는 능력을 기를 수 있습니다.

BOOK
072

힘을 모으면 뭐든 가능해

# 팥죽 할머니와 호랑이

조대인 글 | 최숙희 그림 | 보림

난이도 ★★★

할머니를 잡아먹으려는 호랑이와 할머니를 돕는 친구들이 힘을 합해 호랑이를 물리치는 과정을 담았습니다. 각자 필요한 곳에서 강력한 힘을 발휘해 결국 호랑이를 이겨낸 이야기는 '우리'를 중요하게 생각하는 우리나라의 정서를 보여 줍니다.

전래동화에 자주 등장하는 키워드 중 하나가 '할머니'와 '호랑이'이지요. 할머니라는 말이 함축하고 있는 한없이 다정하고 넉넉한 느낌. 그런 할머니가 팥죽 할머니라는 강인한 캐릭터로 등장합니다. 동짓날 아침이면 쑤어 먹었던 전통 음식 '팥죽'을 소재로 한 옛이야기 그림책이랍니다. 당당함과 지혜로움으로 무장한 할머니와 호랑이의 한 판 승부! 알밤, 자라, 쇠똥, 송곳, 맷돌, 멍석, 지게 친구들이 적재적소에서 힘을 발휘합니다. 할머니의 친구들이 호랑이에게 매운맛을 보여 주는 모습은 통쾌하기 그지없습니다. 이런 협동심은 '우리'를 중요하게 생각하는 우리나라의 정서를 잘 보여줍니다. 흉내 내는 말이 주는 리듬감과 대범하면서 익살스러운 그림이 어우러져 책의 매력을 한껏 돋우지요.

#협동 #지혜 #동짓날

그림책으로 마음을 들여다보아요

| 무엇이<br>보이니? | + 팥죽을 먹어 본 적이 있니?<br>+ 할머니가 나오는 그림책을 알고 있니?<br>+ 호랑이가 나오는 그림책을 알고 있니?<br>+ 할머니는 작게 호랑이는 크게 그린 이유가 있을까? |
|---|---|
| 왜 그렇게<br>생각하니? | + 호랑이는 왜 할머니를 찾아왔어?<br>+ 할머니는 동짓날 무엇을 만들어 먹었지?<br>+ 할머니를 도와주기 위해 누가 찾아왔어?<br>+ 멍석은 무슨 일을 했지?<br>+ 쇠똥은 어떤 일을 했어? |
| 만약에<br>말이야 | + 누군가를 도와준 적이 있어?<br>+ 누군가의 도움을 받아 본 적이 있어?<br>+ 다같이 호랑이를 물리쳤을 때 어떤 기분이었을까?<br>+ 다른 친구와 협동해서 일을 잘 해냈을 때 어떤 기분이 들어?<br>+ 팥죽 할머니를 도와줄 친구를 한 명 더 등장시킨다면 누가 좋을까? |

 나도 궁금해요

엄마에게 마음껏 질문하는 시간을 가져 보아요.

민속 박물관, 민속촌, 국악원 등 우리나라 전통을 느낄 수 있는 장소에 방문해 보세요. 교육 프로그램, 공연, 먹거리 등을 체험하면서 자연스럽게 우리나라 전통 문화를 익힐 수 있습니다.

내가 고른 문장은?

엄마와 아이가 각자 책에서 마음에 드는 문장을 고르고 이유를 나눠 보세요.

 엄마

 아이

 **함께하는 놀이**

# 명절에는 어떤 음식을 먹지?

달력을 보며 우리나라 주요 명절과 명절 음식에 대해 이야기해 보아요.

**준비물** 달력

① 달력을 1월부터 넘기며 어떤 명절이
   있는지 하나씩 이야기합니다.

② 해당 명절에 무엇을 먹고 무엇을
   하는지, 왜 그런 전통이 생겼는지 함께
   이야기합니다.

 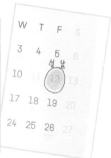

**TIP** 전통의 의미를 생각해 보고 현재와 과거의 공통점, 차이점 등을 알아볼 수
있습니다.

BOOK
**073**

얼마나 큰 만두를 만들 수 있을까?

# 손큰 할머니의 만두 만들기

채인선 글 | 이억배 그림 | 재미마주

난이도 ★★☆

해마다 설날이면 일 년 내내 먹을 수 있을 만큼 많은 만두를 빚는 할머니의 이야기예요. 손 큰 할머니는 설날이 되자 만두를 빚기 위해 밀가루를 반죽하는데 그 반죽이 문턱을 넘어 소나무 숲까지 뻗어나갑니다. 처음에는 신나게 만두를 만들던 동물들도 슬슬 지쳐갑니다. 만두를 완성할 수 있을까요?

1998년에 '어린이 문화대상'을 받은 책이에요. 이 책에도 할머니가 등장하네요. 넉 넉하고 푸근해 보이는 외모만큼이나 손이 큰 할머니랍니다. 손 큰 할머니가 만두 를 빚기 위해 준비한 만두소의 양은 상상을 초월해요. 나흘이 지나도 할머니가 만 든 만두소는 줄어들 기미가 보이지 않고 함께 도와주려고 온 동물들은 그만 지쳐 버리지요. 이때 등장하는 할머니의 반짝 빛나는 아이디어! 만두소를 한꺼번에 넣 을 만큼 큰 만두피를 만들어 남은 만두소를 모두 넣습니다. 커다란 만두가 다 익자 만두를 나눕니다. 나눔이 주는 따뜻함과 마을 공동체에서 느낄 수 있는 정겨움을 엿볼 수 있는 전통문화 그림책입니다. 온 가족이 모이는 설이 다가오면 손 큰 할머 니의 만두 맛이 궁금해질 거예요.

#넉넉함 #도움 #전통

그림책으로 마음을 들여다보아요

<table>
<tr><td>무엇이<br>보이니?</td><td>

✤ 할머니의 표정을 보니 기분이 어떤 것 같아?

✤ 동물들은 뭘 하고 있는 것 같아?

✤ 손이 크다는 말은 무슨 뜻일까?

✤ 어떤 계절인 것 같아?

</td></tr>
<tr><td>왜 그렇게<br>생각하니?</td><td>

✤ 할머니는 무엇을 만들려고 했지?

✤ 누가 도와주러 왔을까?

✤ 왜 만두를 크게 빚게 되었어?

✤ 만두를 다 빚고 무엇을 했지?

</td></tr>
<tr><td>만약에<br>말이야</td><td>

✤ 손이 큰 할머니는 어떤 성격일 것 같아?

✤ 주변에서 손이 큰 사람을 본 적이 있니?

✤ 다른 사람을 위해 무언가를 준비해 본 적이 있니?

✤ 그럴 때 기분이 어땠어?

✤ 할머니가 아니라 할아버지였다면 어떤 이야기가 만들어졌을까?

</td></tr>
</table>

 나도 궁금해요

엄마에게 마음껏 질문하는 시간을 가져 보아요.

 쌤의 한마디

전통이 사라져가는 시대를 살아가는 아이들이 우리 전통과 문화 그리고 정서를 자연스럽게 접할 수 있는 책을 자주 읽어 주세요. 명절의 풍경을 다룬 이야기에서는 특히 어르신들의 넉넉한 마음을 배울 수 있습니다.

내가 고른 문장은?

엄마와 아이가 각자 책에서 마음에 드는 문장을 고르고 이유를 나눠 보세요.

 함께하는 놀이

# 힘겨루기

팔씨름으로 힘이 센 사람을 찾아보아요.

**준비물** 튼튼한 팔

① 팔씨름을 할 두 사람을 정하고, 체중과 체격에 따라 어떻게 하면 공평하게 힘을 겨룰 수 있을지 상의합니다.

② 손목을 잡든지 손가락을 잡든지 손깍지를 끼든지 상의하여 정한 법칙에 따라 팔씨름을 합니다.

③ 돌아가면서 팔씨름을 한 후 누가 가장 힘이 센지, 왜 힘이 센지 이야기해 봅니다.

TIP 공평한 경기를 위해 고려해야 할 요인을 여러 각도에서 생각해 보는 경험은 통합적 사고력을 높입니다. 또한 결과뿐 아니라 과정에 대한 보상과 인정을 해 주는 것도 성취감을 높입니다.

BOOK
**074**

추석 풍경 떠올리기

# 솔이의 추석 이야기

이억배 글 · 그림 | 길벗어린이

난이도 ★★☆

시골의 추석 풍경이 정겹게 다가오는 그림책입니다. 추석에 먹는 음식, 추석이 지닌 의미 등을 생각해 보기 좋아요. 추석 즈음에는 솔이네 가족과 함께 시골 여행을 떠나 보세요. 추석을 맞이하는 아이들의 시선과 마음이 훌쩍 자랄 거예요.

요즘, 특히 도시에서는 보기 힘든 추석 풍경을 잘 담은 그림책입니다. 도시에 사는 솔이네 가족이 추석을 맞아 할머니가 계신 시골로 가는 길, 한껏 설렌 솔이의 마음이 책 너머로 느껴집니다. 솔이네 가족을 통해 우리 민족 고유의 명절 풍습을 엿볼 수 있어요. 추석에는 한복을 갖추어 입고 어른을 찾아가 인사드리고, 송편을 만들어 친척들과 나누어 먹지요. 들판에는 벼가 익어 가고 나무에서는 과일이 익어 가는 가을이에요. 오랜만에 만난 친척들은 반가운 얼굴로 그간의 안부를 묻고 맛있는 음식을 나누지요. 또 송편을 빚고 차례상을 준비합니다. 즐거운 시간을 보내고 집으로 돌아가는 시간, 할머니께서는 햇곡식과 과일을 한 보따리 싸 주십니다. 아이들에게는 떨어져 지내는 조부모님을 생각나게 하는 책이 되기도 하겠네요.

#추석 #시골 #정

그림책으로 마음을 들여다보아요

무엇이
보이니?

+ 세로 길이보다 가로 길이가 더 긴 그림책을 본 적이 있니?
+ 올해 추석은 몇 월 며칠인지 달력에서 찾아볼까?
+ 다른 명절을 알고 있니?
+ 추석에 사람들은 주로 무엇을 하니?

왜 그렇게
생각하니?

+ 솔이는 추석에 무엇을 하지?
+ 추석에 먹는 특별한 음식은 무엇이지?
+ 추석에는 어떤 놀이를 할까?
+ 추석에는 왜 보름달을 보면서 소원을 빌까?

만약에
말이야

+ 추석에 담긴 의미를 생각해 볼까?
+ 다른 나라의 명절에는 어떤 것이 있을까?
+ 우리 집 추석 풍경과 비슷한 점과 다른 점을 이야기해 볼까?

 나도 궁금해요
엄마에게 마음껏 질문하는 시간을 가져 보아요.

 쌤의
한마디

음악, 미술, 문학 등 다양한 분야의 관람과 체험으로 감성적 정서를 공유하는 경험은 아이
를 여유 있고 마음이 풍요로운 사람으로 자라게 해 줍니다.

내가 고른 문장은?

엄마와 아이가 각자 책에서 마음에 드는 문장을 고르고 이유를 나눠 보세요.

 엄마

 아이

 함께하는 놀이

# 어떤 과일일까?

냄새와 촉감만으로 과일을 맞혀 보아요.

**준비물** 안대, 제철 과일

❶ 사과, 배, 감, 고구마, 밤과 같이 명절에 많이 먹는
과일의 크기와 냄새, 촉감을 익힙니다.

❷ 눈을 가리고 위치를 섞어 둔 과일을 하나씩
들어 냄새와 무게, 촉감 등을 확인한 후 이름을
맞힙니다.

TIP 냄새를 맡지 못한다면 어떤 일이 생길지 추측해 보면서 몸의 각 기관이
담당하는 역할에 대한 이해도를 높일 수 있습니다.

뻥, 소리가 나서 뻥튀기라고?

# 오늘은 뻥튀기 먹는 날

이서연 글 · 그림 | 꿈터

난이도 ★☆☆

해마다 설날이면 타지에 사는 언니를 기다리며 뻥튀기를 튀겨 놓는 가정의 풍경을 그렸습니다. 삼 남매에게 가장 행복한 설날! 아이들에게 옛날 풍경을 보여 주기 좋은 책입니다. 고소한 뻥튀기 냄새에 못 이겨 한 움큼 먹어버린 동생들의 모습이 앙증맞습니다.

뻥튀기 아저씨가 오는 날, '뻥' 소리가 요란하게 울리고 고소한 냄새가 진동을 하면 동네 사람들은 집에 있던 쌀, 옥수수, 보리, 콩 같은 먹거리를 가지고 나와 줄을 섭니다. 우리 아이들은 그림이나 사진으로만 알 수 있는 풍경이지요. 설이 되면 주인공 삼 남매는 옥수수와 감자를 들고 아랫마을에 가서 뻥튀기를 해 와요. 뻥튀기 집에 처음 온 미나가 '뻥' 소리에 귀를 막고 놀랍니다. 실감 나면서도 익살스러운 표정에 웃음이 절로 납니다. 삼 남매는 뻥튀기를 가지고 돌아오는 길에 참지 못하고 그만 뻥튀기를 꺼내 먹어요. 반이나 줄어든 뻥튀기 자루를 보며 걱정스럽게 돌아오는 남매의 모습이 귀엽습니다. 서울에서 온 큰언니에게 통통한 뻥튀기 한 그릇 당당하게 내어 놓는 삼 남매의 설날 풍경은 정겹고 풍요롭기 그지없습니다.

#설날 #뻥튀기 #가족

그림책으로 마음을 들여다보아요

무엇이
보이니?

+ 뻥튀기를 먹어 본 적이 있니?
+ 뻥튀기는 어떻게 만들어질까?
+ 표지에 있는 세 명의 아이들은 어떤 기분인 것 같아?

왜 그렇게
생각하니?

+ 엄마는 삼 남매에게 어떤 부탁을 했어?
+ 집으로 오는 길에 어떤 일이 있었지?
+ 엄마는 혼날까 봐 걱정하는 삼 남매를 어떻게 대했어?

만약에
말이야

+ 설날에 먹는 음식을 이야기해 볼까?
+ 명절에는 왜 모두 같은 음식을 먹을까?
+ 설날에 먹는 음식을 내가 정한다면 어떤 음식이 좋을까?

 나도 궁금해요
엄마에게 마음껏 질문하는 시간을 가져 보아요.

 쌤의
한마디

낯가림이 심한 아이에게는 억지로 인사를 시키기보다 부모가 인사하는 모습을 보여 주고 따라 해 보도록 해 주세요. 다른 사람 앞에서 아이에게 부끄러움이 많은 아이라든지 버릇이 없는 아이라는 식으로 부정적인 꼬리표를 붙이지 않도록 주의해 주세요.

내가 고른 문장은?

엄마와 아이가 각자 책에서 마음에 드는 문장을 고르고 이유를 나눠 보세요.

함께하는 놀이

# 뻥튀기를 대신하는 과자

다양한 과자로 한 상 차려 보아요.

**준비물** 종이, 색연필

1. 좋아하는 과자를 떠올립니다.
2. 과자 봉지와 안에 들은 과자의 모양과 크기, 색깔 등을 생각하며 그립니다.
3. 그린 과자들로 상을 한가득 차려 봅니다.

TIP 과자 하나로 현재와 과거의 공통점과 차이점을 이야기해 볼 수 있습니다. 또한 현대 사회의 달라진 모습과 문화에 대해 생각해 볼 수 있는 시간을 보낼 수 있답니다.

BOOK
**076**

고운 우리 옷 한복

# 설빔 여자아이 고운 옷

배현주 글 · 그림 | 사계절

난이도 ★★☆

설을 맞이하여 새로 장만하여 입거나 신는 옷,
신발을 이르는 말이 '설빔'입니다. 설날에 고운
설빔을 해 입던 풍경을 그렸습니다. 설빔의 의미를
생각해 볼 수 있고, 한복이 가진 아름다움과
정서를 흠뻑 느낄 수 있는 그림책입니다.

횃대, 겉자락, 안자락, 매듭, 수눅, 앞섶 같은 단어들이 좀 생소하지요? 이 책에는
이런 고유 단어들이 구석구석 숨어 있어요. 그렇지만 걱정하지 않아도 됩니다. 단
아한 그림이 낯선 단어의 뜻을 쉽게 전달해 주니까요. 한복 입는 방법, 버선 신는
방법, 조바위 쓰는 법, 머리 땋는 모습까지 아기자기한 그림과 글로 세심하게 설명
해 놓았답니다. 이 그림책은 미술 작품이 아닌가 하는 생각이 들 정도로 정교해서
삽화를 보는 것만으로도 아주 즐겁습니다. 요즘은 그렇지 않지만 예전에는 새해
첫날 입을 설빔을 직접 만들어 입었지요. 새해에 새 옷을 입고 더 나은 사람이 되
라는 의미가 담긴 설빔. 집에 한복이 있다면 꺼내서 펼쳐 보고 입어 보면서 이야기
를 나누면 더 즐거운 독서 시간이 되겠네요.

#설빔 #한복 #아름다움

그림책으로 마음을 들여다보아요

무엇이
보이니?
+ 표지에서 제일 눈에 띄는 것이 뭐야?
+ 설빔이라는 말을 들어 본 적 있니?
+ 설에는 왜 설빔을 입을까?
+ 한복을 입어 본 적 있니? 한복을 입었을 때 어떤 느낌이었어?

왜 그렇게
생각하니?
+ 여자아이의 한복은 어떻게 구성되어 있지?
+ 머리에 쓰는 걸 무엇이라고 할까?
+ 한복 입는 순서를 알고 있니?

만약에
말이야
+ 우리나라에서는 왜 설빔을 지어 입었을까?
+ 설빔은 어떤 의미가 있을까?
+ 옛날 옷과 지금 우리가 입는 옷의 같은 점과 다른 점은 무엇일까?

 나도 궁금해요
엄마에게 마음껏 질문하는 시간을 가져 보아요.

 쌤의
한마디
아이와 대화할 때 아이의 마음을 잘 읽어 주었는지, 감정적으로 대응하지 않았는지, 눈을
맞추고 아이의 말을 끝까지 들어 주었는지 점검해 보세요. 이 세 가지만 잘 체크하면 대화
를 성공적으로 해 나갈 수 있습니다.

내가 고른 문장은?

엄마와 아이가 각자 책에서 마음에 드는 문장을 고르고 이유를 나눠 보세요.

 엄마

 아이

 함께하는 놀이

# 뭐라고 부를까?

한복의 명칭을 알아보아요.

준비물 한복 그림 혹은 사진

① 한복 그림이나 사진을 유심히 관찰한 후 내가 입고
싶은 색의 한복을 그립니다.

② 각 부분을 뭐라고 부르는지 명칭을 알아 본 후 적어
봅니다.

 TIP   몰랐던 단어를 익히는 활동은 뇌에 새로운 자극을 줍니다.

변신을 해 보고 싶다면

# BOOK 077 아무도 모를 거야 내가 누군지

김향금 글 I 이혜리 그림 I 보림

난이도 ★★★

우리 탈과 탈춤을 소재로 한 그림책으로, 외갓집에 잠시 맡겨진 건이가 다락방에서 다양한 탈을 발견하고 환상의 세계로 빠지는 이야기입니다. 여러 가지 탈을 쓴 자신의 모습이 신기하고 재미있어 부모님을 기다리는 시간이 금방 지나가네요.

건이 엄마 아빠는 건이를 외갓집에 맡겨 두었어요. 건이는 외갓집에서 장난을 치다가 다락방에 숨었어요. 다락방에는 갖가지 탈이 가득했어요. 건이는 여러 가지 탈을 쓰며 상상의 세계를 넘나들지요. 다락방에서는 다양한 탈을 만나 재미난 놀이를 할 수 있어요. 소탈을 쓰고 네 발로 기어 다니기, 양반탈을 쓰고 양반 흉내를 내 보기, 말뚝이 탈을 쓰고 호령을 하기도 해요. 할미탈을 쓰고 할머니 흉내도 내보고 엄마처럼 예쁜 각시탈을 가지고 놀고 있는데 멀리서 할머니가 건이를 부르는 소리가 들려요. 탈의 세계에 흠뻑 빠져 노는 사이 엄마 아빠가 건이를 데리러 오셨네요. 움푹, 불쑥, 덜걱덜걱, 다다닥 같은 의태어와 의성어가 여기저기서 불쑥불쑥 튀어나와 독자를 쉴 틈 없게 만드는, 구수하면서 재치 있는 책입니다.

#탈 #전통 #문화

272

그림책으로 마음을 들여다보아요

무엇이
보이니?

+ 탈을 본 적이 있니?

+ 탈은 왜 만들었을까?

+ 표지에 나온 탈에 이름을 붙인다면 어떤 탈이라고 하면 좋을까?

+ 왜 부채를 들고 있을까?

왜 그렇게
생각하니?

+ 건이는 화가 나서 무엇을 했지?

+ 다락방에는 어떤 것들이 있었어?

+ 다락방에서 무엇을 했어?

만약에
말이야

+ 내가 탈을 만든다면 어떤 탈을 만들고 싶니?

+ 탈춤은 오늘날 어떤 공연과 비슷하다고 생각해?

+ 우리 조상들은 왜 탈춤을 추었을까?

 나도 궁금해요

 엄마에게 마음껏 질문하는 시간을 가져 보아요.

**쌤의
한마디**

역할 놀이가 매번 같은 방식으로만 이루어진다면 양육자가 갈등 상황이나 새로운 아이디어를 던져 주는 것으로 놀이를 확장시켜 주는 것이 좋습니다.

내가 고른 문장은?

엄마와 아이가 각자 책에서 마음에 드는 문장을 고르고 이유를 나눠 보세요.

함께하는 놀이

# 가면으로 변신을!

되어 보고 싶은 모습의 탈을 그리고 써 보아요.

**준비물** 두꺼운 종이, 고무줄, 색연필, 사인펜

❶ 탈 모양도 좋고 좋아하는 캐릭터의 얼굴, 사물도
좋습니다. 원하는 모양을 얼굴 크기에 맞춰 그리고
칠합니다.

❷ 모양대로 자른 후 구멍을 뚫어 고무줄을 연결합니다.

❸ 완성된 가면을 얼굴에 쓰고 역할 놀이를 해 보세요.

TIP 현실에서는 불가능하지만 평소에 되어 보고 싶었던 인물이 되어 봄으로써
심리적 만족감을 경험합니다.

BOOK
**078**

야광귀신은 신발을 가져갈 수 있을까?

# 야광귀신

이춘희 글 | 한병호 그림 | 임재해 감수 | 사파리

난이도 ★★★

설날 풍습을 유쾌하게 그린 책입니다. 도깨비 그림작가가 창조한 야광귀신 캐릭터는 아이들의 시선을 사로잡기에 충분합니다. 미워할 수 없는 야광귀신을 따라가다 보면 깔깔 웃음이 납니다. 설날에 하늘에서 내려온 야광귀신은 과연 목적을 이룰 수 있을까요?

설 전날 밤이면 하늘에서 야광귀신이 내려와 신발을 가져간다는 속설이 있지요. 사람들이 신발을 신어서 행복하다고 믿는 야광귀신 큰눈이와 키다리는 신발을 훔치러 하늘에서 내려옵니다. 옛 어른들은 야광귀신을 쫓기 위해 신발을 감추고 대문 앞에 체를 걸어 두었어요. 왜냐고요? 야광귀신들은 숫자 세기를 좋아하거든요. 큰눈이와 키다리는 신발을 훔치러 와서 대문 앞에 걸려 있는 체를 보자 체에 있는 구멍을 세기 바쁩니다. 신발은 뒷전이 되어 버렸지요. 체에 있는 구멍을 세다가 해가 뜨자 할 수 없이 도망쳐 버리네요. 언제쯤 큰눈이와 키다리는 사람들의 신발을 가져갈 수 있을까요? 우리 풍습과 선조의 지혜를 자연스럽게 터득할 수 있는 재미난 그림책입니다.

#풍습 #체 #야광귀신

**그림책으로 마음을 들여다보아요**

**무엇이 보이니?**
+ 야광귀신이라는 말을 들어 본 적 있니?
+ 귀신이 들고 있는 것이 뭘까?
+ 체는 어떨 때 사용하는 걸까?

**왜 그렇게 생각하니?**
+ 야광귀신 큰눈이와 키다리는 왜 사람들의 신발을 훔치려고 할까?
+ 사람들은 야광귀신이 올 것을 알고 어떻게 대비했지?
+ 야광귀신이 신발을 가져가지 못하는 이유가 뭐였지?

**만약에 말이야**
+ 나라면 야광귀신을 쫓기 위해 무슨 방법을 사용했을까?
+ 야광귀신은 왜 신발에 복이 있다고 믿을까?
+ 내가 야광귀신이라면 신발을 가져가기 위해 어떻게 했을까?

 **나도 궁금해요**
 엄마에게 마음껏 질문하는 시간을 가져 보아요.

**쌤의 한마디**

아이들의 질문은 때론 엉뚱하고 귀찮기도 합니다. 하지만 질문 의도를 잘 파악하여 소통해야 해요. 자신의 질문이 긍정적인 반응을 이끌어 낸다는 인식은 이후 자기주도적인 학습을할 수 있는 역량의 기초를 만들어 줍니다.

내가 고른 문장은?

엄마와 아이가 각자 책에서 마음에 드는 문장을 고르고 이유를 나눠 보세요.

 엄마

 아이

 함께하는 놀이

# 말을 잘 하려면!

조리 있게 말해 보아요.

**준비물** 포스트잇, 연필

① 육하원칙(누가, 언제, 어디서, 무엇을, 어떻게, 왜)을 포스트잇에 씁니다.

② 읽은 책 내용을 육하원칙에 맞추어 이야기합니다.

**TIP** 누가(야광귀신이) 언제(설 전날 밤에) 어디서(사람들 집 앞에서) 무엇을 (체에 있는) 어떻게(구멍을 세었다) 왜(수 세는 것을 좋아하기 때문에) 이렇게 내용을 분석해 보면 이야기 구조를 쉽게 파악할 수 있습니다.

BOOK
**079**

네 시 반이 뭐라고?

# 넉 점 반

윤석중 시 | 이영경 그림 | 창비

난이도 ★★☆

시계가 집집마다 없던 시절의 풍경을
그린 책이에요. 잔잔한 수채화풍의 선과
색이 주를 이루는 이 그림책은 단발머리
여자아이의 모습을 따라갑니다. 해학과
낙천성이 돋보이는 책입니다.

13살에 동시를 쓰기 시작해 천여 편의 작품을 남긴 한국 동요의 아버지 윤석중 선생의 동시로 만든 그림책입니다. 바로 옆에 있는 가겟집 영감님에게 시간을 물어보고 오라는 엄마의 심부름에 아이는 집을 나섭니다. 영감님은 "넉 점 반이다"라고 시간을 알려 줍니다. "넉 점 반 넉 점 반." 시간을 잊지 않으려고 입으로 외던 아이는 집으로 돌아오는 길에 눈에 보이는 온갖 것에 마음을 빼앗깁니다. 닭, 개미, 고추잠자리, 꽃 등 보이는 것마다 그냥 지나치지 못하고 구경합니다. 해 질 녘 집에 도착한 아이는 아무 일 없다는 듯 엄마에게 "시방 넉 점 반이래" 하며, 분꽃을 내밉니다. 엄마의 표정이 상상이 가죠? 신기한 것이면 무엇이든 마음을 빼앗기는 아이의 호기심 가득한 모습이 실감나고 정감 있게 표현된 책입니다.

#시간 #호기심 #풍경

그림책으로 마음을 들여다보아요

**무엇이 보이니?**

+ 여자아이는 무엇을 보고 있는 것 같아?
+ 아이는 어떤 옷을 입고 있니?
+ 아이가 손에 들고 있는 것은 무엇일까?
+ '넉 점 반'은 무슨 뜻일까?

**왜 그렇게 생각하니?**

+ 아이는 시간을 알아보기 위해 어디로 갔지?
+ 집으로 돌아가는 길에 제일 처음 만난 건 무엇이었지?
+ 집에 가기 전 마지막으로 만난 건 무엇이었지?
+ 집에 돌아온 아이는 엄마에게 뭐라고 말했지?

**만약에 말이야**

+ 넉 점 반처럼 지금은 쓰이지 않는 말을 알고 있니?
+ 과거에 비해 현재는 어떤 점이 달라졌을까?
+ 내가 아이라면 엄마에게 가는 길에 어떤 것들을 만나면 좋겠어?
+ 시골 길을 걸어 본 적 있니? 그때 느낌이 어땠어?

 나도 궁금해요

엄마에게 마음껏 질문하는 시간을 가져 보아요.

아무것도 하지 않고 있는 아이에게 이런저런 자극을 주어야 한다는 압박감을 갖지 마세요. 복잡한 뇌를 쉬게 하는 시간이기도 하니, 아이가 가끔은 생활의 여백을 가질 수 있도록 아무것도 하지 않는 시간을 존중해 주는 것이 좋습니다.

내가 고른 문장은?

엄마와 아이가 각자 책에서 마음에 드는 문장을 고르고 이유를 나눠 보세요.

함께하는 놀이

# 옛날에 하던 놀이

비닐봉지로 제기차기를 해 보아요.

**준비물** 비닐봉지

❶ 비닐봉지에 바람을 넣고 단단히 묶은 후 던집니다.

❷ 반대편에 있는 사람이 비닐봉지를 발로 찹니다.

❸ 누가 비닐봉지를 발로 가장 많이 받아내는지 세어 봅니다.

TIP  꼭 공이나 제기가 아니어도 괜찮습니다. 손쉽게 구할 수 있는 것을 서로
주고받는 활동 자체로 아이의 주위를 환기할 수 있습니다.

첫 번째 생일의 의미
# 돌잔치

김명희 글 | 김복태 그림 | 보림

난이도 ★★☆

돌잔치 풍경을 플랩북(Flap book) 형식으로
담은 그림책이에요. 돌날에 얽힌 이야기가
타령조로 구성되어 흥이 한껏 돋습니다.
쌍둥이네 돌잔치에서는 어떤 일들이
벌어질까요? 왁자지껄 즐겁고, 알록달록
화려한 돌잔치로 함께 떠나 보세요.

솔뫼 마을 감나무 집에 태어난 쌍둥이의 첫 생일입니다. 365일을 잘 자라 돌을 맞
이하는 아이들을 축하하기 위한 어른들의 분주함에 읽는 이의 마음도 들뜹니다.
손님들이 선물을 들고 하나둘 찾아오고 잔칫집 분위기가 무르익는데, 돌상 아래
에서 시끌벅적한 소리가 들립니다. 돌잡이 물건들이 자신을 잡으라고 자랑을 늘
어놓는 소리예요. 실타래 영감, 대추 할멈, 돈 마님, 붓 낭자, 자 아씨, 활 총각, 쌀
도령으로 의인화한 물건들의 대화가 재미를 더합니다. 돌잡이 물건들은 한참 티
격태격하다가 결국 한마음으로 쌍둥이의 첫 생일을 축하합니다. 돌을 축하하기
위해 모인 사람들의 표정에서 가족의 기쁨과 사랑이 담뿍 느껴집니다.
(플랩북이란 책장에 접힌 부분을 펼쳐서 볼 수 있도록 된 책을 일컫습니다.)

#돌잔치 #생일 #돌잡이

**그림책으로 마음을 들여다보아요**

| | |
|---|---|
| **무엇이 보이니?** | + '돌잔치'가 뭘까? |
| | + 표지에 그려진 아이들은 왜 한복을 입고 있을까? |
| | + 상에 어떤 음식들이 차려져 있어? |
| | + 상에 왜 이렇게 많은 음식이 차려져 있을까? |

| | |
|---|---|
| **왜 그렇게 생각하니?** | + 돌잡이 상에 올리는 물건에는 어떤 것들이 있을까? |
| | + 돌잔치를 위해서 가족들은 어떤 준비를 할까? |
| | + 돌잡이 상에서 실은 어떤 의미가 있을까? |

| | |
|---|---|
| **만약에 말이야** | + 돌잡이 상에 어떤 물건을 올려놓고 싶어? |
| | + 다른 사람들의 축하를 받은 기억이 나니? |
| | + 다른 사람을 축하해 본 적이 있어? |
| | + 누군가를 축하하거나 축하를 받으면 어떤 기분이 드니? |
| | + 축하를 받는다면 고마운 마음을 어떻게 표현할 수 있을까? |

 **나도 궁금해요**

엄마에게 마음껏 질문하는 시간을 가져 보아요.

고누두기, 산가지 놀이, 비석치기 등 집에서 할 수 있는 전통놀이를 찾아보세요. 부모님에게는 옛것이지만 요즘 아이들이 하지 않는 놀이이기 때문에 아이들에게는 아주 색다른 놀이가 될 수 있습니다.

내가 고른 문장은?

엄마와 아이가 각자 책에서 마음에 드는 문장을 고르고 이유를 나눠 보세요.

 **함께하는 놀이**

# 산가지 놀이

성냥개비로 다양한 모양을 만들어 보아요.

**준비물** (산가지를 대신한) 나무젓가락

① 나무젓가락을 바닥에 흩뿌립니다.

② 한 사람이 먼저 집, 물고기, 기찻길 등을 만들도록 제시어를 말합니다.

③ 그 제시어 모양을 완성한 사람은 상대방에게 그것을 변형해 다른 모양을 만들 수 있도록 제시어 말하기를 반복합니다.

TIP 성냥개비를 몇 번 움직여 새로운 모양을 만들어 보는 활동은 머릿속으로 다음에 일어날 일을 연상해 보는 능력을 기릅니다.

283

# 최고의 엄마를 찾아요

엄마가 등장하는 그림책은 《고함쟁이 엄마》《언제까지나 너를 사랑해》《도깨비를 빨아 버린 우리 엄마》《우리 엄마》《이상한 엄마》 등이 있어요. 가장 마음에 드는 엄마가 어떤 책에 등장하는지, 어떤 점이 좋은지 찾아 이야기해 보는 시간을 가져 보세요. 엄마라는 같은 호칭이지만 엄마마다 각기 다른 개성을 가진 존재라는 점을 인식하는 계기가 됩니다.

**준비물** 엄마가 등장하는 그림책

**놀이 순서**

1. 엄마가 등장하는 다양한 그림책을 골라 보아요. 집에 있는 책 중에서 엄마가 등장하는 어떤 책이라도 좋아요. 엄마라는 한 가지 주제를 모아 읽고 생각하는 것이 포인트예요.

2. 그림책에 등장하는 엄마의 모습과 성격을 알아보고 그림이나 글로 표현해 보아요.

3. 각자 자신이 생각하는 최고의 엄마를 소개하고 가장 많이 소개된 엄마를 최고의 엄마로 정해 봅니다.

# 과학

자연에 대한 호기심과 궁금증을
풀어 가는 이야기

BOOK
**081**

모기약이 가르쳐 주는 생태계의 비밀

# 아주아주 센 모기약이 발명된다면?

곽민수 글·그림 | 숨쉬는책공장

난이도 ★★★

'모기싫어섬' 사람들을 위해 만들어진 초강력 모기약은 사람들의 불편함을 완벽히 해소할 수 있을까요? 모기약 덕분에 모기는 박멸했지만 마을에 더 큰 문제를 가져오고 마는데요. 사람들이 문제를 해결하는 좋은 방법을 깨달아가는 과정이 흥미롭게 그려진 책입니다.

똑똑한 사람들은 '모기싫어섬' 사람들을 위해 초강력 모기약을 만들어요. 모기약을 뿌리자 정말로 모기가 후드득 떨어지죠. 신이 난 사람들은 모기약을 여기저기 뿌려대기 시작해요. 그런데 모기를 먹은 도마뱀이 꼼짝도 하지 않아요. 도마뱀을 먹은 고양이들도 꼼짝하지 않아요. 그러자 마을에 수많은 쥐가 생겨나게 되지요. 쥐가 늘어나자 이를 해결하기 위해 초강력 쥐약을 만들자는 의견이 나왔어요. 하지만 초강력 모기약이 가져온 이상 현상을 경험한 사람들은 약이 아닌 고양이가 필요하다는 것을 알게 되지요. 고양이들은 쥐떼를 해치웠고 모기싫어섬은 예전 모습을 되찾았답니다. 균형을 잃은 자연은 인간에게 큰 재앙으로 다가온다는 날카로운 메시지를 담은 그림책입니다.

#먹이사슬 #환경 #생태계

그림책으로 마음을 들여다보아요

무엇이
보이니?

+ 발명이 무슨 뜻일까?
+ 모기약이 왜 필요할까?
+ 사람들은 왜 아주아주 센 모기약을 발명하려고 했을까?

왜 그렇게
생각하니?

+ 아주아주 센 모기약을 뿌리고 나니 어떻게 되었어?
+ 왜 생쥐가 많아졌을까?
+ 사람들은 갑자기 많아진 생쥐를 없애기 위해 어떻게 했어?

만약에
말이야

+ 무언가 발명하기 전에 어떤 생각을 해야 할까?
+ 미래에는 로봇이 우리 삶에 더 많이 이용될 거라고 하는데 어떨 것 같아?
+ 로봇이 사람들에게 어떤 이로움과 어려움을 줄 것 같아?

 나도 궁금해요
엄마에게 마음껏 질문하는 시간을 가져 보아요.

 쌤의
한마디

한 가지 현상이 일어났을 때 그 일이 불러올 수 있는 다른 일들을 유추하는 연상작용은 아
이가 넓은 시각을 갖도록 도와줍니다. 또한 현상 너머에서 발생하는 일을 미리 예측해 보
게 합니다.

### 내가 고른 문장은?

엄마와 아이가 각자 책에서 마음에 드는 문장을 고르고 이유를 나눠 보세요.

 엄마

 아이

 함께하는 놀이

# 곤충 이름 말하기 대회

내가 아는 곤충은 얼마나 될까?

**준비물** 곤충 책

① 곤충 정보를 담은 책을 보면서 곤충의 모양과 이름을 익힙니다.

② 돌아가면서 기억하는 곤충 이름을 말합니다.

③ 끝까지 곤충 이름을 말하는 사람에게 상을 줍니다.

 TIP
약 85만 종이나 되는 다양한 곤충 종류를 알아보는 활동은 정보 수집과 탐색이라는 과학적 사고의 기본기를 다지는 동시에, 더 넓은 범위의 생태계로 관심을 확대해 갈 수 있습니다.

BOOK
082

머리부터 발끝까지 인체 대탐험

# 오빠 만들기

아나이스 보줄라드 글 · 그림 | 권지현 옮김 | 길벗어린이

난이도 ★★★

신체 내외부 기관과 구조에 대한 이해를 돕기 위해
만들어진 빅북입니다. 같이 놀 오빠가 필요한
엘리는 악어가 빌려준 백과사전과 장난감 친구들의
도움을 받아 오빠의 뼈대부터 하나하나 만들어
봅니다. 하지만 우당탕탕 무너져 버리고 마네요.
엘리는 무사히 오빠를 만들 수 있을까요?

오빠가 있으면 좋겠다는 엘리의 바람으로 '오빠 만들기 대작전!'이 시작됩니다.
엘리는 주변에서 쉽게 구할 수 있는 재료를 이용해 오빠를 만들어 갑니다. 뚝딱뚝
딱 인체 만들기! 먼저 나무토막으로 뼈대를 만들고 뼈를 이어 주기 위해 고무줄을,
뇌를 만들기 위해 성냥갑을 이용합니다. 각 신체 기관의 특징을 살린 재료를 적재
적소에 사용하는 과정에서 우리 신체의 특징을 간단명료하고 친절하게 설명합니
다. 내골격, 외골격, 관절, 근육, 뇌뿐 아니라 소화기관, 심장, 혈관, 허파, 피부, 세
포에 이르기까지 우리 신체에 대해 구체적이고 세밀하게 다루고 있지요. 아이들
이 신체에 대해 궁금해할 만한 질문들의 해답을 찾아가는 과정과 생각지 못한 결
말이 이 책의 또 다른 매력입니다.

#인체 #탐구 #호기심

289

그림책으로 마음을 들여다보아요

**무엇이 보이니?**
+ 오빠를 어떻게 만들 수 있을까?
+ 악어가 들고 있는 책에는 어떤 내용이 있을까?
+ 사람의 몸은 어떻게 구성되어 있을까?

**왜 그렇게 생각하니?**
+ 인대와 근육의 특징은 뭘까?
+ 뇌는 어떻게 구성되어 있을까?
+ 심장은 어떤 역할을 할까?
+ 세포가 뭘까?
+ 왜 잠은 꼭 자야 할까?

**만약에 말이야**
+ 사람의 신체 중 가장 특별하다고 생각하는 부분이 있니?
+ 오빠를 만들 때 가장 재미있었던 부분은 어디였니?
+ 내가 형제자매를 만든다면 어떻게 만들어 볼 수 있을까?

 나도 궁금해요

엄마에게 마음껏 질문하는 시간을 가져 보아요.

 쌤의 한마디

생식기에 관심이 높아지는 시기에는 적절한 성교육이 필요합니다. 아이의 성적인 관심을 인정해 주고 아이가 궁금해하는 점을 회피하기보다 눈높이에 맞추어 알려 주려는 노력이 필요해요.

내가 고른 문장은?

엄마와 아이가 각자 책에서 마음에 드는 문장을 고르고 이유를 나눠 보세요.

함께하는 놀이

# 내 몸 알아보기

몸에는 어떤 기관들이 있을까?

**준비물** 종이 혹은 포스트잇

① 내 몸을 이루고 있는 신체 기관을 포스트잇이나 종이에 10개 내외로 씁니다.

② 1분간 머릿속에 저장합니다. (같은 부위에 있는 기관별로 나눠 외우는 것이 좋습니다.)

③ 외워둔 신체 기관을 확인해 봅니다.

TIP

이 놀이는 각 기관의 명칭과 기능에 대해 알아볼 수 있습니다. 또한 더 많이 기억해서 표현하기 위해 어떤 암기 전략을 사용해야 할지도 배울 수 있습니다.

BOOK
083

참외씨의 꿈을 통해 경험하는 식물의 한살이

# 대단한 참외씨

임수정 글 | 전미화 그림 | 한울림어린이

난이도 ★★☆

참외로 태어나기를 바라는 참외씨의 모험을
유쾌하게 그린 책입니다. 맛있는 참외가
되기 위해 흙을 찾아가는 참외씨는 온갖 일을
겪습니다. 고양이 꼬리에 튕기고, 새에게
잡아먹히고, 고공 다이빙까지 하지요. 참외씨는
과연 달고 맛있는 참외가 될 수 있을까요?

철이가 샛노랗게 잘 익은 참외를 먹어요. 철이의 입가에 대롱대롱 매달린 참외씨
하나가 옷소매로 뛰어내려 탈출에 성공합니다. 참외로 다시 태어나는 꿈을 안고
흙을 찾아 도망가기 시작해요. 도망가던 참외씨는 먼지 할아버지를 만나 묻습니
다. "할아버지, 흙으로 가는 길을 아세요?" 흙을 향해 열심히 달리던 참외씨는 그
만 고양이 꼬리, 나비 날개에 붙어 있다가 바닥에 떨어지고 말아요. 대담한 그림과
함께 리듬감 넘치는 글을 읽다 보면 어느새 참외씨를 온 마음으로 응원하게 됩니
다. 마침내 흙 속을 힘껏 비집고 들어간 참외씨는 그 속에서 힘든 시간을 보내고
드디어 떡잎을 피워냅니다. 시원시원한 그림체가 책을 읽는 내내 여름에 부는 선
선하고 고마운 바람을 떠올리게 합니다.

#씨앗 #한살이 #성장

그림책으로 마음을 들여다보아요

무엇이
보이니?

+ 표지에서 무엇이 가장 눈에 띄니?
+ 참외씨를 본 적이 있니?
+ 참외씨를 심으면 어떻게 될까?
+ 왜 '대단한 참외씨'라고 제목을 붙였을까?

왜 그렇게
생각하니?

+ 참외씨는 무엇이 되고 싶었어?
+ 참외씨는 열매를 맺기 위해 어떤 것들을 참았지?
+ 참외가 열매를 맺으려면 어떤 것들이 필요해?

만약에
말이야

+ 내가 참외씨라면 어떨 때 제일 힘들었을 것 같아?
+ 씨앗을 심어 본 적이 있어?
+ 참외씨의 꿈이 이루어졌을 때 어떤 말을 했을 것 같아?

 나도 궁금해요
엄마에게 마음껏 질문하는 시간을 가져 보아요.

 쌤의
한마디

일어나자마자 해야 할 일과 자기 전에 할 일을 체크리스트로 만들어 두면 아이는 부모의
간섭과 도움 없이 해야 할 일을 능동적으로 해낼 수 있습니다. 아이의 일과에 규칙성을 부
여해 주세요.

내가 고른 문장은?

엄마와 아이가 각자 책에서 마음에 드는 문장을 고르고 이유를 나눠 보세요.

 함께하는 놀이

# 씨앗을 심어 보자

씨앗은 어떻게 싹을 틔울까?

**준비물** 페트병 혹은 화분, 씨앗

❶ 키우고 싶은 식물의 씨앗을 흙 속에 잘 심습니다.

❷ 물을 주고 창가(또는 해당 식물이 자라기에 적합한
   장소)에 놓습니다.

❸ 매일 변화를 관찰합니다.

TIP 　과학적 사고의 기초인 인과 관계를 경험해 볼 수 있는 활동입니다. 씨앗이
　　　싹을 틔우기까지 필요한 시간을 기다리며 관찰하는 과정을 통해 인내심과
　　　관찰력을 키울 수 있습니다.

BOOK
084

치아 속 세균들의 생존기

# 충치 도깨비 달달이와 콤콤이

안나 러셀만 글·그림 | 박희준 옮김 | 현암사

난이도 ★★☆

날마다 이를 닦기 힘들어하는 아이들에게
직관적으로 동기부여를 해 줄 수 있는 책입니다.
충치 도깨비의 일과로 이빨을 닦지 않았을 때
벌어지는 일을 익살스럽게 표현했습니다. 이 책을
본 아이들의 머릿속에는 자신의 입안에서 일어나는
일들이 그려질 거예요.

입안에 집을 짓는 충치 도깨비들이 아끼는 보물이 있습니다. 바로 콜라, 사탕, 초콜릿, 과자, 아이스크림 등과 같은 단 음식들이죠. 아이들이 좋아하는 달콤한 것들을 먹고서 이빨을 구석구석 닦지 않으면 충치로 이빨에 구멍이 생기고 그 구멍에 도깨비 달달이와 콤콤이가 집을 짓고 수영장까지 만들어 놓습니다. 그러던 어느 날 경찰이 타고 있는 솔이 들어와 이빨 사이에 낀 음식물들을 문지르고 긁어냅니다. 양치의 효과가 나타나는 거죠! 달달이와 콤콤이는 어떻게 되었을까요? 충치를 뽑을 때 함께 뽑혀 나오고 맙니다. 양치질을 왜 해야 하는지, 단것을 먹으면 어떻게 되는지에 대해 가장 효과적으로 전달할 수 있는 책일 거예요.

#양치 #충치 #생활습관

그림책으로 마음을 들여다보아요

| 무엇이<br>보이니? | + 달달이와 콤콤이는 누구를 일컫는 걸까?<br>+ 달달이와 콤콤이의 표정이 어때 보여?<br>+ 달달이와 콤콤이의 기분이 어떤 것 같아?<br>+ 내 입 안에도 충치 도깨비가 살고 있을까? |

| 왜 그렇게<br>생각하니? | + 달달이와 콤콤이는 커다란 초콜릿이 입안으로 들어오자 어떻게 했어?<br>+ 당근이 입안으로 들어오자 달달이와 콤콤이는 어떻게 되었어?<br>+ 커다란 솔과 경찰관은 어떤 일을 해? |

| 만약에<br>말이야 | + 치과에 가 본 적이 있니?<br>+ 내가 달달이와 콤콤이라면 어떤 곳에 집을 짓고 살겠니?<br>+ 이 책은 어떤 친구에게 권해 주면 좋을까? |

 나도 궁금해요

엄마에게 마음껏 질문하는 시간을 가져 보아요.

 쌤의<br>한마디

건강하고 안전한 생활을 위해 기본적인 위생 관리는 반드시 습관화해야 합니다. 어린 시기부터 자연스럽게 몸에 배게 하려면 양육자가 본을 보이는 게 가장 좋은 방법입니다. 아이들이 부모의 바람직한 습관을 접하면서 따라 할 수 있도록 지도해 주세요.

내가 고른 문장은?

엄마와 아이가 각자 책에서 마음에 드는 문장을 고르고 이유를 나눠 보세요.

함께하는 놀이

# 눈에 보이는 충치

달달이와 콤콤이를 눈으로 확인해 보아요.

**준비물** 치아 그림, OHP필름

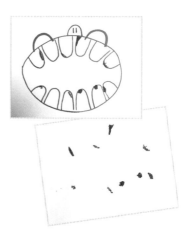

① 치아 그림 위에 OHP필름을 올려 충치가 생길
만한 곳에 표시를 합니다.

② 그림에서 필름을 내린 후 표시된 곳에
달달이와 콤콤이를 그립니다.

③ 달달이와 콤콤이가 그려진 필름을 다시 충치
그림 위에 올립니다.

TIP 깨끗한 치아에 검은색 충치가 생기는 상황을 직접 구현해 봄으로써 충치에
대한 경각심을 불러일으킬 수 있습니다.

나카가와 히로타카 글 | 오카모토 요시로 그림 | 황세정 옮김 | 상상의집

난이도 ★★★

어떤 것은 막고 어떤 것은 통과시키는 망. 우리 주변에도 거미줄, 잠자리채, 세탁 망, 양파망, 방충망 등 수많은 망이 있습니다. 망이 세상에 가득 퍼지게 된 이유가 뭘까요? 세상에 물음을 던지는 주인공과 함께 주변을 관찰해 보는 재미를 느낄 수 있는 책입니다.

나를 둘러싼 주변에 대한 관심과 호기심은 과학적 사고의 출발점이지요. 같은 것끼리 모으고 분류해 보는 것 또한 논리적 사고력을 기르는 방법입니다. '망'이라는 소재를 어디에 어떻게 사용하는지 관심 있게 관찰해 보고 용도에 따른 공통분모를 찾을 수 있는 책이에요. 거미줄부터 어부의 어망, 방충망, 곤충 채집망, 배드민턴 채, 마스크, 목도리, 야채 그물망까지 우리 일상에서 망은 용도가 다양해요. 망이 아닌 비닐이나 종이, 벽돌 같은 다른 소재를 사용했을 때 생기는 불편함과 각각의 쓰임새에 대해 생각해 볼 수 있습니다. 단순히 망에 대한 쓰임새를 알아가는 수준을 넘어 주변에 대한 관심과 관찰력을 키울 수 있는 책입니다.

#관찰 #분류 #쓰임새

그림책으로 마음을 들여다보아요

무엇이
보이니?

+ 표지에 보이는 아이는 왜 놀란 표정을 짓고 있을까?
+ 표지를 노란색으로 한 이유가 뭘까?
+ 망이 뭘까?

왜 그렇게
생각하니?

+ 망이 사용되는 곳은 어디일까?
+ 양파는 왜 망에 보관할까?
+ 망을 이용하면 더 좋은 것이 있을까?
+ 망을 사용하면 안 되는 것이 있을까?

만약에
말이야

+ 망을 가지고 장난감을 만든다면 무엇을 만들어 볼 수 있을까?
+ 우리가 망을 직접 만들어 볼 수 있을까?
+ 늘 가까이 있지만 쓰임새를 잘 몰랐던 물건을 주변에서 찾아볼까?

 나도 궁금해요
엄마에게 마음껏 질문하는 시간을 가져 보아요.

 쌤의
한마디

대상들의 공통점과 차이점을 파악하는 '분류하기'는 수학적, 과학적 사고의 바탕이 됩니다. 가정에서 사용하는 다양한 물건을 꺼내 놓고 여러 기준에 따라 분류해 보는 놀이를 해보세요.

### 내가 고른 문장은?

엄마와 아이가 각자 책에서 마음에 드는 문장을 고르고 이유를 나눠 보세요.

## 함께하는 놀이

# 망 찾기

어디에 망이 있을까?

**준비물** 카메라, 양파망, 잠자리채, 수세미, 그물, 트램펄린 등

1. 집 안 곳곳에 망이 사용된 물건을 둡니다.
2. 아이에게 망으로 만든 물건을 사진 찍어 오도록 합니다.
3. 망 외에도 플라스틱, 종이, 고무 등 다양한 종류의 물건을 찍어 분류해 봅니다.

TIP 우리 주변의 여러 사물과 현상을 관찰, 탐구하는 자세를 기를 수 있습니다.
자신이 찍은 사진을 설명하면서 참신한 표현력이 길러집니다.

달은 어떤 모양으로 변할까?

# 달케이크

그레이스 린 글 · 그림 | 마술연필 옮김 | 보물창고

난이도 ★★☆

엄마가 달케이크를 만들어 하늘에 두둥실 띄워 식힙니다. 식혀 둔 달케이크를 별이가 조금씩 먹자 보름달이 반달, 초승달, 그믐달이 되어 버리는데요. 사라져 가는 달케이크를 본 엄마의 반응은 어떨까요?

까만 밤과 노란 케이크의 대비가 신비롭습니다. 달은 항상 같은 자리에 떠오르지만 매일 모양이 바뀝니다. 달의 모양이 바뀌는 현상은 아이들에게 매우 신기한 일이에요. 달이 마법을 부린다고 생각할 수도 있지요. 마술적 사고 단계에 있는 아이들에게 달의 모양 변화를 자연스럽게 안내할 수 있는 책입니다. 별이 엄마는 갓 구운 달케이크를 식히려고 하늘에 띄워 두면서 별이에게 손대지 말라고 당부합니다. 꼬마 별이는 엄마의 당부를 까맣게 잊어버리고 달케이크를 살짝 베어 먹지요. 별이가 먹은 만큼 달은 작아지고 또 작아져요. 커다란 달케이크 대신 작은 부스러기만 남아 있는 것을 보고 엄마는 빙긋 웃어 보입니다. 다시 까만 밤에 띄워 놓을 달을 만들러 가는 별이와 엄마 뒷모습이 노오란 달처럼 빛나네요.

#달 #우주 #호기심

그림책으로 마음을 들여다보아요

무엇이
보이니?

+ 표지를 보니 어떤 느낌이 들어?
+ 아이가 뭘 먹고 있네, 무슨 맛일까?
+ 달을 만져 보면 어떤 감촉일까?
+ 달의 어떤 모양이 제일 마음에 드니?
+ 달을 한입 먹는다면 어떤 맛일 것 같아?

왜 그렇게
생각하니?

+ 엄마는 핫케이크를 구워서 어떻게 했어?
+ 별이는 밤마다 일어나서 무엇을 했어?
+ 엄마는 별이가 달케이크를 다 먹은 것을 알고 어떻게 했어?

만약에
말이야

+ 우리 주변에 달과 비슷하게 생긴 것들이 있을까?
+ 달의 모양은 왜 바뀔까?
+ 내가 별이라면 달케이크로 무엇을 할까?
+ 달이 등장하는 다른 그림책을 본 적이 있니?
+ 달이 들어가는 노래를 찾아볼까?

 나도 궁금해요
 엄마에게 마음껏 질문하는 시간을 가져 보아요.

쌤의
한마디

날계란이 삶은 계란이 되고, 설탕이 녹으면 단맛이 나는 물로 바뀌고, 밀가루를 물과 섞으면 완전히 다른 질감의 형태로 변화되는 것 등을 관찰할 수 있는 요리는 과학 활동으로서도 의미가 있습니다.

내가 고른 문장은?

엄마와 아이가 각자 책에서 마음에 드는 문장을 고르고 이유를 나눠 보세요.

 함께하는 놀이

# 달케이크 만들기

별이가 먹은 달케이크, 엄마와 함께 만들어 보아요.

**준비물** 핫케이크 가루, 조리도구

❶ 부모와 아이가 함께 핫케이크를 만듭니다.

❷ 보름달 모양의 핫케이크를 달 모양의 변화에
맞춰 떼어 먹습니다.

 TIP 　요리 활동인 동시에 달의 변화를 경험해 볼 수 있도록 돕는 활동입니다.
과학적 사실을 재미있는 놀이로 접근하면서 호기심을 높일 수 있습니다.

# 역할극을 해 봐요

역할극을 할 때 대사를 외워 표현하면서 자연스럽게 언어 능력이 향상됩니다. 또한 타인의 입장이 되어 보면서 사회 정서 학습을 할 수 있습니다. 역할극에는 스토리가 단순하고 기승전결이 분명하며 해피엔딩으로 끝나는 이야기 책이 좋습니다. 《우락부락 삼 형제》《장갑》《삼년고개》등 등장인물의 성격이 분명하고 반복되는 구조를 가진 그림책을 추천해요. 이야기 흐름에 맞는 소품이나 음악을 함께 준비하면 좀 더 실감 나는 역할 놀이를 할 수 있지요.

**준비물** 역할 놀이 할 책

**놀이 순서**

1 역할 놀이에 적합한 책을 정해요.

2 전체 줄거리를 정리해서 이야기 나누어요.

3 역할을 정해요.

4 역할에 필요한 소품이 있다면 준비하거나 만들어 보아요.

5 역할 놀이를 시작해요.

6 재미있었던 점, 어려웠던 점 등을 이야기 나누면서 마무리해요.

# 12

# 함께 사는 세상

동물과 인간이 함께
살아가는 것에 대한 이야기

BOOK
087

동물원을 보는 다양한 시선

# 동물원

앤서니 브라운 글·그림 | 장미란 옮김 | 논장

난이도 ★★☆

쇠창살을 사이에 두고 동물과 사람의 모습을 대조하여 묘사한 그림책이에요. 앤서니 브라운의 극사실주의 화풍은 이야기를 더욱 생생하게 이끌어 갑니다. 민감한 주제를 다루면서도 재치를 잃지 않는 작가의 글과 그림이 매우 조화롭습니다.

가족이 동물원으로 향합니다. 아이의 시선에서 바라본 가족의 모습과 동물원의 모습을 담백하면서도 솔직하게 풀어낸 그림책이에요. 동물원 우리의 담을 따라 어슬렁거리다 돌아서서 걷는 호랑이, 왔다 갔다만 반복하는 북극곰, 구석에서 웅크린 채 꼼짝하지 않는 오랑우탄을 보며 동물원이 동물을 위한 곳이 아닌 것 같다는 문장으로 마무리됩니다. 동물원에 있는 동물들을 향한 미안함과 안타까움이 곳곳에 드러나는 이 책은 인간과 동물의 다루기 어려운 문제를 유머러스하고 쉽게 풀어냈습니다. 같은 공간에 있으면서도 제각각 단절되어 살아가는 인간과 동물의 이야기를 담고 있다는 점에서 단연 돋보이는 책이랍니다. 탄탄한 구조 속에 여운을 남기는 앤서니 브라운의 그림책입니다.

#동물 #시선 #함께

그림책으로 마음을 들여다보아요

**무엇이 보이니?**

+ 표지에 누가 있지?
+ 왜 아빠를 가장 크게 그려났을까?
+ 가족들의 표정을 보니 기분이 어떤 것 같아?
+ 표지 색깔을 보면 뭐가 떠올라?
+ 앤서니 브라운 작가가 쓴 다른 책을 아니?

**왜 그렇게 생각하니?**

+ 가족은 동물원에 가서 어떤 동물을 보았지?
+ 어떤 동물을 보며 불쌍하다는 생각을 했을까?
+ 동물들의 표정이나 모습은 어때 보여?
+ 등장하는 가족에게 무엇이 필요해 보여?

**만약에 말이야**

+ 내가 동물이 되어 동물원에서 지낸다면 어떨 것 같아?
+ 동물 대신 사람들이 갇힌다면, 동물들은 인간을 보며 무슨 생각을 할까?
+ 동물들을 신나고 행복하게 만들기 위해 어떻게 하면 좋을까?
+ 동물들도 밤에 꿈을 꿀까?

 나도 궁금해요

엄마에게 마음껏 질문하는 시간을 가져 보아요.

 **쌤의 한마디**

동물을 주제로 한 음악을 들어 봅시다. 클래식 음악 <동물의 사육제>는 총 14악장으로 이루어진 관현악 곡으로 악장별로 다양한 동물을 표현해 놓았습니다. 각 동물의 특징을 생각해 보며 음악을 듣고 자신의 생각과 느낌을 표현해 보는 시간을 마련해 주세요.

내가 고른 문장은?

엄마와 아이가 각자 책에서 마음에 드는 문장을 고르고 이유를 나눠 보세요.

함께하는 놀이

# 행복한 동물

동물들은 어디에서 가장 행복할까?

**준비물** 종이, 색연필

① 책에서 본 동물들이 어떤 기분이었을지 함께
  이야기합니다.

② 어떻게 하면 동물을 행복하게 해 줄 수 있을지
  고민하고 이야기해 봅니다.

③ 행복한 동물의 모습을 그려 봅니다.

TIP  동물원에 갇혀 살고 있는 동물을 어떻게 살게 하는 것이 좋을지 생각해
봅시다. 이 활동은 아이가 입장을 바꾸어 생각해 볼 수 있도록 만들어
줍니다.

인간과 동물의 상생을 위한 고민

# 내 이름은 푸른점

쁘띠삐에 글 · 그림 | 노란돼지

난이도 ★★☆

공장식 돼지 농장에서 태어나 이름도 없는 아기 돼지. 엄마 돼지는 농장 주인의 트럭을 타고 떠나 돌아오지 않습니다. 아기 돼지의 외로움이 고스란히 전해지는 그림책입니다. 과연 이름 없는 아기 돼지는 외로움을 잘 이겨낼 수 있을까요? 그리고 이름을 갖게 될까요?

"꽤애애애액~" 숲속 친구들은 이상한 소리의 정체를 알아보기 위해 몰래 농장으로 내려갑니다. 슬픈 얼굴을 한 아기 돼지를 발견하고 이름을 물어요. 그런데 아기 돼지는 자기 이름을 모른다고 하네요. 숲속 동물 친구들은 엄마 돼지와 갑작스럽게 이별한 아기 돼지를 달래 주고 아기 돼지를 탈출시키기 위해 힘을 모읍니다. 나쁜 환경에서 외로이 지내고 있는 아기 돼지를 구출하는 친구들의 모습에 읽는 이도 한마음으로 성공적인 구출을 응원하게 됩니다. 드디어 탈출에 성공한 아기 돼지에게 동물 친구들은 이야기합니다. "아기 돼지야, 너의 슬픈 꼬리는 잘렸지만 밤하늘 어린 별빛 같은 푸른 점이 생겼구나!" 그렇게 아기 돼지에게 '푸른점'이라는 이름이 생깁니다. 아기 돼지 푸른점은 이제 또 다른 행복을 꿈꿉니다.

#농장 #이름 #외로움

그림책으로 마음을 들여다보아요

| 무엇이 보이니? | ✚ 아기 돼지의 엉덩이가 왜 푸른색일까? |
| | ✚ 아기 돼지 엉덩이에 왜 꼬리가 없을까? |
| | ✚ 아기 돼지의 표정을 보면 어떤 기분인 것 같아? |
| | ✚ 이 책은 어떤 이야기일 것 같아? |

| 왜 그렇게 생각하니? | ✚ 숲속 동물 친구들은 어떻게 아기 돼지와 만나게 되었지? |
| | ✚ 아기 돼지는 왜 슬퍼하고 있었을까? |
| | ✚ 엄마 돼지는 어디로 간 걸까? |
| | ✚ 숲속 동물 친구들은 아기 돼지를 돕기 위해 어떻게 해 주었지? |

| 만약에 말이야 | ✚ 사람들은 왜 돼지를 사육할까? |
| | ✚ 동물들이 좀 더 행복하게 살아갈 수 있는 방법이 있을까? |
| | ✚ 우리는 돼지를 위해 어떤 일을 할 수 있을까? |

 나도 궁금해요

엄마에게 마음껏 질문하는 시간을 가져 보아요.

 쌤의 한마디

동물들이 어릴 때부터 마음껏 뛰어다니지 못할 뿐 아니라 일부 신체 기관을 거세 당하기도 하는 현실에 대해 아이들과 이야기를 나누는 시간은 아이들이 동물권과 생명의 소중함을 인식하게 해 줍니다.

내가 고른 문장은?

엄마와 아이가 각자 책에서 마음에 드는 문장을 고르고 이유를 나눠 보세요.

 엄마

 아이

 함께하는 놀이

# 내가 만약 돼지라면

그림책 속의 돼지가 되어 이야기해 보아요.

**준비물** 돼지가 등장하는 그림책

① 내가 돼지가 되었다고 생각해 봅니다.

② 어떤 기분이 드는지 표현해 봅니다.

③ 사람들에게 돼지의 입장이 되어 말해 봅니다.

TIP '가정하기' 활동을 통해 정서지능을 높이고 다른 사람의 입장을 이해하게 됩니다. 상대방의 입장이 되어 보는 활동은 공감력 향상과 이타적인 사고, 친사회적인 행동을 하는 데 도움을 줍니다.

BOOK
089

북극곰은 어디에서 살아야 할까?

# 30번 곰

지경애 글 · 그림 | 다림

난이도 ★☆☆

북극의 얼음이 녹아내려 더 이상 북극에서 살 수 없게 된 북극곰들의 편지가 사람들에게 도착합니다. 기후 변화로 고통받는 동물들에 대해 생각해 볼 수 있는 책이에요. 흥미로운 설정과 따뜻한 색채로 무거운 주제에 쉽게 다가갈 수 있도록 만들었습니다.

생존을 위해 반려 동물이 된 '30번 곰'의 이야기입니다. 북극곰이 반려 동물이 되다니, 무슨 일일까요? 호기심을 자극하는 설정이에요. 주인공은 30번 곰을 위해 빨간 냉장고를 구입해요. 곰은 인간과 함께 살기 위해 아파트에서 발 뒤꿈치를 들고 다니고 자신을 궁금해하는 아이들을 위해 유치원에 가서 강의를 하기도 해요. 사람들은 북극곰이 가는 곳마다 관심을 가지고 환영해 주지요. 하지만 곰의 몸집이 두 배로 커지자 사람들은 부담스러워하기 시작해요. 버려진 북극곰은 사회 문제가 되고 사람들은 곰과 함께 살 수 있을지에 대해 이야기하기 시작해요. 삶의 터전을 잃고 작은 냉장고에서 살다가 그마저도 쫓겨나게 된 곰. 북극곰은 이제 어디에서 살아야 할까요?

#공생 #북극곰 #기후위기

그림책으로 마음을 들여다보아요

무엇이
보이니?

+ 표지에 보이는 곰은 어떤 기분인 것 같아?
+ 빨간 상자는 무엇인 것 같아?
+ 곰은 왜 빨간 상자 안에 들어가 있을까?

왜 그렇게
생각하니?

+ 30번 곰은 왜 반려 동물이 되었지?
+ 곰은 어디로 갔을까?
+ 처음에 사람들은 곰을 보고 어떤 반응을 보였지?
+ 곰의 몸집이 커지자 사람들은 어떤 반응을 보였어?

만약에
말이야

+ 곰이 북극에서 살 수 없게 된 이유가 뭘까?
+ 곰과 인간이 함께 살아가려면 어떻게 해야 할까?
+ 우리가 살고 있는 사회에 이와 비슷한 문제가 있을까?

 나도 궁금해요

엄마에게 마음껏 질문하는 시간을 가져 보아요.

 쌤의
한마디

반려 동물과 함께 지내는 경험은 아이에게 정서적 안정감을 줍니다. 또한 반려 동물을 돌볼 때 지켜야 하는 것들과 그 이유를 충분히 알게 되면 동물을 바라보는 시각이 열리고 책임감이 높아집니다.

## 내가 고른 문장은?

엄마와 아이가 각자 책에서 마음에 드는 문장을 고르고 이유를 나눠 보세요.

함께하는 놀이

# 점점 작아지는 얼음

작아지는 얼음을 상상해 보아요.

**준비물** 신문지 또는 천, 동물 모형

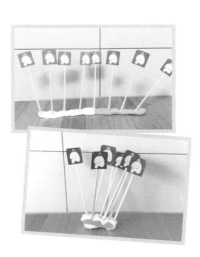

❶ 신문지 또는 천을 넓게 깔고 그 위에 동물 모형들을 올립니다.

❷ 바닥에 깐 신문지 혹은 천을 가장자리부터 접어 면적을 줄입니다.

❸ 위에 있던 동물들이 갈수록 설 곳을 잃어가는 모습을 보며 느낀 점을 이야기합니다.

TIP  북극곰의 입장이 되어 활동을 하다 보면 자연보호, 기후 위기에 대한 경각심을 높일 수 있습니다.

동물과 함께 살아가기

# 제인 구달

이사벨 산체스 베가라 글 | 베아트리체 체로시 그림 | 박소연 옮김 | 달리

난이도 ★★★

어릴 때 꿈을 잊지 않고 이루어 낸 제인 구달의 업적을 다룬 책이에요. 야생 침팬지의 생활과 삶에 도움을 줄 수 있는 방법을 연구한 제인 구달의 이야기로, 꿈을 위해 노력하는 모습뿐 아니라 동물과의 공존에 대해서도 배울 수 있습니다.

"사람에게는 동물을 다스릴 권한이 있는 게 아니라, 모든 생명체를 지킬 의무가 있다." 동물학자 제인 구달이 남긴 유명한 말이에요. 제인 구달은 어릴 때 엄마가 읽어 준 '타잔' 이야기를 듣고 야생 침팬지들과 함께 살고 싶어 했어요. 그 꿈을 이루기 위해 그녀는 케냐로 향했고 그곳에서 유인원을 연구했죠. 그리고 탄자니아 곰베강으로 간 제인은 침팬지의 친구가 되어 침팬지의 생활을 깊이 있게 이해할 수 있게 되었어요. 제인 구달의 연구는 세상을 놀라게 했죠. 인간이 동물과 조화롭게 살 수 있는 지구를 만들기 위해 애쓴 제인 구달의 노력은 우리 아이들이 기억해야 할 메시지임에 분명해요.

#동물보호 #공존 #지구

그림책으로 마음을 들여다보아요

<table>
<tr><td>

**무엇이 보이니?**

</td><td>

＋ 제인 구달이라는 이름을 들어 본 적이 있니?

＋ 제인 구달과 침팬지의 관계가 어떤 것 같아?

＋ 인간과 동물의 관계에 대해 생각해 본 적 있어?

</td></tr>
<tr><td>

**왜 그렇게 생각하니?**

</td><td>

＋ 제인 구달은 침팬지와 친해지기 위해 어떤 노력을 했어?

＋ 제인 구달은 어떤 연구를 했지?

＋ 제인 구달의 연구는 어떤 의미가 있을까?

</td></tr>
<tr><td>

**만약에 말이야**

</td><td>

＋ 내가 침팬지라면 제인 구달이 곰베강으로 왔을 때 무슨 생각을 했을까?

＋ 우리는 왜 동물을 보호해야 할까?

＋ 우리가 할 수 있는 동물 보호에는 어떤 것들이 있을까?

</td></tr>
</table>

 나도 궁금해요

엄마에게 마음껏 질문하는 시간을 가져 보아요.

 **쌤의 한마디**

유아기 아이들이 위인전을 접할 때는 재미있는 일화 중심으로 읽도록 해 주세요. 그 인물이 보인 특별한 업적에 무게를 두기보다 다양한 일화를 통해 자신과 비슷한 점, 다른 점을 찾아보는 편이 좋습니다.

내가 고른 문장은?

엄마와 아이가 각자 책에서 마음에 드는 문장을 고르고 이유를 나눠 보세요.

 함께하는 놀이

# 원숭이 표정, 모습 따라 해 보기

원숭이를 관찰하고 따라 해 보아요.

**준비물** 원숭이 사진, 영상, 카메라

① 사진과 영상을 통해 사람과 가장 닮은 동물 원숭이를
   관찰합니다.

② 표정, 몸짓을 관찰한 후 흉내내 봅니다.

③ 아이의 모습을 사진으로 찍어 원숭이와 가장 비슷한
   부분을 찾아봅니다.

 TIP  대상을 관찰하는 태도와 언어, 소리 표현력을 기를 수 있습니다.

BOOK
091

동물의 권리와 복지

# 내일의 동물원

에릭 바튀 글 · 그림 | 박철화 옮김 | 봄볕

난이도 ★★☆

자유를 누리지 못하고 갇혀 있는, 절망적인 상황에 놓인 동물원의 동물들은 어떤 세상을 꿈꿀까요? 동물들의 행복을 위해 노력하는 수의사 잭과 동물들의 이야기예요. 각 장면마다 강렬한 색이 인상적입니다. 동물들은 행복한 삶을 살아갈 수 있을까요?

동물원 동물들의 건강을 책임지는 수의사 잭은 동물을 진찰하다가 이제는 알약 몇 개, 주사 몇 번으로는 더 이상 동물들을 도와줄 수 없다는 사실을 알게 됩니다. 그래서 그들을 고향에 데려다주기로 해요. 하지만 정글에 있던 나무는 이미 잘려 나갔고 사바나 들판은 불길에 타오르고 있어요. 극지방 얼음은 다 녹아 버렸지요. 동물들이 살 곳이 없네요. 하루는 동물들이 모두 사라져 그들을 찾으러 섬으로 갑니다. 섬에서 동물들이 세상에서 제일 편안한 모습으로 잠들어 있는 모습을 보게 되지요. 수의사와 동물원 관리인은 어떻게 하면 동물들에게 가장 편안하고 자연 그대로의 모습으로 살 수 있는 환경을 만들어 줄 수 있을까 고민합니다. 고민의 끝에 어떤 해답을 발견할지 궁금하지 않나요?

#동물원 #동물권 #환경

그림책으로 마음을 들여다보아요

| 무엇이<br>보이니? | + 동물원에 가 본 적 있니?<br>+ 동물원에서 본 동물들의 모습은 어땠어?<br>+ '내일의 동물원'은 무슨 의미일까? |

| 왜 그렇게<br>생각하니? | + 수의사는 동물들에게 어떤 환경을 마련해 주고 싶어해?<br>+ 동물들이 자연으로 돌아갈 수 없는 이유는 무엇일까?<br>+ 동물들에게 가장 필요한 환경은 어떤 모습일까? |

| 만약에<br>말이야 | + 내가 만약 우리 안에 있는 사자라면 사람들을 보고 어떤 생각이 들까?<br>+ 재주넘기를 하는 돌고래를 보고 어떤 생각이 들었어?<br>+ 내가 수의사라면 동물들이 아플 때 어떤 마음이 들까? |

 나도 궁금해요

엄마에게 마음껏 질문하는 시간을 가져 보아요.

 쌤의
한마디

지금 벌어지는 일들을 통해 미래의 모습을 상상하는 것은 환경을 위해 무엇을 할 수 있을지
아이가 스스로 생각할 수 있게 합니다. 환경이 오염되면 어떤 점이 힘든지 삶의 주변에서
부터 찾아보는 시간을 가져 보세요.

내가 고른 문장은?

엄마와 아이가 각자 책에서 마음에 드는 문장을 고르고 이유를 나눠 보세요.

 엄마

 아이

 함께하는 놀이

# ㄱ (기역)부터 ㅎ (히읗)까지

동물 이름을 완성해 보아요.

**준비물** 종이, 색연필

〈ㄱ부터 ㅎ까지〉
ㄱ 고슴도치, 강치, 기린
ㄴ 나비, 노루
ㄷ 다람쥐, 돼지
ㄹ 레밍(쥐과 포유류)
ㅁ 모기, 매미
ㅂ 벼룩 가재, 벌
ㅅ 사슴, 소, 새
ㅇ 양, 이리
ㅈ 쥐, 지렁이
ㅊ 청갈상어, 치타
ㅋ 카멜레온, 코알라
ㅌ 타조
ㅍ 판다
ㅎ 하마, 호랑이

 종이에 ㄱ부터 ㅎ까지 차례로 적습니다.

 각 자음으로 시작하는 동물 이름을 생각해 적습니다.

**TIP** 자음 놀이를 통해 글자가 만들어지는 원리와 소리, 다양한 단어의 생김새와 의미를 파악할 수 있습니다.

# 13

# 계절

감성과 이성이 조화롭게 성장하도록
도와주는 이야기

계절의 변화, 그 아름다움과 소중함

# 사계절

존 버닝햄 글·그림 | 박철주 옮김 | 시공주니어

난이도 ★★☆

사계절의 풍경을 서정적인 그림으로 표현한 그림책입니다. 《마법 침대》 《지각대장 존》의 작가 존 버닝햄의 따뜻한 감성이 묻어나는 책이에요. 각 계절이 주는 느낌을 자신의 경험에 대입하며 읽어 보기를 권합니다. 자연 속에서 아이들의 상상력이 펼쳐질 거예요.

각 계절이 전해 주는 풍경과 온도가 있지요. 봄에는 새가 둥지를 틀고 새끼 양들이 뛰놀고 오리들이 물장구치는 따뜻한 풍경이 있어요. 여름에는 옥수수 농장에 놀러 온 가족들과 방학을 즐기는 아이들의 함박웃음이 있고요. 가을에는 낙엽이 흩날리고 트랙터로 밭을 갈고 모닥불을 피우는 정서가 있지요. 겨울에는 얼음이 얼고 눈과 비가 내려 다시 봄이 오기 전 마지막과 시작의 순환을 보여 주고요. 사계절의 서정미를 편안하게 표현해 놓은 그림은 아이와 감성적인 시간을 보낼 수 있도록 도와줍니다. 우리 아이와 함께한 사계절의 소중한 추억을 그림책과 함께 한가득 펼쳐 보세요. 지금 내가 만나고 있는 계절이 달리 보이고 앞으로 다가올 시간이 우리 가슴을 뛰게 만들 거예요.

#사계절 #변화 #추억

그림책으로 마음을 들여다보아요

<table>
<tr><td>

**무엇이 보이니?**

</td><td>

✦ 표지 그림은 어떤 계절인 것 같아?

✦ 어떤 계절을 좋아하니?

✦ 계절은 왜 바뀌는 걸까?

✦ 존 버닝햄의 다른 책을 알고 있니?

</td></tr>
</table>

<table>
<tr><td>

**왜 그렇게 생각하니?**

</td><td>

✦ 봄에 볼 수 있는 장면은 어떤 것들이 있니?

✦ 여름에 볼 수 있는 장면은 어떤 것들이 있니?

✦ 가을에 볼 수 있는 장면은 어떤 것들이 있니?

✦ 겨울에 볼 수 있는 장면은 어떤 것들이 있니?

</td></tr>
</table>

<table>
<tr><td>

**만약에 말이야**

</td><td>

✦ 새로운 계절을 만들 수 있다면 어떤 계절을 만들고 싶니?

✦ 각 계절에 어울리는 색을 찾아볼까?

✦ 각 계절에 어울리는 노래를 불러 볼까?

</td></tr>
</table>

 나도 궁금해요

엄마에게 마음껏 질문하는 시간을 가져 보아요.

 **쌤의 한마디**

계절의 변화는 감정과 신체에 큰 변화를 주기도 합니다. 습도가 높으면 불쾌지수가 높아지고 봄이 되면 세로토닌이라는 신경물질이 잘 생성되어 기분이 좋아진대요. 계절에 따른 우리 몸과 마음의 변화에 대해서도 이야기 나누어 보세요.

내가 고른 문장은?

엄마와 아이가 각자 책에서 마음에 드는 문장을 고르고 이유를 나눠 보세요.

함께하는 놀이

# 어울리는 계절 찾기

우리 가족과 어울리는 계절을 찾아보아요.

**준비물** 가족사진

① 봄, 여름, 가을, 겨울 각 계절의 특징을 이야기해 봅니다.

② 계절마다 떠오르는 단어를 생각해 보고, 우리 가족
한 사람 한 사람은 어떤 계절과 어울리는지 이야기해
봅니다.

③ 각 계절과 어울리는 친구에 대해서도 이야기해 봅니다.

TIP 자신이 생각하는 계절의 특징과 가족의 특징을 논리적으로 연관시키는
과정을 통해 상관없어 보이는 것을 연결짓는 상상력과 통합적 사고력을
기를 수 있습니다.

봄의 향기와 생명력을 흠뻑 느끼고 싶다면

# 봄의 원피스

이시이 무쓰미 글 | 후카와 아이코 그림 | 김숙 옮김 | 주니어김영사

난이도 ★★☆

아기 토끼 사키와 양장점 미코 아줌마가 봄에 어울리는 옷을 만들어 나가는 과정을 그린 책이에요. 아줌마는 사키에게 질문을 한 후 사키의 대답에 맞춰 옷감, 색깔, 단추, 장식 등을 결정해 옷을 완성해 나갑니다.

사키는 미코 아줌마 가게로 향해요. 숲속에서 양장점을 하는 솜씨 좋은 아줌마에게 봄 원피스를 만들어 달라고 부탁하기 위해서지요. 아줌마는 사키와 이야기해요. 봄에 피는 꽃, 봄의 색깔, 봄의 소리, 봄에 만나고 싶은 친구, 봄에 하고 싶은 놀이에 대해서요. 아줌마는 사키와 이야기를 나눈 끝에 거미줄로 짠 레이스에 빨간 나무딸기 단추와 튼튼한 주머니가 달린 원피스를 만들기로 해요. 조용한 밤 미코 아줌마가 만들어 낸 원피스는 그야말로 예술 작품이네요. 미코 아줌마가 만들어 준 원피스를 입고 양손 가득 알록달록 꽃을 담아 온 사키의 모습은 사랑스럽다는 말로 마무리하기에는 아쉬움이 가득 남는데, 이를 어쩌죠.

#시작 #심미안 #봄

그림책으로 마음을 들여다보아요

| 무엇이 보이니? | + 봄 하면 어떤 단어가 떠오르니? |
| | + 원피스는 어떤 옷이야? |
| | + 봄의 원피스에는 어떤 느낌을 주면 좋을까? |
| | + 봄에 어울리는 노래를 한번 불러볼까? |
| | + 표지에서 무슨 향기가 날 것 같아? |

| 왜 그렇게 생각하니? | + 사키는 왜 미코 아줌마 가게로 갔을까? |
| | + 미코 아줌마는 사키에게 어떤 것을 물어봤지? |
| | + 사키는 어떤 원피스를 갖고 싶었지? |
| | + 미코 아줌마는 원피스를 만들기 위해 무얼 했지? |

| 만약에 말이야 | + 내가 사키라면 미코 아줌마에게 어떤 옷을 만들어 달라고 부탁하고 싶어? |
| | + 사키가 입은 봄의 원피스에 이름을 지어 준다면 어떤 이름이 어울릴까? |
| | + 내가 미코 아줌마라면 사키에게 어떤 원피스를 만들어 주고 싶어? |

 나도 궁금해요

엄마에게 마음껏 질문하는 시간을 가져 보아요.

 쌤의 한마디

유아기 아이들에게는 다양한 색을 노출해 주는 것이 좋습니다. 이때 좋아하는 색깔이 생기고 자기만을 취향을 갖게 되지요. 이 책을 통해 아이들은 심미안을 기르고 상상력을 키울 수 있습니다.

**내가 고른 문장은?**

엄마와 아이가 각자 책에서 마음에 드는 문장을 고르고 이유를 나눠 보세요.

 엄마

 아이

 **함께하는 놀이**

# 나는 디자이너

봄에 어울리는 엄마의 원피스를 디자인해 보아요.

**준비물** 큰 종이, 색종이, 색연필, 자연물(꽃, 잎사귀, 나뭇가지)

① 밖으로 나가 떨어진 꽃잎, 잎사귀, 나뭇가지 등
   자연물을 가져와 깨끗이 씻어서 말려 주세요.

② 커다란 종이에 엄마에게 만들어 주고 싶은 원피스
   모양을 그립니다.

③ 색종이, 색연필 그리고 말려 둔 자연물로 나만의
   원피스를 디자인합니다.

 **TIP**  해당 계절만이 주는 특별한 아름다움을 표현할 수 있는 옷을 디자인하면서
계절감과 색감에 대한 이해를 키울 수 있습니다.

여름 냄새와 시원함을 느끼고 싶다면

BOOK
094

# 수박 수영장

안녕달 글 · 그림 | 창비

난이도 ★☆☆

여름이 되면 시원한 수박이 생각나지요. 무더운 여름, 온 동네 사람들이 수박 수영장으로 모여듭니다. 커다랗고 시원한 수박 수영장에서 여름을 시원하고 맛있게 즐기는 모습을 담아냈어요. 달콤한 수박을 먹을 때마다 생각나는 책입니다.

뜨거운 여름이 되어 수박이 빨갛게 익으면 한적한 시골 마을에서는 수박 수영장을 개장합니다. 작년에는 수박 안에 씨가 많아서 수영을 하기 힘들었다는데, 올해는 어떨까요? 엄청나게 큰 수박을 반으로 자르면 온 동네 사람들이 모두 모여 수박 안에 들어가 수영을 즐깁니다. 어른, 아이 할 것 없이 모두 함께 즐거워하는 모습이 인상적입니다. 그림책 곳곳에 자리 잡은 의성어와 감탄사가 수영장의 시원함을 생생하게 전달합니다. 소리와 그림만으로도 입에 침이 고이고 수박 수영장에 몸을 담근 듯한 달콤한 상상을 하게 되지요. 온종일 수박 수영장에서 신나게 놀다가 해가 지면 모두 돌아가고 수박 수영장은 내년을 기약하며 문을 닫습니다. 책을 덮고 나면 달달하고 향긋한 수박 냄새가 나는 듯할 거예요.

#여름 #수박 #수영장

그림책으로 마음을 들여다보아요

무엇이
보이니?

+ 표지를 보면 무슨 생각이 들어?
+ 수박에서 수영하는 상상을 해 본 적 있어?
+ 표지 속으로 들어가면 어떤 냄새가 날 것 같아?

왜 그렇게
생각하니?

+ 여름이 되면 마을에 무슨 일이 생기지?
+ 마을 사람들은 수영장에서 어떻게 놀고 있어?
+ 수박 수영장을 이용하는 사람들은 어떤 기분일까?

만약에
말이야

+ 여름 하면 떠오르는 장면이 있니?
+ 수박 수영장이 있다면 어떤 점이 좋을 것 같아?
+ 내가 수영장을 만든다면 무엇으로 만들어 보고 싶어?

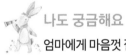 나도 궁금해요

엄마에게 마음껏 질문하는 시간을 가져 보아요.

 쌤의
한마디

아이가 호기심을 보이는 분야가 발견되면 적극적으로 도전해 볼 수 있도록 지지해 주세요. 그
리고 호기심을 놓치지 않고 그 분야에 대한 탐구를 확장해 나갈 수 있도록 이끌어 주세요.

내가 고른 문장은?

엄마와 아이가 각자 책에서 마음에 드는 문장을 고르고 이유를 나눠 보세요.

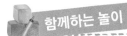
함께하는 놀이

# 여기가 바로 수박 수영장

수박 수영장에 배를 띄워 보아요.

**준비물** 색종이, 볼, 물, 물감, 빨대, 띄울 것들

① 종이배를 띄울 수 있는 볼이나 세면대에 물을 담고 빨간색 물감을 떨어뜨립니다.

② 검정색 종이를 찢어 수박 씨앗을 띄웁니다.

③ 종이배를 만들어 띄우고, 입이나 빨대로 불어 움직입니다. 다른 물건도 띄워 보세요.

TIP 다양한 물체를 물에 띄워 봄으로써 물에 뜨는 것과 가라앉는 것을 구분해 낼 수 있어요.

BOOK
095

가을이 성큼 다가오면 어떨까?

# 가을을 파는 마법사

이종은 글 | 류은형 그림 | 노루궁뎅이

난이도 ★★☆

각 계절의 풍경은 마치 마법사가 지나간 자리처럼 각기 다른 아름다움을 뽐냅니다. 이 책은 시골 할머니 댁에 간 새아가 가을을 파는 마법사를 만나는 이야기를 담았어요. 가을을 파는 마법사는 어떤 모습일까요? 가을의 분위기를 흠씬 느낄 수 있는 책입니다.

가을 하면 높고 푸른 하늘에 잠자리가 날아다니고 오곡백과가 여물고 논밭은 금빛으로 일렁이는 풍경이 떠오릅니다. 주인공 새아는 이런 풍경을 보고 누군가 마법을 부렸다고 생각해요. 새아는 시골 할머니 집에서 할 일이 없어 심심하던 차, 집 밖에서 "가을을 팔아요"라는 소리를 듣고 밖으로 뛰어나갑니다. 소리가 나는 곳으로 가 보니 마을 아이들이 빨간 모자를 쓴 아저씨 뒤를 따라가고 있어요. 새아도 그 행렬을 따라갑니다. 빨간 모자 아저씨는 호박, 감, 단풍잎을 붉게 물들이고 나무에 달려 있는 알밤도 떨어뜨려 주지요. 할머니에게 가을을 파는 빨간 모자 아저씨가 궁금하다고 하니 할머니는 금빛 들판으로 새아를 데려갑니다. 빨간 모자 아저씨는 누구일까요?

#가을 #사계절 #마법

**그림책으로 마음을 들여다보아요**

| | |
|---|---|
| **무엇이 보이니?** | + 표지에 있는 아저씨는 어떤 일을 하는 사람 같아? |
| | + 아저씨의 기분은 어때 보여? |
| | + 아저씨는 옷을 어떻게 꾸몄지? |

| | |
|---|---|
| **왜 그렇게 생각하니?** | + 새아는 할머니 집에서 무슨 소리를 듣고 밖으로 나갔지? |
| | + 빨간 모자 아저씨가 지나가면 어떤 일이 벌어졌어? |
| | + 빨간 모자 아저씨는 누구일까? |
| | + 가을 하면 떠오르는 단어가 있니? |

| | |
|---|---|
| **만약에 말이야** | + 마법을 부릴 수 있는 능력이 있다면 가을에 어떤 마법을 부리고 싶어? |
| | + 가을과 어울리는 노래를 알고 있니? |
| | + 가을에 어울리는 색은 어떤 색이라고 생각해? |

 **나도 궁금해요**
엄마에게 마음껏 질문하는 시간을 가져 보아요.

 **쌤의 한마디**

아이가 관심을 받기 위해 거짓말을 할 때가 있습니다. 언제나 아이에게 관심을 갖고 있다는 것을 표현하여 관심받고자 하는 욕구를 해소시켜 주면 거짓말이 줄어들 거예요.

내가 고른 문장은?

엄마와 아이가 각자 책에서 마음에 드는 문장을 고르고 이유를 나눠 보세요.

함께하는 놀이

# 가을 분위기 내기

가을 나무를 꾸며 보아요.

**준비물** 색종이, 전지, 가위, 낙엽, 나뭇가지

❶ 전지에 나무 기둥을 그립니다.
❷ '가을' 하면 생각나는 단어를 전지에 씁니다.
❸ 그린 나무에 색종이와 낙엽, 나뭇가지 등을 붙여 가을 나무를 완성합니다.

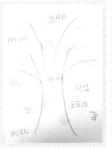

TIP 계절에 어울리는 색을 골라 표현해 보면 여러 가지 색이 주는 느낌을 자연스럽게 익힐 수 있습니다.

BOOK
096

설레는 날, 신나는 날

# 눈 오는 날

애즈라 잭 키츠 글 · 그림 | 김소희 옮김 | 비룡소

난이도 ★★☆

아이들이 좋아하는 '눈 오는 날'에 주인공 피터의 경험을 그린 책이에요. 아이가 느끼는 설렘과 아쉬움이 잘 녹아 있습니다. 아이들이 경험한 눈 오는 날의 경험을 함께 이야기해 보기 좋습니다.

눈 오는 날 아침, 하얀 눈과 대비되는 짙은 피부를 가진 피터는 마음이 설렙니다. 한껏 들뜬 피터는 온 세상이 하얗게 뒤덮인 신비한 세상으로 뛰어가서 눈으로 할 수 있는 다양한 놀이를 합니다. 아무도 밟지 않은 눈 위에 발자국 남기기, 나무 막대로 그림 그리기, 눈싸움, 눈 천사 만들기, 미끄럼 타기 등 눈 오는 날 할 수 있는 놀이는 끝이 없네요. 한참 놀던 피터는 눈 뭉치를 주머니에 고이 넣어 집으로 돌아옵니다. 눈 뭉치가 그대로 있을 리가 없지요. 다음 날, 눈이 녹아 없어진 것을 안 피터가 슬퍼하는 모습은 꼭 우리 아이들을 보는 것 같습니다. 장면마다 눈 오는 날의 풍경과 아이의 행동 하나하나가 세심하게 묘사되어 있는 책으로, 겨울의 정서를 이야기해 보기에 좋습니다.

#눈 #겨울 #설렘

그림책으로 마음을 들여다보아요

무엇이
보이니?

+ 표지에 나온 아이는 지금 무엇을 하고 있니?
+ 표지 그림은 일 년 중 언제인 것 같아?
+ 표지와 어울리는 음악이 있을까?
+ 눈을 밟으면 어떤 소리가 나는지 표현해 볼까?

왜 그렇게
생각하니?

+ 아침에 눈이 온 걸 알고 피터는 어떻게 했어?
+ 피터가 밖으로 나가서 한 일이 뭘까?
+ 피터는 집으로 돌아올 때 무엇을 가지고 왔지?
+ 피터는 왜 슬퍼했지?

만약에
말이야

+ 눈이 오면 제일 하고 싶은 놀이가 뭐야?
+ 눈은 어떻게 만들어질까?
+ 매일 눈이 온다면 어떨까?
+ 지구상에 눈을 볼 수 없는 나라가 있을까?

 나도 궁금해요
엄마에게 마음껏 질문하는 시간을 가져 보아요.

 쌤의
한마디

언어 발달이 늦는 경우, 아이는 답답한 마음에 의사 표현을 울음으로 하게 됩니다. '울지
말고 말로 하라'고 다그치기보다 노래, 단어 카드 등을 이용해 표현하는 기회를 자주 갖도
록 하는 것도 좋은 방법입니다.

내가 고른 문장은?

엄마와 아이가 각자 책에서 마음에 드는 문장을 고르고 이유를 나눠 보세요.

 엄마

 아이

 함께하는 놀이

# 신나는 신문놀이

신문지로 할 수 있는 놀이를 찾아보아요.

**준비물** 신문지

❶ 다 본 신문지를 마음껏 찢습니다.

❷ 의자 위에 올라가 눈이 내리는 것처럼 뿌려 보기도 하고 공처럼 만들어 바구니에 던져 보기도 합니다.

❸ 신문지로 할 수 있는 다양한 놀이를 스스로 생각하고 개발해 봅니다.

TIP   신문지 놀이처럼 정형화되어 있지 않은 놀잇감을 다양하게 사용하는 것은 심적인 긴장감과 스트레스를 해소할 수 있게 해 줍니다. 또한 아이들에게 자신감과 창의력, 상상력을 더해 준답니다.

# 14

# 책

책이란 대체 뭘까?

BOOK
097

도서관에는 어떤 규칙이 있을까?

# 도서관에 간 사자

미셸 누드슨 글 | 케빈 호크스 그림 | 홍연미 옮김 | 웅진주니어

난이도 ★★★

도서관을 사랑하는 사자라니! 상상만 해도 마음이
즐거워집니다. 사자의 존재는 아이들이 도서관을
더 즐거운 곳이라 기대할 수 있게 합니다.
도서관에서 사자에게 기대어 책을 읽는 모습,
아이들이라면 충분히 가능한 상상이지요.

어느 날, 도서관에 들어온 사자. 관장님과 대출 창구 선생님은 사자의 출입에 관한
규칙이 없다며 뛰거나 소리 지르지 않는다는 조건 하에 사자의 입장을 허용합니
다. 사자는 백과사전에 묻은 먼지를 털어내는 일, 편지 봉투에 침 바르는 일 등 도
서관에서 필요한 일들을 척척 하는데요. 그렇게 점차 사자는 없어서는 안 될 존재
가 되었지요. 하루는 관장님이 높은 사다리에서 떨어지자 사자는 상황을 알리기
위해 고함을 지르고 맙니다. 사자의 고함 덕분에 관장님은 위기를 면할 수 있었어
요. 이 사건을 계기로 도서관에서도 위험하거나 다친 친구를 도와야 하는 경우에
는 소리를 지르거나 뛸 수 있다는 규칙이 생깁니다. 우리 동네 도서관에 이런 사자
가 찾아와 준다면 어떤 반응을 보일까요? 잠시 즐거운 상상에 빠져 봅니다.

#도서관 #규칙 #마음

그림책으로 마음을 들여다보아요

무엇이
보이니?
+ 도서관에 사자가 들어오는 상상을 해 본 적이 있니?
+ 도서관에 누가 오면 좋겠어?
+ 도서관에 가면 어떤 기분이 들어?

왜 그렇게
생각하니?
+ 사자는 도서관에서 어떻게 행동했어?
+ 관장님은 왜 사자가 도서관에 오는 것을 좋아했을까?
+ 관장님이 위험한 상황에 처했을 때 사자는 어떻게 했어?
+ 관장님이 사다리에서 떨어진 사건 후 어떤 규칙이 생겼어?

만약에
말이야
+ 내가 관장이라면 도서관에 들어오는 사자를 어떻게 대했을까?
+ 사자가 소리를 지르지 않았다면 어떻게 되었을까?
+ 다시 도서관에 갈 수 있게 된 사자에게 어떤 이야기를 해 주고 싶니?
+ 도서관에서 어떤 일이 벌어지면 재미있을까?

 나도 궁금해요
엄마에게 마음껏 질문하는 시간을 가져 보아요.

 쌤의
한마디
양육자가 대신 도서관에서 책을 대출해 주기보다 아이가 직접 도서관 이용 절차를 숙지할
수 있게 해 주세요. 책을 고르고 반납 일정을 확인해 가면서 도서관을 이용하는 것은 계획
을 갖고 독서하는 습관을 기르는 데에도 도움이 됩니다.

내가 고른 문장은?

엄마와 아이가 각자 책에서 마음에 드는 문장을 고르고 이유를 나눠 보세요.

 엄마

 아이

 함께하는 놀이

# 사자가 우리 집에 온다면

도서관에 간 사자가 우리 집에 온다면 가르쳐 주고 싶은 규칙을 생각해 보아요.

[준비물] 종이, 색연필

① 우리 집에서 지켜야 할 규칙을 생각해 봅니다.

② 번호를 매겨 규칙을 하나씩 적어 봅니다.

예. 하루에 한 번 사랑한다고 말하고 안아 주기, 식사 후 밥그릇 치우기, 하루에 한 권 엄마랑 책 읽기 등

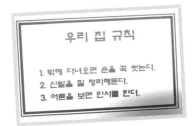

우리 집 규칙

1. 밖에 다녀오면 손을 꼭 씻는다.
2. 신발을 잘 정리해둔다.
3. 어른을 보면 인사를 한다.

 TIP 일어나지 않은 상황을 상상해 보고 예측해 보는 인지 언어 활동입니다. 상황 파악 능력과 통찰력을 키우고 다양한 사고를 자유롭게 할 수 있도록 돕는 창의적 활동이기도 합니다.

BOOK
098

알고 싶은 게 생겼다면?

# 그래, 책이야!

레인 스미스 글 · 그림 | 김경연 옮김 | 문학동네

난이도 ★★☆

전자기기가 익숙한 아이들에게 종이책이
지닌 고유한 가치를 알려 줄 수 있는 책입니다.
인터넷만 있으면 친구와 대화도 할 수 있고,
음악도 들을 수 있고, 학교 수업도 문제없는데
대체 책은 왜 읽는 걸까요?

나무 냄새가 나는 종이를 넘기고 종이 위의 그림과 활자를 쓰다듬고 짚어가며 책을 읽는 몽키. 아이들의 궁금증을 불러일으키는 모습입니다. 도대체 책이 무엇이기에 몽키는 이렇게 정성스레 펼쳐 읽는 걸까요? 전자기기가 익숙한 동키에게는 낯선 물건인 책이 대체 뭔지 궁금합니다. "스크롤은 어떻게 해? 게임할 수 있어? 메일 보낼 수 있어? 트위터는? 와이파이는?" 책에 집중하는 몽키에게 던지는 동키의 질문이 귀엽습니다. 짧은 질문에 간단한 대답으로 이어지는 내용은 직접적이며 확실한 메시지를 남깁니다. 책을 읽자는 부모님과 선생님의 말에 아이들이 갖고 있는 의문이 풀리고, 첨단 기술 속에서 살아가는 어른과 아이 모두에게 종이책이 지닌 즐거움을 선사합니다.

#책 #종이책 #미디어

그림책으로 마음을 들여다보아요

| 무엇이 보이니? | + 표지에 나온 몽키는 어떤 책을 보고 있는 것 같아? |
| | + 어떤 상황인 것 같아? |
| | + 책이 뭐라고 생각해? |
| | + 책을 한 단어로 표현해 볼까? |

| 왜 그렇게 생각하니? | + 동키가 몽키에게 책에 대해 어떤 질문을 했지? |
| | + 제일 재미있는 질문이 뭐였어? |
| | + 몽키는 책이 뭐라고 해? |

| 만약에 말이야 | + 책에 대해 궁금하거나 묻고 싶은 것이 있어? |
| | + 책이 무엇이냐는 질문을 받는다면 뭐라고 대답해 주고 싶어? |
| | + 책을 좋아하지 않는 친구에게 소개해 주고 싶은 책이 있어? |
| | + 책을 다른 용도로 사용할 수 있을까? |

 나도 궁금해요

엄마에게 마음껏 질문하는 시간을 가져 보아요.

 쌤의 한마디

스마트폰 같은 전자기기를 주로 사용하면 시각을 담당하는 후두엽만 활성화되어 뇌 발달에 불균형이 생깁니다. 그러면 감정 조절이 쉽지 않아 정서적으로 불안감이 생길 수 있고 부정적 감정을 화나 짜증으로 표현하는 빈도가 높아질 수도 있습니다.

내가 고른 문장은?

엄마와 아이가 각자 책에서 마음에 드는 문장을 고르고 이유를 나눠 보세요.

# 표지 모델 되어 보기

책 표지의 모델이 되어 책 읽는 모습을 담아 보아요.

**준비물** 카메라, 책 읽는 모습이 담긴 사진, 종이, 색연필, 가위

❶ 오늘 읽은 책의 표지에 있는 그림처럼 책 읽는 모습을 담아 사진을 찍습니다.

❷ 사진을 인화하거나 출력해 모양을 따서 오립니다.

❸ 종이에 책 읽는 모습을 붙이고 책 표지처럼 꾸밉니다.

 **TIP** 어떤 표정과 포즈를 취해야 할지 생각해 표현하는 과정을 통해 자기 표현력이 생깁니다.

BOOK
099

책 속에 담긴 마법약 만드는 법

# 책 읽는 두꺼비

클로드 부종 글 · 그림 | 이경혜 옮김 | 비룡소

난이도 ★★★

제목은 책 읽는 두꺼비인데 표지에는
책이 보이지 않네요. 두꺼비의 힘을
빌어 마법약을 만드는 마녀와, 마법약을
만드는 데는 관심이 없고 책을 좋아하는
두꺼비의 이야기를 해학적으로
풀었습니다.

책을 사랑하는 두꺼비와 엉터리 마법약을 만드는 마녀가 함께 살고 있습니다. 마
녀는 마법약을 만들다가 두꺼비의 침이 필요할 때면 두꺼비를 데려가 억지로 침
을 짜냅니다. 화가 난 두꺼비는 도망치지만 붙잡히고 말아요. 이번에는 머리 위에
묶여서 꼼짝할 수가 없게 됩니다. 그러던 어느 날 마녀가 약을 잘못 지어 주었다며
왕궁에서 따지러 왔어요. 두꺼비는 이 기회를 놓치지 않고 책을 읽을 수 있는 방법
을 생각해 냅니다. 마법약 만드는 책을 함께 읽고 마법약을 다시 만들어 보자고 제
안한 거죠. 마법약을 만들기 위해 책 읽는 두꺼비에게 안경까지 선물하며 격려하
는 마녀의 모습이 열심히 공부하라고 아이들의 등을 떠미는 엄마의 모습 같아 웃
음이 나네요.

#지식 #책 #독서

그림책으로 마음을 들여다보아요

무엇이
보이니?

+ 두꺼비에 대해 알고 있는 것을 이야기해 볼까?

+ 두꺼비를 왜 머리에 묶고 있을까?

+ 두꺼비를 머리에 이고 있는 사람은 누구일까?

+ 두꺼비는 어떤 책을 좋아할 것 같아?

왜 그렇게
생각하니?

+ 마녀는 왜 두꺼비와 같이 살까?

+ 두꺼비는 왜 도망갔지?

+ 왕궁에서 마녀를 왜 찾아왔어?

+ 두꺼비는 마녀를 돕기 위해 무엇을 제안했지?

+ 마법약을 성공적으로 만들자 마녀는 두꺼비를 어떻게 대했어?

만약에
말이야

+ 책을 왜 읽어야 할까?

+ 마녀는 왜 두꺼비에게 안경을 선물해 주었어?

+ 내가 두꺼비라면 마녀에게 어떤 책을 선물해 주고 싶어?

+ 두꺼비에게 추천하고 싶은 책이 있니?

 나도 궁금해요

엄마에게 마음껏 질문하는 시간을 가져 보아요.

 쌤의
한마디

양육자는 아이의 놀이를 잘 관찰하다가 아이가 참여를 원하거나 도움을 필요로 할 때 개입하는 것이 좋습니다. '이렇게 해야지, 저렇게 해봐'라는 지시적인 말은 놀이를 통해 얻을 수 있는 다양한 효과를 저하시키는 요인이 됩니다.

## 내가 고른 문장은?

엄마와 아이가 각자 책에서 마음에 드는 문장을 고르고 이유를 나눠 보세요.

함께하는 놀이

# 마법약 만들기

나만의 마법약을 만들어 보아요.

**준비물** 종이, 색연필, 간식

① 어떤 종류의 마법약을 만들고 싶은지에 대해
　 이야기합니다.

② 준비한 간식들에 각각 어떤 효능이 있는지,
　 섞으면 어떤 효과가 있는지 상상하여
　 정합니다.

③ 상상한 대로 준비한 재료를 섞어 나만의
　 마법약을 만듭니다.

●마음이 슬플 때 먹는 약⑩
달콤한 젤리와 둥그란 초콜렛
그리고 바삭한 라면과자와
잘게 썬 오이로 만든 약이에요.
슬프거나 힘이 없을 때 먹으면
금방 힘이 나고 기분이 좋아집니다.

**TIP** 약의 효능과 먹는 방법, 먹을 때 주의해야 할 점 등을 함께 고려해서
　　　 처방하는 약사 역할 놀이까지 진행할 수 있습니다.

346

BOOK
100

# 아름다운 책

클로드 부종 글 · 그림 | 최윤정 옮김 | 비룡소

난이도 ★★☆

형 토끼 에르네스트가 아직 글자를 잘 읽지 못하는 동생 토끼 빅토르와 함께 그림책을 보며 생긴 일을 담은 책입니다. 책 속에서는 신기하고 재미있는 일들이 무궁무진하게 펼쳐집니다. 현실에서도 그런 일이 펼쳐질까요? 토끼 형제의 그림책 이야기를 따라가 보아요.

"무지무지하게 큰 토끼가 콩알만 한 여우들을 가지고 놀고 있었습니다." 토끼 형제가 읽는 그림책에 나오는 내용이에요. 토끼가 여우를 장난감처럼 갖고 놀다니요! 아이들은 책을 읽고 있는 토끼 형제에게 빠져듭니다. 책 속에서는 토끼 형제가 상상도 할 수 없는 일들이 아무렇지 않게 일어납니다. 여우들을 갖고 노는 책 속의 토끼를 부러워하며 책 속에 푹 빠져 정신이 없는데, 진짜 여우가 토끼 굴에 나타납니다. 이 부분을 읽으면서 아이들의 긴장감은 고조됩니다. 토끼 굴에는 여우를 함께 쫓아낼 친구도 무기도 없어요. 숨을 곳도 없지요. 갖고 있는 건 읽고 있던 책 한 권뿐이에요. 어떻게 하면 좋을까요? 재치 넘치는 방법으로 여우를 쫓아내는 토끼 형제의 이야기에 빠져 들어 보세요.

#책 #호기심 #상상

그림책으로 마음을 들여다보아요

**무엇이 보이니?**

+ 책이 무엇이라고 생각해?
+ 책이 아름답다는 생각을 해 본 적이 있니?
+ 두 마리 토끼의 표정을 보면 어떤 내용의 책을 보고 있는 것 같아?
+ 두 토끼는 어떤 관계인 것 같아?

**왜 그렇게 생각하니?**

+ 동생 빅토르는 형 에르네스트에게 어떤 것들을 물어보았어?
+ 형이 대답한 내용 중에 기억에 남는 말이 있어?
+ 진짜 여우가 나타나자 토끼 형제는 어떻게 했지?

**만약에 말이야**

+ 책은 또 어떤 용도로 사용될 수 있을까?
+ 책에 대해 설명해 주고 싶은 사람이 있어?
+ 내가 형 토끼라면 동생에게 책에 대해 뭐라고 설명해 주겠니?
+ 내 마음대로 책 제목을 다시 지어 볼까?

 나도 궁금해요

엄마에게 마음껏 질문하는 시간을 가져 보아요.

 **쌤의 한마디**

책을 흥미 있게 읽는 모습을 보여 준다든지 소리 내어 읽는 모습을 접하는 것만으로도
아이들은 독서에 흥미와 관심을 보이게 됩니다.

내가 고른 문장은?

엄마와 아이가 각자 책에서 마음에 드는 문장을 고르고 이유를 나눠 보세요.

 엄마

 아이

 함께하는 놀이

# 책 분류하기

책을 종류별로 분류해 보아요.

**준비물** 책, 스티커, 포스트잇

❶ 아름다운 책, 재미있는 책, 지루한 책, 무서운 책,
   좋아하는 책 등 책을 수식하는 문구를 포스트잇에
   써서 바닥에 붙입니다.

❷ 책들을 꺼내 해당되는 수식어 앞에 놓아 둡니다.

❸ 분류한 대로 책을 정리해 봅니다.

TIP  책을 분류하는 과정에서 책에 대한 선호도를 알 수 있습니다. 수식어 분류
     외에도 주제 등 다른 방식으로 분류를 해 보는 것도 책을 이해하는 데
     도움이 됩니다.

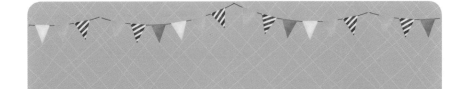

# 부록

0~4세 연령별 추천 그림책

Q&A

참고도서

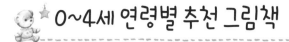

# 0~4세 연령별 추천 그림책

## ♣ 0 ～ 만 1세

생애 처음 만나는 책이니만큼 신중하게 선택하고 싶을 거예요. 이 시기에는 오감 발달의 과업이 있지요. 따라서 시각, 청각, 촉각 발달을 자극하고 촉진할 수 있는 책을 읽어주면 좋아요. 보드북, 헝겊책, 사운드북, 촉감책, 팝업북 등 다양한 형태의 책을 이용하면 효과적입니다. 더불어 엄마 아빠의 숨소리와 목소리를 포근하고 안정감 있게 느낄 수 있도록 하는 따뜻한 내용과 포근한 그림이 담긴 그림책을 추천합니다. 아이에게 운율이 있는 노래와 시를 함께 들려주면 언어의 재미와 질서를 느낄 수 있습니다.

| 제목 | 글 / 그림 | 출판사 |
|---|---|---|
| 아기 시 그림책 시리즈 | 강소천 외 글 / 이준섭 외 그림 | 문학동네 |
| 아기 초점책 세트 | 편집부 | 애플비북스 |
| 우리 아기 첫 오감발달 헝겊책 | 스텔라 배곳 글·그림 | 어스본코리아 |
| 우리 아기 알록달록 입체 촉감책 | 스텔라 배곳 그림/ 조세핀 톰슨 디자인 | 어스본코리아 |
| 베이비 초점책 | 편집부 글 / 솔트앤페퍼 그림 | 애플비북스 |
| 까꿍 엘리베이터 | 냥송이 글·그림 | 그린북 |
| 손이 나왔네 | 하야시 아키코 글·그림 | 한림출판사 |
| 냠냠냠 맛있다 | 보린 글 / 백은희 그림 | 창비 |
| 코코코 해 보아요 | 신용주 글 / 이진아 그림 | 사계절 |
| 사랑해 사랑해 사랑해 | 버나뎃 로제티 슈스탁 글 / 캐롤라인 제인 처치 그림 | 보물창고 |

## ♣ 만 1 ~ 2세

언어의 기초가 형성되는 단계로 반복적인 운율이 있는 그림책이 좋아요. 의성어와 의태어가 풍부한 그림책을 이용해 흥미로운 책 읽기를 지속할 수 있도록 도와주세요. 또한 사물의 이름을 궁금해 하고 그와 관련된 다양한 정보를 습득해 가는 시기이므로 아이들이 좋아하는 주제와 관련된 그림책을 제공해 주면 스스로 정보를 확장해 나갈 수 있어요. 더불어 밥 먹기, 옷 입기 등의 생활습관을 익힐 수 있도록 일상생활과 관련된 친근한 내용이 담긴 책이 좋아요.

| 제목 | 글 / 그림 | 출판사 |
|---|---|---|
| 나도나도 | 최숙희 글·그림 | 웅진주니어 |
| 금붕어가 달아나네 | 고미 타로 글·그림 | 한림출판사 |
| 무엇이 무엇이 똑같을까? | 이미애 글 / 한병호 그림 | 보림 |
| 누구나 눈다 | 고미 타로 글·그림 | 한림출판사 |
| 툭 | 이연 글·그림 | 한솔수북 |
| 옷을 입자 짠짠 | 정은정 글 / 박해남 그림 | 비룡소 |
| 아빠랑 목욕해요! | 타나베 시게오 글 / 오오토모 야스오 그림 | 북뱅크 |
| 치카치카 하나 둘 | 최정선 글 / 윤봉선 그림 | 보림 |
| 자동차가 부릉부릉 | 빼뜨르 호라체크 글·그림 | 시공주니어 |

## ♣ 만 2 ~ 3세

신체적인 자립도가 높아지고 활동 반경이 넓어지는 시기예요. 따라서 혼자서 과업을 완성해 내는 이야기 또는 스스로 하려고 하는 의지를 고무시켜 주는 이야기가 필요합니다. 또한 이 시기에는 자기 자신 이외 주변 사물과 환경에 대한 관심이 높아져 "왜?"라는 질문을 쏟아내고 표현하기 시작합니다. 이런 발달 과정을 고려한 정보책을 제공해 주는 것이 좋은데, 정보책은 그림과 글의 수준이 아이의 관심도에 적절한지 파악하는 것이 중요해요. 정보량이 많아 두껍고 자세한 책을 내밀었다가 자칫 책과 멀어지는 상황이 발생할 수 있거든요. 만 3세 정도 되면 어린이집 등의 기관을 경험하는 친구들이 많아지므로 관계 맺기를 위한 그림책도 건네 주세요.

| 제목 | 글 / 그림 | 출판사 |
|------|-----------|--------|
| 우리 몸의 구멍 | 허은미 글 / 이혜림 그림 | 길벗어린이 |
| 누구게 누구게 | 카렌 월 글·그림 | 키즈엠 |
| 그림자는 내 친구 | 박정선 글 / 이수지 그림 | 길벗어린이 |
| 씨앗은 무엇이 되고 싶을까? | 김순한 글 / 김인경 그림 | 길벗어린이 |
| 우리 친구하자 | 쓰이 요리코 글 / 하야시 아키코 그림 | 한림출판사 |
| 이건 비밀인데 | 안나 강 글 / 크리스토퍼 와이엔트 그림 | 풀빛 |
| 엄마가 알을 낳았대! | 배빗 콜 글·그림 | 보림 |
| 사과와 나비 | 옐라 마리, 엔조 마리 글·그림 | 보림 |
| 생각하는 ㄱㄴㄷ | 이지원 글 / 이보나 흐미엘레프스카 그림 | 논장 |
| 동글동글 바퀴 | 박정선 글 / 이윤우 그림 | 비룡소 |
| 잘자요, 달님 | 마거릿 와이즈 브라운, 클레먼트 허드 글·그림 | 시공주니어 |
| 아기 오리는 어디로 갔을까요? | 낸시 태퍼리 글·그림 | 비룡소 |
| 너를 바라보며 | 매튜 코델 글·그림 | 엠키즈 |
| 어부바 어부바 | 정희재 글 / 김무연 그림 | 푸른숲 |
| 괜찮아 | 최숙희 글·그림 | 웅진주니어 |

## ♣ 만 3 ~ 4세

신체 활동이 더 활발해지고 주변에 대한 호기심이 왕성해지는 시기예요. 또한 글자에 대한 관심을 갖기 시작하므로 언어 발달에 도움이 될 수 있는 책을 준비해 주면 좋아요. 수와 양에 대한 개념이 생기고 자연과학에 대한 궁금증도 폭발적으로 높아지니 이런 욕구를 충족시켜 줄 책이 필요합니다. 자신이 선택한 책에 애착을 보이고 성향을 드러내는 시기이니만큼 아이의 선택을 존중해 주세요.

| 제목 | 글 / 그림 / 엮음 | 출판사 |
|---|---|---|
| 알록달록 물고기 | 로이스 엘러트 글·그림 | 시공주니어 |
| 꼬마 돼지 | 오드리 우드 글 / 돈 우드 그림 | 보림 |
| 구름빵 | 백희나 글·그림 | 한솔수북 |
| 뒤집힌 호랑이 | 김용철 글·그림 | 보리 |
| 무늬가 살아나요 | 유문조 글 / 안윤모 그림 | 길벗어린이 |
| 반대말 | 최정선 글 / 안윤모 그림 | 보림 |
| 손바닥 동물원 | 한태희 글·그림 | 예림당 |
| 심심해서 그랬어 | 윤구병 글 / 이태수 그림 | 보리 |
| 100개의 달과 아기 공룡 | 이덕화 글·그림 | 위즈덤하우스 |
| 맙소사, 악어가 오딜을 삼켰대! | 마리 도를레앙 글·그림 | 길벗어린이 |
| 진짜 코파는 이야기 | 이갑규 글 · 그림 | 책읽는곰 |
| 파도야 놀자 | 이수지 글 · 그림 | 비룡소 |
| 내 친구가 되어 줄래? | 샘 맥브래트니글 / 아니타 제람 그림 | 베틀북 |
| 아기 거북이 클로버 | 조아름 글 · 그림 | 빨간콩 |
| 에취, 재채기를 어떡하지? | 모 윌렘스 글 · 그림 | 봄이아트북스 |

# Q & A

엄마들이 그림책을 읽어 주려 할 때 가장 많이 하는 질문을 추렸습니다. 좋은 그림책부터 독서 습관까지 자세히 담았으니 책 육아에 도움이 될 수 있기를 바랍니다.

## Q  어떤 그림책이 좋은 그림책인가요?

**A** 좋은 그림책이란 어떤 책을 말하는 걸까요? 그림책은 글에 그림 단서를 제공해서 이해도와 몰입도를 높일 수 있도록 만든 책이에요. 근세 유럽 교육학의 아버지 코메니우스(J. A. Comenius)의 《세계도회》(1658)가 최초의 그림책으로 꼽히는데요. 코메니우스는 어린이들이 그림을 좋아한다는 점을 이용해 어린이의 지각 능력을 키워 주는 최초의 어린이책을 쓴 것이지요. 그렇다면 그림책은 어떤 기준을 가지고 골라야 할까요? 글과 그림으로 나누어 설명할게요.

**글** 그림책은 아이들을 대상으로 만든 책이라서 유아기 아동의 집중도와 이해도를 바탕으로 집필되어야 해요. 보통 그림책이 30장이라면 이 안에 담을 수 있는 내용은 간결한 흐름으로 단순하고 선명하게 아이들에게 다가갈 수 있어야 하지요. 그 흐름 속에 전달하려고 하는 메시지가 분명해야 하는 것 또한 기본이라 할 수 있어요. 전래동화 같은 경우 반복적인 이야기 흐름과 권선징악이라는 분명한 주제를 갖고 있어요. 이는 오래도록 사람들에게 구전되고 사랑받는 이유이지요.

또한 그림책은 아이가 태어나서 처음으로 만나는 책이에요. 따라서 언어, 인지, 정서, 사회성 발달 및 가치관 형성 등 전 영역에 걸쳐 영향을 미쳐요. 그렇기 때문에 아이의 성장을 도울 수 있는 교육적인 내용이어야 해요. 성별, 인종, 직업에 관한 편견이나 선입견이 있는, 균형감을 잃은 책은 골라낼 수 있어야 해요. 지나치게 자극적이거나 폭력적인 내용이 있다면 아이가 열광하더라도 제외시켜야겠지요.

이와 함께 매력적인 주인공이 등장하느냐의 여부도 매우 중요한 요소예요. 평범한 이야기가 독자 마음에 살아 움직이게 하고 감정이입하거나 대리만족할 수 있도록 돕는 가장 강력한 요인이 되기 때문이죠. 예를 들면《치과의사 드소토 선생님》에 나오는 드소토 선생님은 쥐라는 작은 동물을 '의사' 캐릭터로 설정해 놓았어요. 쥐보다 훨씬 크고 위험한 동물들이 와서 도와 달라고 애걸하는 장면은 예상치 못한 즐거움을 주죠.

**그림** 그림책에서 그림 읽기는 글을 읽는 것만큼, 아니 그보다 더 강력한 힘을 발휘해요. 글과 그림은 서로 대화하는 매체로 강력한 영향력을 주고받죠. 그림은 시각적 메시지이므로 글보다 더 감각적이고 즉각적인 반응을 나타내는 강력한 요소랍니다. 글자 없이 그림만으로 만들어진 그림책에서 더 강한 자극과 감동을 받는 경우가 있는 것을 보면 알 수 있지요.

다양한 그림책의 아트디렉터로 참여한 권승희 작가는《좋은 그림책의 기본》에서 그림책의 그림은 한 장면보다는 앞뒤 화면과의 연결이 만들어 내는 시간성이 중요하며, 이 흐름을 작가가 어떻게 만들어 내는가가 그림책 연출의 핵심이라 할 수 있다고 말해요. 글과 그림의 조화가 그림책의 완성도를 결정한다는 것이죠. 그림은 작가가 독자에게 전달하려는 메시지의 일부일 수도 있지만 전체일 수도 있거든요.

예를 들어 오드리 우드, 돈 우드의《꼬마 돼지》라는 책을 보면 아이들뿐 아니라 성인이 보아도 좋을 정도로 정교하고 섬세한 표현이 장면마다 가득해요. 열 손가락에서 각양각색의 돼지가 튀어 나오고 그 돼지들의 흥미진진한 대화가 생생한 그림으로 다시 말을 걸어 주니 어찌 사랑하지 않을 수 있을까요. 그림이 글의 보조 수단이 아닌 하나의 교향곡처럼 완성도를 높여 나가는 장면은 가히 예술의 경지이지요. 이런 책을 읽은 어린 독자들의 심미적 감수성은 날로 그 깊이가 더해 가지 않을까요? 책을 고르기 어렵다면 우선 뛰어난 그림책에 수여하는 상을 받은 책을 경험해 보세요. 칼데콧상(caldecott medal), 케이트 그린어웨이상(kate greenaway medal)과 같은 상을 받은 책을 보면서 안목을 키우다 보면 그림책의 옥석을 가릴 수 있을 거예요.

## Q 다 읽지도 않았는데 다음 장을 넘기는 아이, 어떻게 해야 하나요?

**A** 아이에게 책을 읽어 주다 보면 엄마가 읽어 주는 속도와 아이가 책장 넘기는 속도가 달라 때 아닌 신경전을 벌이게 되기도 하죠. 엄마 입장에서는 엄마가 읽어 주는 속도에 맞춰 차분히 기다려 주면 좋겠는데 아이는 그림만 보고 대충 휙휙 넘겨요. 이때 부모 욕심에 한 자라도 더 읽게 하고 싶어서 아이의 관심사를 모른 체하거나 엄마의 속도에 맞출 것을 강요하면 어떻게 될까요? 모든 지식의 생장점은 흥미와 호기심이에요. 관심이 사라진 지점에서 억지로 욱여넣은 것들은 제대로 소화되지 않아 위장 장애를 일으키거나 토해지고 맙니다. 책에 대한 좋지 않은 기억만 남기게 되지요. 그림책은 지식을 전달하는 도구가 아니라 대화의 도구라고 생각해 주세요. 결과가 아닌 과정에 집중해 주세요. 그러면 좀 더 여유 있게 접근할 수 있을 거예요.

그리고 그림책을 빨리 넘기려고 하는 아이에게 이렇게 이야기해 주세요. "그래, OO(이)는 지금 다음 장이 궁금하구나. 다음에 어떤 상황이 벌어질 것 같아? 어떤 내용이 나오면 좋겠어?" 등과 같이 아이의 호기심을 자극하는 질문으로 아이의 마음을 읽어 주는 것이 좋아요. 이런 순간들을 통해 아이는 자신의 마음을 알아주는 엄마와 책을 통해 이야기를 나누고 있다고 느껴요. 대단히 짜릿한 소통을 했다고 느끼는 것이죠. 이 기쁨은 아이를 수준 높은 독자로 만들고 더 적극적으로 책을 탐험하는 자세를 갖게 한답니다.

그러다 보면 책이 주는 즐거움과 행복을 알게 되고, 그림책 내용에 깊이 빠져 다양한 질문을 할 수 있어요. 아이의 속도와 방향에 관심을 기울여 주세요. 지금 당장 보기에는 설익어 보일지 몰라요. 하지만 이런 시간을 통해 아이는 책이라는 평생의 친구를 마음속에 만들어 갈 거예요. 그리고 아이는 언젠가 책과 함께 인생을 항해하는 멋진 항해사가 되어 있을 거예요.

Q 단답형 대답만 하는 아이 어떻게 도와주어야 할까요?

A 자기 생각을 구체적이고 다양한 어휘를 사용해 풍부하게 표현하는 아이가 있는 반면 '재미있었어요' '무서웠어요' '좋았어요'와 같이 단답형 대답만 하는 아이도 있지요. 이런 아이에게 질문을 하다 보면 아무리 인내심이 많은 엄마라 하더라도 답답하고 걱정스러운 마음이 들기 마련이에요.

이런 아이들과는 어떻게 소통해야 할까요? 먼저 그림책 속에 나오는 다양한 어휘를 직접 사용하고 익혀 보는 놀이로 접근해 보아요. 감정을 나타내는 어휘에는 '좋다' '싫다' 이외에 '뛸 듯이 기쁘다' '눈물이 날 것 같다' '코에서 뜨거운 바람이 나오는 것 같다' 등 다양한 표현이 있지요. 이런 표현들을 실생활에서 사용해 볼 수 있도록 해 주세요. 부모님이 일상생활에서 이런 표현을 자주 사용하여 본보기가 되어 주면 좋겠습니다.

또 하나, 그림책에 나온 그림을 묘사해 보는 것도 좋아요. 그림은 보는 사람에 따라 얼마든지 자유롭게 이야기해 볼 수 있으니 다양한 어휘를 사용해 표현해 볼 수 있지요. 이런 시간이 누적되면 표현이 점점 풍성해진답니다. 이때 그림책에 나온 새로운 어휘를 섞어 가며 사용해 볼 수 있도록 도와주세요. '새가 날아가요'라고 아이가 말하면 엄마는 '파란 새가 친구들과 같이 날아가네' 이렇게 확장시켜 주는 것이지요. 그러다 보면 아이도 조금씩 변화되는 모습을 보여 줄 거예요.

소극적이고 의존적인 성향의 아이인 경우 자신의 생각을 거침없이 표현하는 데 두려움이 있어요. 이런 아이는 정서적인 지지를 통해 자율성을 키워 나갈 수 있도록 도와주어야 해요. 정서적 지지를 위한 가장 좋은 방법은 그림책에서 자신과 비슷한 모습을 가진 등장인물을 보고 그들이 문제를 어떻게 해결해 나가는지, 어떻게 문제를 바라보는지 관찰할 수 있는 시간을 주는 거예요. 그리고 엄마의 질문을 통해 아이가 자신을 객관적으로 바라보고 해결해 나갈 수 있도록 도와주세요.

## **Q** 독후 활동, 어떻게 진행해야 할까요?

**A** 독서 후 자신의 생각을 표현하는 과정, 질문과 답변의 사고 과정, 읽은 내용을 자신에게 적용하고 융합하는 과정을 포괄하는 개념이 독후 활동이에요. 그 모든 과정을 아이가 스스로 고민하고 생각해 보아야 해요. 그 처음과 끝이 오감을 활용한 다양한 활동입니다. 간단한 요리 활동, 역할 놀이, 종이접기, 끝말잇기, 그림 그리기, 조형물 만들기와 같은 시도는 인지, 감각, 언어 등 다양한 발달을 돕지요. 이 책에 소개된 간단한 활동부터 시작해 보세요. 점점 더 좋은 활동 방법이 생각날 거예요. 아이의 아이디어를 적극 수용하면 더 재미있는 독후 활동을 진행할 수 있을 테니 시작해 보세요. 시작이 반입니다.

> 우리는 세 가지 방법으로 지혜를 배운다.
> 첫 번째는 가장 고귀한 방법으로 자신을 돌아보는 것이다.
> 두 번째는 가장 쉬운 방법으로 그냥 따라 하는 것이다.
> 세 번째는 가장 어려운 방법으로 직접 경험을 통해서 배우는 것이다.
>
> – 공자

## **Q** 책을 좋아하지 않아요, 어떻게 해야 하나요?

**A** 처음부터 책을 싫어하는 아이가 있을까요? 분명한 것은 모든 아이는 이야기를 좋아한다는 사실이에요. 속도와 양 그리고 어떻게 전달하느냐의 문제이지요. 아이들이 대화의 도구라고 생각하고 즐기던 그림책이 어느 순간 학습 성과를 내기 위한 수단이되거나 어마어마한 양을 읽어야 하는 경쟁의 도구가 되는 순간, 책 읽는 재미는 사라집니다.

저희 큰아이가 20개월이었을 때 둘째가 태어났어요. 두 아이를 보살피는 게 너무 힘들어서 큰아이를 데리고 제가 하기에 가장 만만한 책 읽기를 주구장창 했어요. 그랬더니 아이가 힘들었나 봐요. 밖에 나가 뛰고 싶은데 책만 읽어 주니 말이죠. 어느 날 아이는 힘든 마음을 마구 쏟아내기 시작했어요. 누워서 모빌을 바라보고 낑낑거리는 동생을 향해 큰아이는 책을 던져 넣었어요. 책 때문에 마음에 상처가 난 거죠. 과부하가 걸린 거예요. 전혀 예상하지 못한 일이라 많이 놀랐답니다. 과유불급이란 단어가 떠오르더군요. 하루에 적어도 몇 권, 몇 시간 이렇게 엄마가 목표를 정하고 속도를 내면 따라오지 못하는 아이는 상처를 받습니다. 아이가 어느 정도 받아들일 준비가 되어 있는지 먼저 체크해 주세요.

그리고 아이가 좋아하는 분야에서 그 실마리를 찾아보세요. 곤충, 공룡, 공주, 공, 물, 운동 등 어떤 것이든 좋아요. 좋아하는 이야기를 책으로 다시 만나보는 경험은 또 다른 즐거움을 주거든요. 알지 못했던 정보를 습득해 가는 과정을 경험할 수도 있고 상상의 세계라는 또 다른 즐거움을 경험해 볼 수도 있어요. 그 시발점을 아이의 흥밋거리에서 찾다 보면 책에 등을 돌렸던 아이의 마음을 되돌릴 수 있을 거예요.

**공간의 힘** 도서관이나 서점을 재미있는 공간으로 인식하도록 돕는 것도 좋은 방법입니다. 인간은 환경의 영향을 많이 받습니다. 요즘에는 도서관도 카페처럼 감각적인 인테리어로 구석구석 매력적이고, 북카페라는 공간을 마련해 어린이 독자를 기다리고 있어요. 그런 공간을 마음껏 그리고 최대한 활용해 주세요. 재미있고 멋진 도서관과 서점은 책을 좋아하게 만드는 훌륭한 공간임에 틀림없답니다.

그리고 재미있는 독후 활동을 꼭 해 보세요. 어떤 활동이라도 좋아요. 생일파티 장면이 나왔나요? 당장 집에 있는 밀가루로 반죽을 만들어서 색연필 꽂고 생일축하 노래라도 불러 보세요. 몇 장면이라도 사진 찍어서 집안 구석구석에 붙이고 매달아 보세요. 이런 활동도 부담스럽다면 아이가 책 보고 있는 모습이라도 찍어서 붙여 두세요. 책 보고 있는 자신의 모습이 대단한 상장을 받은 것처럼 보이도록 보상해 주세요. 매일 기록하면 매일 성장해요. 집을 방문하는 누군가가 보고 "책 잘 읽는 ○○(이) 정말 멋지다"라는 말이 절로 나오게 말이죠. 그런 한마디가 아이를 변화시킨답니다.

책과 함께 웃고 떠들고 대화하고 질문하는 놀이를 하는 중에 아이의 독서 씨앗이 자랍니다. 그리고 그 열매는 언젠간 자연스럽게 다디단 향기를 뿜으며 드러날 거예요. 훌륭한 인성과 품성을 갖춘 똑 부러진 그 집 아들, 그 집 딸로 말이죠. 엄마가 재미있어 하는 내용이면 아이도 좋아해요. 많이 읽히려 애쓰지 마세요. 조금씩 천천히 가도 돼요. 하루 100권보다 매일 한 권씩 100일이 더 강력한 힘을 발휘할 거예요.

## Q 혼자 책을 읽을 수 있는 나이인데 언제까지 읽어 주어야 하나요?

A 책 읽어 주기는 언제까지 해 주면 좋을까요? 혼자 읽는 속도가 빨라지는 시점은 14세 전후라고 해요. 하지만 그 이후에도 얼마든지 아이가 원한다면 읽어 주세요. 호주 서부 아동독서 독서연구가 머가 박사는 연구에 참여한 6~11세 아이들을 대상으로 부모가 책을 읽어 주는지, 그렇지 않다면 어떻게 해 주면 좋은지에 대해 설문했어요. 아이들 중 33% 이상이 부모가 책을 계속 읽어 줬으면 좋겠다고 답했어요. 이유는 그 시간이 정말 즐겁고 행복하기 때문이라고 해요.

이와 더불어 부모가 책을 읽어 주고 그와 관련된 대화를 하면 부모와의 관계가 더욱 좋아질 뿐 아니라 풍부한 언어에 노출되고 듣기 능력과 기초적인 문장력이 확립돼요. 줄거리를 요약해서 이야기하는 과정에서 맥락을 이해하는 능력이 향상되는 것은 물론이지요. 또는 고전처럼 혼자 읽어 내기 부담스러운 책은 부모가 같이 읽어 주고 이야기 나누어 보는 시간을 가진다면 가족 독서를 통해 또 다른 가족 문화를 만들어 갈 수 있다는 점에서 의미 있어요.

미국 소아과학회는 언어 구사 능력에 관계없이 출생 직후부터 아이들에게 책을 읽어 주는 게 좋다고 공식적으로 권고했어요. 미국의 권위 있는 어린이책 출판사 숄래스틱은 부모가 아이들에게 책을 읽도록 '권유하는' 것보다 '책을 소리 내 읽어 주느냐'가 큰 차이를 만든다고도 밝혔습니다.

**Q  그림책은 단권이 좋은가요? 전집이 좋은가요?**

**A**  단권(단행본)과 전집은 각각 특징과 장단점이 있지요. 단행본은 작가의 개성이 드러나 있으며 완성도 높은 책이 많아 독자의 취향에 따른 활용이 좋은 책입니다. 하지만 책을 고르는 시간과 정성이 많이 든다는 점에서 수고가 따릅니다. 반면 전집은 같은 분야의 다양한 책 읽기가 가능하다는 것이 장점입니다. 반면 전권을 알차게 활용하기 어렵다는 점과 낱권의 완성도는 보장하지 못하는 점은 단점으로 꼽을 수 있어요.

따라서 단행본이나 전집이 갖고 있는 장점을 충분히 살리고 자신에게 주어진 여건에 맞는 선택을 하면 되겠습니다. 아이가 충분히 공감하고 웃음을 터트릴 수 있는 요소들이 곳곳에 숨어 있다면 그리고 마음을 움직일 수 있는 감동적인 내용과 창의적이고 감각적인 볼거리들이 있다면 낱권이든 전권이든 구애받지 말고 함께 읽고 함께 즐기세요. 문제는 단행본이냐 전집이냐에 있지 않아요.

**Q  그림책 읽어 주기에 가장 적절한 시간은 언제인가요?**

**A**  외국 영화를 보면 잠자기 전에 '베드타임 스토리'라고 해서 엄마나 아빠가 침대에 누워 있는 아이 곁에서 책을 읽어 주는 장면이 나오죠. 왜 자기 전에 책을 읽어 줄까요? 잠자기 전에는 '알파파'라고 하는 뇌파가 나와요. 이는 긴장을 풀고 쉬는 상태에서 볼수 있는 뇌파라고 해요. 특히 눈을 감고 편안한 상태에 있을 때 안정된 알파파가 나온다고 해요. 상상력이 최고조에 이르는 시간이지요. 그래서 잠자기 전에 이야기를 들려주면 우뇌를 자극해서 상상력이 풍부한 뇌로 만들어 주지요.

활동성이 높은 아이와 도서관에 갈 때는 신체 활동을 충분히 한 후에 방문하도록 해요. 그렇지 않으면 도서관에서 마구 뛰어다니는 통에 주변 사람들의 눈총을 받기 십상이에요.

식사나 간식 시간을 이용하는 것도 좋아요. 이때는 한 자리에서 적어도 20~30분 정도 시간을 보내니 아이에게 책을 읽어 주기에 적당해요. 그림책 내용이나 배경, 주변 인물과 사건에 관한 이야기를 반찬거리로 삼아 이야기해 보세요. 매번 같은 식사 시간, 색다른 별미가 필요하다 싶을 땐 책으로 풍성한 식탁 이야깃거리를 준비해 주세요.

## Q 아빠가 읽어 주면 어떤 교육 효과가 있나요?

**A** 미국 하버드대 연구팀은 미국 저소득층 가정 약 430가구를 대상으로 한 가지 조사를 했어요. 아빠가 책을 읽어 주는 가정과 엄마가 책을 읽어 주는 가정으로 나누어 책 읽어 주기와 이해력, 어휘력, 인지발달 간 상관관계를 알아보기 위해서였죠. 결과는 아빠가 읽어 줄 때 엄마보다 다양한 어휘와 경험을 활용해 책을 읽어 주었고 이는 이해력, 어휘력, 인지발달 전 영역에 걸쳐 의미 있는 결과가 도출됐어요. '아빠의 책 읽어 주기 방식'이 아이들의 상상력과 사고력 발달에 도움을 준다는 것이죠.

2004년 영국 옥스퍼드대 연구팀이 만7세 아동 3,300여 명을 추적 조사한 연구도 유사해요. 아빠가 책을 읽어 준 7세 아이들은 학교에서 읽기 성적이 높았고, 성인기에 정서적인 문제를 겪을 확률도 낮았어요. 또 만 20세까지 학교를 잘 다닐 확률도 높았다고 해요. 아빠와 정서적 교류를 할 시간이 많지 않은 아이들에게 책 한 권으로 이렇게 의미 있는 결과를 가져올 수 있다면, 속는 셈치고 읽어 줄 수 있지 않을까요?

## Q 오디오북으로 읽어 주는 건 어떨까요?

**A** 최초의 오디오북(Audio book)은 시각 장애인을 위해서 제작되었지만 현재는 비장애인을 대상으로 한 오디오북시장이 많이 대중화되었어요. 우리 아이들도 오디오북 형태로 다양한 책을 경험할 수 있게 되었죠. 오디오북이라는 매체 자체가 주는 딱딱함과 기계적인 차가움이 있을 수는 있지만 활용자에 따라 얼마든지 종이책과 함께 좋은 매체로 활용될 수 있다고 생각해요. 그건 오직 독자의 몫이니까요.

먼 거리 나들이를 갈 때 차 안에서 아이가 재밌게 읽었던 책을 오디오북으로 듣는 경험은 또 다른 상상의 날개를 펼 수 있는 시간이 될 수 있어요. 무조건 오디오북보다 직접 무릎에 앉혀 놓고 읽어 주는 것이 더 나으니 오디오북은 멀리해야 한다고 생각할 필요는 없어요.

하지만 아이에게 책을 읽어 주고 아이의 이야기를 들어줄 수 있는 여유가 있음에도 불구하고 엄마의 게으름을 오디오북이 대신하는 상황에 이르지 않도록 해 주세요. 무엇보다 중요한 것은 아이와 살을 맞대며 숨소리를 느끼며 읽어 주는 거예요. 그 시간은 그 어떤 시간보다도 귀중한 선물이 될 거예요.

저희 아이는 어릴 때 오디오북(CD)을 즐겨 들었어요. 편안한 자세로 맛깔나게 표현하는 성우의 목소리와 적절한 효과음이 어우러진 오디오북을 듣는 시간은 마음껏 상상하고 동화 속에 푹 빠져 즐길 수 있는 시간이었다고 지금도 이야기한답니다. 후지산 괴물 이야기를 들을 때면 괴물의 모습이 머릿속으로 생생하게 그려지며 저절로 상상하게 되고, 떡메를 치는 소리가 나올 땐 머릿속에 장면이 그려져 '역동적인 읽기'를 경험할 수 있었다고요. 그럼에도 엄마가 읽어 주는 그림책 읽기가 좋았던 건 책을 읽으며 자기의 생각을 물어봐 주고 궁금한 것들을 같이 해결해 가며 읽어 가는 시간이었기에 의미가 있었대요. 각각의 장점을 조화롭게 활용하여 아이에게 의미 있는 시간을 만들어 주시기를 바랍니다.

## Q  한글 교육은 언제부터 시작해야 할까요?

A 구어에서 문어로 자연스럽게 넘어가려면 구어에 대한 이해도가 충분한지 먼저 파악해야 해요. 구어로 자신의 의사와 감정을 표현할 수 있어야 문자 교육을 시작할 수 있거든요. 읽기, 쓰기를 가르칠 때는 학습이라는 긴장감을 주지 않는 분위기를 조성하고, 책을 통해 구어와 문어 사이의 연관 관계를 파악하는 것이 전제되어야 해요. 이른 문자 교육이 상상력 발달과 정서발달에 부정적 영향을 미친다는 연구 결과에 따라 핀란드에서는 8세 이전에 글자를 가르치지 않는 사례도 고려할 필요가 있어요.

코로나19는 삶의 많은 부분을 변화시켰어요. 대면으로 처리했던 다양한 일들을 이제는 비대면으로 해야 하는 시대가 되었지요. 상대방의 눈빛이나 제스처 등 다양한 정보를 통해 의도를 파악했다면 이제는 제시된 글을 이해하고 문제를 해결해 나가야 하는 시대가 되었어요. 따라서 문해력이 더욱 중요해졌습니다. 읽기를 제대로 배우지 않으면 생존 문제까지 위협당할 상황이 도래했어요. 한글 교육이 단순히 글자를 읽는 것에서 더 나아가 독서를 즐기고 수준 높은 문해력의 토대를 닦아 주는 마음으로 한글 교육에 접근해야겠습니다.

## Q 연령별 권장도서, 꼭 읽혀야 하나요?

A 권장도서 목록은 괜히 엄마에게 심리적 부담을 안기는 존재 같아요. 목록에 나온 책들을 안 읽히면 우리 아이만 뒤처지는 것 같고 목록에 없는 책을 읽으면 상대적으로 질이 떨어지는 책에 노출되는 것 같아 불안하기도 해요. 그런데 정말 그럴까요?

정답은 없다고 생각해요. 권장도서는 그 연령대 아이들이 읽으면 좋을 만한 주제와 엄선된 내용을 포함한 책을 소개해 놓은 것은 맞지만 그 책을 모두 읽을 필요는 없어요. 그리고 권장도서 목록에 포함되어 있지 않은 책이라고 해서 질이 떨어지는 책은 아니에요. 출판 기술 발달과 역량을 갖춘 다수의 작가들 덕분에 수준 이하의 그림책이 출판되는 일은 매우 드문 일이 되었어요. 아이가 좋아하는 책이 권장도서입니다. 시시각각 변하는 아이의 관심사에 적절한 물음과 답을 줄 수 있는 책을 고르는 안목이 더 중요하다고 말하고 싶어요.

## Q 하루에 몇 권을 읽어 줘야 하나요?

A 이 질문에는 왜 책을 읽어 주는지에 대한 이야기를 먼저 나누어야 할 것 같아요. 이 시기 다독의 결과물이 훗날 중·고등 시기 과다한 교육비를 줄이기 위한 목적의 읽기라면 앞뒤 가리지 않고 무조건 많이 읽어 줘야겠지요. 하지만 이러한 책 읽기가 낳는 부작용에 대해서는 이미 많은 선례를 통해 잘 알고 있으리라 생각합니다. 독서 영재라고 하는 아이들의 사회성 부족 현상과 전반적인 발달 불균형을 보여 주는 사례를 여러 차례 보았지요.

책 읽기는 전인적 인간으로의 발달을 돕는 하나의 도구가 되어야 해요. 특히 유아기 책 읽기는 부모와 대화하고 생각을 나눌 수 있는 매개가 되어야 합니다. 그런 관점에서 본다면 하루에 몇 권이라는 목표 지점을 정해 둘 필요가 없어요. 아이가 읽어 달라고 할 때 기꺼이 즐거운 마음으로 읽어 주면 됩니다. 엄마가 정해 놓은 시간에, 정해 놓은 양으로 강압적인 분위기에서 책을 읽으면 생각지 못한 부작용이 나타날 수 있음을 기억하세요.

## Q 좋은 독서 습관을 갖게 하려면 어떻게 해야 할까요?

A 처음에는 우리가 습관을 만들지만 그다음에는 습관이 우리를 만든다는 말이 있지요. 유아기는 성장의 모든 기초가 형성되는 시기예요. 인지적인 측면에서 영유아의 뇌는 성인의 뇌보다 2.5배나 더 활동적이에요. 그래서 이 시기에 어떤 습관을 들이느냐에 따라 이후 발달에 많은 영향을 미쳐요. 따라서 이야기 구조에 대한 이해를 높이고 주인공들의 감정을 이해하고 공감하는 능력을 발달시키기 위해 영유아 시기에 좋은 독서 습관을 들이는 것은 무엇보다 중요하다고 할 수 있어요.

이렇게 평생에 걸쳐 영향을 미치는 독서 습관을 잘 들이려면 어떻게 해야 할까요? 먼저 하루 한 권이라도 꼭 엄마 아빠가 읽어 주도록 하세요. 책의 내용도 중요하지만 아이들에게는 책과 함께 이야기 나누는 시간이 소중한 기억으로 남아요. 진심어린 위로와 공감 그리고 나의 생각을 물어봐 주는 따뜻한 말이 아이의 마음에 자리 잡아 아이가 자라갈 때 지속적으로 영향을 미칩니다. 이런 매일의 시간이 모여 아이는 책과 함께하는 시간을 기대하게 되고 책을 좋아하는 독자로 성장할 거예요.

아직 책에 관심이 없는 아이라면 '그림책은 재밌는 것'이라는 인식을 먼저 심어 주어야 해요. 그러면 반은 성공이에요. 그림책으로 즐겁게 놀아 주세요. 아이의 이야기를 들어 주세요. 긴 시간 목이 터져라 읽어 줄 필요 없어요. 하루에 몇 분이라도 좋아요.

책을 읽을 수 있는 물리적 환경을 조성해 주세요. 유치원에는 '언어영역'이라는 공간을 준비해 놓아요. 이곳은 조용히 책을 읽거나 읽은 책 내용을 바탕으로 간단한 그림이나 글을 쓸 수 있는 공간이지요. 책을 좋아하지 않는 아이라도 언어영역을 지나가다 보면 매력적인 표지 그림이 있는 책을 흘깃 쳐다보다가 책을 꺼내 들고 책장을 넘겨 보기도 해요. 집에도 이런 공간을 의도적으로 만들어 주면 좋아요. 거실 벽을 온통 책으로 도배할 필요는 없어요. 오히려 위압감이 들 수도 있으니까요. 아이 눈높이에 맞는 적당한 크기의 책장에 아이가 좋아하는 책을 빌리거나 구입해서 꽂아 주세요. 폭신한 소파나 담요, 인형 같은 것으로 아이의 눈길이 가게 해 주세요. 유태인들은 화장실에도 책장을 비치해 놓고 책을 읽도록 한대요. 어디서든 스스로 꺼내 든 책 한 권이 아이의 평생 독서 습관을 만들 수 있으니 책 읽을 환경을 어떻게 만들어 줄지 고민해 보고 다양하게 시도해 보길 권합니다. 오늘도 아이가 건강한 몸과 마음으로 자라나도록 애쓰는 모든 부모님을 응원합니다!

참고도서

정용호,《우리 아이 독서 고수 만들기》, 도서출판 행공신

주성환,《저학년 수업놀이》, 지식프레임

박은영,《시작하는 그림책》, 청출판

김영훈,《하루 15분 그림책 읽어주기의 기적》, 베가북스

박노성·여성오,《대치동 독서법》, 일상과이상

남미영,《질문하는 아이로 키우는 엄마표 독서수업》, 김영사

박형주·김지연,《 공부머리 만드는 그림책 놀이 일 년 열두 달》, 다우

심정민,《엄마가 읽어줘야 할 그림책은 따로 있다》, 중앙books

강승임,《우리 아이 첫 공부 어휘사전》, 글담출판

장재진,《아이의 언어능력》, 카시오페아